F

続・100年予測

ジョージ・フリードマン
櫻井祐子訳

HAYAKAWA NONFICTION

早川書房

7432

THE NEXT DECADE

Where We've Been ... and Where We're Going

by

George Friedman

Translated by

Yuko Sakurai

Published 2014 in Japan by

HAYAKAWA PUBLISHING, INC.

This book is published in Japan by

arrangement with

DOUBLEDAY

an imprint of THE KNOPF DOUBLEDAY PUBLISHING GROUP

a division of RANDOM HOUSE, INC.

through THE ENGLISH AGENCY (JAPAN) LTD.

友人のドン・キューケンドールに捧げる

日本版刊行によせて
——地震型社会、日本

ジョージ・フリードマン

二〇一一年三月一一日に日本を襲った巨大海底地震は、少なくとも外から日本を眺める者にとっては、いろいろな意味で日本社会を象徴しているように思われた。世界には、アメリカのような「氷河型」の社会もある。そこでは変化が絶えず、社会、政治体制がつねに少しずつ変わっている。ちょうど氷河が動くように、ものごとは不断に進展しているが、一つのできごとがいきなり社会を一変させることはない。

これに対して日本は、氷河型社会ではなく、「地震型社会」といえる。さまざまなできごとが起きても、長い間にわたってほとんど変化が見られない。その間、国内体制や対外関係では、水面下で圧力が高まっている。そして突如として体制が瓦解し、大変革が起きるのだ。

たとえば一九世紀に欧米の帝国主義列強に直面し、社会的緊張が頂点に達したときにも、日本は激震に見舞われた。それから五〇年とたたずに、日本は産業化以前の社会から、世界有数の工業、軍事大国になった。世界や日本の歴史を考えれば、五〇年などあっという間である。このように、明治維新と産業近代化は、地震だった。同様に、第二次世界大戦と敗戦も、日本に地震をもたらした。終戦後、日本は世界で最も軍国主義から遠い社会の一つとして生まれ変わったのである。

アメリカでは小さな変化はすぐに起きるが、世の中が大きく変わるには長い時間がかかる。日本では小さな変化を起こすのは難しいが、とてつもなく大きな分裂や変容が、一気に起きることがある。これが、わたしが日本を地震型国家と呼ぶゆえんである。大地はゆるぎないように思えるが、それは幻想でしかない。地面の下では圧力が高まっていて、それが突如として解き放たれ、地上の風景を一変させるのだ。

第二次世界大戦からこのかた、日本はわりあい安定した世界に身を置いてきた。国内の体制は、経済発展と完全雇用に重点を置いていた。アメリカが国家の安全と世界中の天然資源へのアクセスを保証し、日本はそのなかで富の蓄積に専心することができた。日本の指導者は、国家の安定を保ち、経済発展を促すことに余念がなく、武力外交に広く関わるといった余計なことをしてそれを邪魔する気はまったくなかった。

先の地震は日本社会を象徴していた。あれほどたしかだと思われていたすべてを、いきなり壊滅させ、日本の世界に対する見方、自国に対する見方を、根底から覆(くつがえ)したのだ。周知のとおり日本の工業力は、原材料、なかでもエネルギー資源の輸入によって成り立っている。原子力は、日本のセーフティネットと位置づけられていた。化石燃料を代替することはできないが、他国に依存しない、自ら管理可能なエネルギー源であり、日本のエネルギー自立に多少なりとも貢献した。原子力は、心理的なセーフティネットだった。

地震が、このセーフティネットを破壊した。もっとも、原子力による電力供給が大幅に減ることはなかったし、そもそもこのセーフティネットに、それほどの緩衝効果があったわけでもない。だが地震は、日本の自己信頼感を根幹からゆるがした。世界への依存を軽減し、アメリカに頼らずとも世界とつながっていられるという確信をゆるがしたのだ。この意味で先の地震によって、盤石だと思われていたものが、じつは物理的にも、より広範な安全保障問題という点から見ても、そうではなかったことを、日本人は改めて思い知らされたのだった。

自然災害が原子力の問題を引き起こし、それがエネルギーのセーフティネットに対する信頼をうち砕いたことには、重大な意味がある。奇しくも同じ頃、アラブ諸国の民主化、いわゆる「アラブの春」が始まった。わたしにいわせれば、アラブ世界に生じたものはとてつもない不安定であって、民主主義社会の誕生とはほど遠いものだ。とくに日本がエネルギーの大部分を輸入しているペルシャ湾岸諸国に関していえば、この不安定は、イランが強大化し、中東地域を思うままに再編しようという野望をもつようになったことと大きな関係がある。とはいえ、中東でのできごとをどのように解釈しようとも、そこで紛争が起きれば──原因が何であれ──日本の石油へのアクセスは間違いなく脅かされるのである。

地震と津波による原子力発電所の破壊と、ペルシャ湾の政治危機が同時に起きたことで、日本は国としての脆弱性が依然解消していないことを思い知らされた。天然資源に乏しく、工業大国としての存立を、世界規模での天然資源の確保に依存しているのが、日本の物理的現実なのだ。日本は資源不足の不安から、第二次世界大戦に参戦し、また戦後は世界有数の海軍大国アメリカとの同盟を通じて、結果として、また皮肉にもこうした問題を軽減していた。アメリカはまず日本をうちのめし、それからソ連に対抗する同盟国として復活させることで、日本の資源不安を解消したのだった。

アメリカは今も日本の同盟国だが、イスラム世界での軍事行動にのめりこんでおり、そのことが日本の国益を脅かしかねない。アメリカとイランの緊張が今後拡大すれば、ペルシャ湾の石油に自由にアクセスできなくなるかもしれない。このことは、どこの国よりも、とくに国内の資源が限られている日本にとって、重大な問題である。第二次世界大戦以前の日本は、資源へのアクセスをアメリカに妨害されていた。現在の日本は、アメリカがイランとの問題にのめりこみ、図らずも日本に害をもたらすことを恐れている。アメリカが何を意図しているかということは、問題ではない。アメリカの意図ではなく、その行動の意図せざる結果が、日本の不安を引き起こしているのだ。

しかし日本はアメリカとの関係を根本的に変えようなどとは、まったく思っていない。日米の利益は、大体において一致している。ただアメリカはイスラム世界に関心があり、そのことが日本の石油供給の利益と衝突しかねない。そのうえ先の地震によって、予期せずして日本の原子力発電能力の一部が破壊されたことで、日本のエネルギー政策の別の側面に、きわめて重大な懸念が生じた。日本はいまや産業政策の礎(いしずえ)たるエネルギー戦略全体が脅かされる可能性を受けとめなくてはならない。日本の石油政策は今後アメリカが自制できるかどうかにかかっており、原子力政策は自然の猛威に翻弄されている。

地震と中東情勢が重なったことで、日本は自らの運命をコントロールできないことに気がついた。日本の運命は、自然と、アメリカの手に握られている。世界第三の経済大国であり、中国よりもはるかに先進的な社会をもつ日本にとって、これは到底耐えられないことだ。しかし日本は地震型社会ゆえに、ほかのほとんどの国よりも、耐え難きに耐えることができる。圧力が高まってもしばらくはそのまま耐え続ける。しかし、やがて圧力が臨界に達すると、社会は地震に見舞われ、地殻変動を経験する。

これが起きるのは、日本の政治文化が国の必要を満たさないのではないかという疑念が生じたときである。いいかえれば日本は、このうえない脆弱性を自覚し、政治構造がこの脆弱性に対処できないと悟ったとき、社会と政治の舵を大きく切り替え、その結果としてさらなる激震に見舞われる可能性が高まるのだ。

たしかにこれまでも日本は、脆弱性に対処してきた。現実の物理的な地震に関しては、ほとんどなすすべがない。しかしそれが政治におよぼす影響への対応という点では、できることはたくさんある。中東の危機も日本を脅かしている。この問題も対処可能だが、それには政治的意思が必要だ。物理的、地政学的地震が、日本の危機を引き起こすのである。

いま問うべき重要な問題は、冷戦中日本にあれほどの恩恵をもたらした戦後の政治構造が、今後も日本の利益になるかどうかだ。現体制では資源不安と長引く経済苦境に適切に対処できておらず、水面下で圧力は高まっている。日本は大国になったことを後悔している。だが大国であることは、紛れもない事実なのだ。日本がとってきた戦略は、世界に武力を行使せずに経済大国になることだった。第二次世界大戦での日本の経験を考えると、これは当然ともいえる、理にかなった方針だった。それにアメリカとの歴史的関係と、その後の経済成長を考えれば、意義ある方針だった。

しかし第二次世界大戦が終わってから、もう六五年にもなる。アメリカの危険な行動は、もはや日本の国益と一致しない。また日本の経済的奇跡は終わりを告げ、より正常な、そして問題をはらむ局面にさしかかっている。地震は日本の政治的能力にも疑問を投げかけた。対テロ戦争と経済問題が、この種の問題をアメリカに投げかけたのと同じだ。圧力は高まりつつある。

日本はこうした圧力を、長い間にわたって封じ込めるだろう。しかし永遠に封じ込めることはできない。日本は徐々には変わらず、劇的な変化を遂げる。日本の地震は自然にも、国民の精神にも起きる。日本が中国よりも有力な、二一世紀の強大な地域大国になることを、いまもわたしは信じて疑わない。だが日本がゆっくりと変化することはない。日本の変革は、地震から生じる。そして最初の地震は、もしかしたらすでに起きているのかもしれない。

わたしは神とともにありたい。しかし、ケンタッキー州を失うわけにはいかない
——エイブラハム・リンカーン

規則は絶対不可侵ではないが、理念こそ、神聖にして侵すべからざるものである
——フランクリン・ルーズヴェルト

異国で無邪気を装うことはできない。そこは無邪気な世界ではないのだから
——ロナルド・レーガン

自らの地位を保とうと思う君主は、悪しき者であることを学び、
しかもそれを必要に応じて使ったり、使わなかったりする技術も会得しなくてはならない
——ニッコロ・マキャヴェリ

まえがき

本書は、帝国と共和国、そして力の行使の関係が、次の一〇年間でどのように変化するかについて述べた本である。前作『100年予測』に比べると、個人的な思い入れが強い本といえる。わたしがいちばん気がかりに思っていることをとり上げたからだ。それは、アメリカが世界で強大な力をもち、帝国化したために、〔君主をおかず、主権が国民にある〕共和国でなくなってしまうのではないかという懸念である。わたしは力を毛嫌いするような人間ではない。力がなければ、共和国もまたあり得ないことを承知している。ただここで提起したいのは、アメリカが世界で力を行使しつつ、どのようにふるまうべきか、またその一方でどのようにして共和国を守るべきかという問題である。

そこでぜひ、次の二つのテーマについて考えていただきたい。まず、「意図せざる帝国」という考えだ。アメリカが帝国になったのは、そうなろうと意図したからではなく、歴史の流れから、なるべくしてなった、というのがわたしの持論である。アメリカが帝国になるべきかを問うても意味がない。もうすでに帝国になっているのだから。

したがって第二のテーマは、帝国をどのように運営すべきかということ、そしてその背後にある最も重要な問題、アメリカがこれからも共和国として存続できるかということである。アメリカは、イギリスの帝国主義に対抗するものとして建国された。建国の父たちが授けてくれた共和制が、いまやこのようなジレンマに陥っているのは皮肉でもあり、いろいろな意味で恐ろしいことでもある。この運命を逃れる手は、ひょっとするとあったのかもしれないが、それを選んでもおそらく同じことだったろう。国は歴史という縛りのなかで、いまある姿になっているのだ。また国家のイデオロギーや指向性に関していえば、歴史に感傷が入りこむ余地はほとんどない。いまの姿がすべてなのだ。

共和制が帝国の重圧に耐えられるかどうか、またアメリカが帝国の運営に失敗してももちこたえられるかどうかは、予断を許さない。別のいい方をすると、アメリカは共和国の要件を満たしながら、帝国を運営できるのだろうか？ それはわたしにも、まったくわからない。アメリカが次の一〇年、一〇〇年の間、世界の強大な勢力であることは確かだが、今後どのような体制を選択するかはわからないのだ。

わたしは共和国の熱心な信奉者だ。歴史は、正義のことなど気にもかけていないかもしれないが、わたしは大いに気にかけている。帝国と共和国の関係について、これまで長い間考え続け、ある結論に至った。もしアメリカの共和制が永らえるとすれば、それを守れるのは、大統領の権力しかないということだ。大統領府が、いろいろな意味で最も帝国主義的な機関

（一人の人間が体現する唯一の機関）であることを考えると、なんとも奇妙な話だ。それでも大統領府は、つきつめれば最も民主的な機関といえる。全国民に選ばれた、一人の強力な指導者を頭（かしら）に据えるのだから。

この機関について理解するために、アメリカの偉大さを明らかにした、三人の大統領について考えてみたい。共和国を守ったエイブラハム・リンカーン。アメリカに海を与えたフランクリン・ルーズヴェルト。そしてソ連を弱体化させ、アメリカが帝国になるための地ならしをした、ロナルド・レーガンである。三人とも、道徳心の篤（あつ）い人間だった。しかし彼らは目的を達成するためなら進んで嘘をつき、法を犯し、原則を破った。三人は、わたしが「マキャヴェリ流の大統領」と名づけたパラドクスを体現していた。これは、アメリカの理想を実現するためならば、二枚舌を使いながら高潔さを保てる指導者をいう。

公正であろうとすることは、簡単なことではないし、アメリカの力が善意だというつもりもない。本書のテーマを世界の諸地域にあてはめると、次のようになる。それは、正義は力から生まれ、その力は、ほとんどの人が耐えられないほどの非情さからしか生まれないということだ。政治家の悲劇とは、善意には限界があり、力を行使する必要があるということだ。ときに大統領は、このせめぎ合いから善を生みだすことがある。リンカーン、ルーズヴェルト、レーガンはそうだった。しかし将来の大統領にこれができるという保証はない。それは偉大な大統領にしかなし得ない業（わざ）なのだ。

地政学は世界の国々に何が起こるかを説明するが、それぞれの国がどのような政治体制を選択するかについては、ほとんど何も教えてくれない。国民は力というものの本質を理解し、支配術に精通しないかぎり、自国の政治体制を選ぶことはできない。したがって、アメリカが次の一〇〇年にわたって優位に立ちながらも、共和国の魂を失うかもしれないという予測に、何ら矛盾はない。わたしは子や孫のいる身として、そうならないことを願っているし、共和国という代償を払ってまで、帝国である価値があるとも思わない。だが、わたしが、いやだれが何を思おうと、歴史が動いていくことも知っている。

そんなわけで本書では、次の一〇年の問題と機会、そして避けがたい難題について考える。驚くべき同盟が結ばれ、思いもよらぬ緊張が生まれ、景気は浮き沈みを繰り返すだろう。当然ながら、アメリカが、とくにアメリカ大統領がこうしたできごとにとりくむ姿勢が、共和国の繁栄、または退廃を招くのだ。おもしろい一〇年が待っている。

目次

続・１００年予測

序章

アメリカの均衡をとり戻す

一世紀をつくるのは、さまざまなできごとの重なりである。しかし一〇年をつくるのは、人間である。

前作『１００年予測』は、長い間にわたって歴史をつくる、人智を超えた力について考えるために書いた。しかし人が一生を送る期間は、それほど長くない。人間の一生はそれよりずっと短く、そこでは生身の人間が下す現物の決定が、人々の暮らしを方向づけるのだ。

本書で扱うのは次の一〇年という、短い期間である。つまり、今後一〇年間にわれわれが向き合うことになる具体的な現実と、下される具体的な決定、その決定がもたらす影響について考える。一般に、予測の時間枠が長いほど、未来予測は難しくなると思われている。だがわたしは逆だと考える。個人の行動ほど、予測しがたいものはない。一〇〇年の間には膨大な数の決定が下されるため、その一つひとつは重要な意味をもたない。それぞれの決定は、一世紀をつくる決定の奔流（ほんりゅう）に埋もれてしまう。しかし一〇年という短い時間枠のなかでは、一人ひとりの個人、とくに政治権力を握る個人が下す一つひとつの決定が、とてつもない重みをもつことがある。『100年予測』で示したのは、これからの一〇年を理解するための枠組だ。しかしそれは枠組でしかない。

一〇〇年予測とは、起こり得ないことを見きわめ、論理的に考えればあり得ないできごとを、すべて検討から外す技術である。シャーロック・ホームズがいうように、「すべての不可能を排除していくと、最後に何かが残る。どれほどあり得なそうであっても、それが真実のはず」だからだ。

いつの時代にも、指導者は思いもよらぬほど愚かなことや、めざましいことを行なう。だからこそ、予測は長期に委ねるのがいちばんよい。長期なら、一つひとつの決定がそれほど重みをもたなくなるからだ。とはいえ、長期予測を立てたうえで、シナリオを巻き戻し、たとえば一〇年という期間のなかで、それがどのように展開するかを考えることはできる。一〇年というこの時間枠が興味をそそるのは、長期におよぶ人智を超えた力が作用するほどには長いが、一人ひとりの指導者の下す一つひとつの決定が、本来避けられないはずの結果をねじ曲げてしまうほどには短いからだ。一〇年とは、歴史と政治的手腕がぶつかり合う点であり、政策が大きな役割を演じる期間なのだ。

わたしは日頃、政治談義に花を咲かせるようなことはない。将来起きてほしいことより、起きるはずのことに関心がある。だが一〇年という期間には、長い目で見れば問題にならないはずのできごとが、直接的かつ深刻な影響をおよぼすことがある。またこうしたできごとが、現実的な意義をもち、未来への道筋を決定づけることもある。そんなわけで、本書は予測でもあり、今後遂行されるべき政策についての議論でもある。

議論の出発点は、アメリカとする。一九一〇年について論じるには、イギリスから始めなくてはならないのと同じ理由だ。どんな未来が来ようと、今日の世界システムは、アメリカを中心に回っている。第一次世界大戦までの時代に、イギリスが世界の中心だったのと同じである。『100年予測』では、アメリカの長期的な強さを論じた。だが本書では、アメリカの弱さについて書かねばなるまい。この弱さは長い目で見れば問題にならないもので、時がそのほとんどを解決するはずだ。しかしそこまで長く生きないわれわれにとっては、切実な問題になる。アメリカの弱さは、ほとんどが構造的不均衡からくるものであり、不均衡の解決が図られなければならない。また指導者が問題になる場合もある。冒頭で述べたように、一〇年という期間には、人間が主役になるからだ。

弱さや人間に関するこの議論は、いまのこの時期にとくに差し迫った問題である。アメリカがただ一つの世界覇権国になってから最初の一〇年は、わりあい平穏な世の中だった。バグダッドもバルカン半島も、厄介事でこそあれ、アメリカの安全保障を脅かすことはなかった。世界はアメリカの主導権を不平もいわずに受け入れたかに思われ、アメリカに戦略など必要なかった。だが一〇年がたった頃、九・一一テロ事件がこの幻想を地に引きずりおろした。世界は想像以上に危険で、アメリカの選択肢も想像以上に少ないように思われた。しかしアメリカはこの事態を受けても、世界戦略を立てなかった。ほかのことはそっちのけで、ただテロ撲滅だけを狙う、焦点の狭い政治・軍事戦略を立てるにとどまった。

それからまた一〇年がたとうとしているいま、イラクとアフガニスタンからの脱出口は、そしてあのハイジャック機がニューヨークとワシントンのビルに激突したときに始まった世界からの脱出口は、まだ見つかっていない。アメリカは、国土の両岸を広大な海の緩衝地帯に守られているという安心感を胸に、世界から手を引きたいとつねに思っている。しかしその国土はもはや安全ではない。テロリストや、アメリカを危険で予測不能な国と見なす国民国家の野望に狙われているのだ。

アメリカはブッシュ、オバマ両政権の下で、二〇世紀の大半を通じて好ましい結果をもたらしていた長期戦略を見失ってしまった。近年の大統領は、場当たり的な軍事行動を繰り返し、まるで自らの弁舌に惑わされたかのように問題をはき違え、達成できるはずのない目標を定めた。その結果、アメリカは手を広げすぎてしまった。世界中に戦力を投射し、そのせいで弱小国にさえふり回されているありさまだ。

次の一〇年のアメリカの政策に何より必要なのは、古代ローマや一〇〇年前のイギリスにならって、バランスのとれた世界戦略に回帰することだ。こうした旧来の帝国主義国は、力ずくで覇権を握ったのではない。地域の諸勢力を競い合わせ、抵抗を煽動するおそれのある勢力同士を対抗させ、自らの優位を保った。敵対し合う勢力同士を潰し合わせ、帝国の幅広い利益を守ることで、勢力均衡を維持した。経済的利益や外交関係を通じて、従属国の結束を保った。国家間の形式的な儀礼ではなく、さり気ない誘導をとおして、近隣国や従属国の間に、帝国に対する以上の不信感を植えつけた。自軍を用いた直接介入は、めったに用いられることのない、最後の手段だった。

アメリカはこの戦略に忠実に従った。第一次世界大戦では、ヨーロッパ列強の膠着（こうちゃく）状態が崩れかけ、ドイツが東方のロシア崩壊を受けて、西方のイギリスとフランスを押し潰すかに思えたときになって、ようやく介入した。戦いが止むと、今度は平和条約を通して戦後のヨーロッパをフランスに支配させないよう計らった。

第二次世界大戦の初期には、直接的な関与をできるだけ避け、東方のドイツからの攻撃をかわそうとするイギリスを支援する一方で、ソ連にはドイツの東部を痛めつけるようけしかけた。のちには西ヨーロッパと中東、中国をソ連の支配から守るための、勢力均衡戦略を編みだした。「鉄のカーテン」が登場してから冷戦が終結するまでの長い間、この分散と操作の戦略は、合理的で一貫しており、見事なまでに巧妙だった。

しかしソ連が崩壊すると、アメリカは主要勢力の封じ込めを軸とする戦略を放棄した。地域覇権国になりそうな国が、アメリカの神経を逆撫でするようなふるまいに出れば、そのつど抑えこむという、焦点の定まらない方針をとるようになった。一九九一年から二〇〇一年の間に、クウェート、ソマリア、ハイチ、ボスニア、ユーゴスラヴィアの五カ国に侵略ないし介入するという、異常なペースで軍事活動を行なった。ときにその戦略は、人道的配慮に駆り立てられているかに思われることもあったが、目的がつねにはっきりしていたわけではない。たとえば一九九四年のハイチ侵略は、はたして国益にかなっていたといえるだろうか？

しかし一九九〇年代のアメリカは、とてつもない力をもっていたため、かけひきの余地がかなりあったし、気まぐれな思想にふける余裕もあった。圧倒的に優位な国は、外科医ほど精密に動く必要はないのだ。それに、覇権を握りそうな勢力と戦う際にも、敵軍を倒し国土を占領するという形で、「勝利」を挙げる必要もなかった。一九九〇年代のアメリカの侵攻は、軍事的にいえば妨害攻撃だった。当面、地域覇権を握ろうとする勢力を混乱に陥れ、アメリカの選んだ時と場所で地域や国内の脅威にさらした。こうした勢力の発展を阻止し、アメリカに対抗するほどの実力をもたせないようにすることが、当面の目標だった。

二〇〇一年九月一一日を境に、テロにとりつかれたアメリカは、ますます方向性を失い、長期の戦略原則を完全に見失った。そしてこれにかわるものとして、テロの脅威を排除するという、新しくも達成不可能な戦略目標を掲げた。アメリカを主に脅かしていたアルカイダは、無謀だが不可能ではない目標を自らに課していた。それは、イスラムのカリフ国の再建である。カリフ国とは、イスラムの開祖ムハンマドが七世紀に興（おこ）した神政国家であり、第一次世界大戦末にオスマン帝国が滅亡するまでの間、さまざまに形を変えながら存在していた。アルカイダの戦略は、イスラムの教えを十分守っていないイスラム諸国を転覆させることであり、民衆蜂起の煽動をその手段としている。アルカイダからすれば、イスラムの民衆がそれぞれの国の圧政に甘んじているのは、政府を恐れているからだ。そしてその恐れは、こうした政府を陰で支えるアメリカには太刀打ちできないという先入観である。民衆を怯えから解放するには、アメリカが見ためほど強くないことを示せばよいと、アルカイダは考えた。アメリカが実は、少人数の——死をも厭わない——イスラム教徒の攻撃にさえゆらぐような脆弱な存在であることを示すのだ。

アルカイダの急襲を受けて、アメリカはイスラム世界、とくにアフガニスタンとイラクに猛攻を加えた。アメリカの力と到達能力を見せつけるのが狙いだったが、こうした試みも妨害攻撃でしかなかった。目標は、敵軍を倒して領土を占領することではなく、ただアルカイダを分裂させ、イスラム世界に混乱をもたらすことだった。混乱を生みだすのは短期戦術であって、長期戦略ではない。アメリカはテロ組織の破壊とテロ行為の抑止が可能であることを証明したが、公言もむなしく、脅威を完全にとり除くことはできなかった。脅威を排除するには、世界中に散らばる数百万人のテロリストの活動を監視しなくてはならない。そのようなとりくみを行なおうとするだけでも、莫大な資源が必要になる。それに、成功するはずがないのだから、やがて疲弊し、資源を使い果たすことは目に見えている。じっさい、そのとおりの展開になった。何かが望ましいからといって、それが現実的に可能だとか、妥当な代償で実現できるとはかぎらない。

アメリカがこのとりくみのもたらした喪失と混乱から立ち直るのに、一〇年かかるだろう。そのための第一歩である、地域勢力の均衡を維持する政策への回帰は、アメリカが現在軍事的に関与している主な地域である、地中海からヒンドゥークシ山脈におよぶ戦域から始めなくてはならない。ここでは過去半世紀のほとんどを通じて、古来からの三対の均衡が保たれていた。アラブ対イスラエル、インド対パキスタン、イラン対イラクである。だが主に近年のアメリカの政策ミスのせいで、均衡はゆらいでいるか、失われてしまった。イスラエルは近隣国による抑止から解き放たれ、いまや新たな現実をつくりだそうとしている。パキスタンはアフガニスタンでの戦争で疲弊し、インドの有効な対抗勢力ではなくなった。そして最も重要なことに、イラク国家が崩壊したため、イランがペルシャ湾岸地域最強の軍事勢力になった。

アメリカがこの地域に、また政策全般に均衡をとり戻すには、次の一〇年の大統領は、控えめにいっても物議を醸すような措置をとらなくてはならない。のちの章で論じるように、イスラエルと静かに距離を置き、パキスタンの強化に努め（少なくとも弱体化に歯止めをかけ）、そしてルーズヴェルトが第二次世界大戦中にソ連と手を組んだように、あるいはニクソンが一九七〇年代に中国に手をさしのべたように、どれほど厭わしくとも、イランと折り合わなくてはならない。たとえイランの核施設を攻撃する必要が生じたとしても、それとは別に、必ずイランと折り合わなければいけない。そのためには、近年の大統領よりもずっと巧妙に力を行使する必要がある。どのように巧妙かということは、次の一〇年間の二つめの主要テーマであり、これから詳しく説明する。

アメリカの勢力均衡政策への回帰はまず中東から始めなくてはならないが、ユーラシア全体との関係の見直しも必要になる。ヨーロッパの高度な先進技術を、ロシアの天然資源と労働力から隔てておくことを、アメリカは何十年もの間、外交政策の主眼の一つにしてきた。

だが一九九〇年代初めにアメリカが世界最強の国になり、ロシア政府が旧ソ連だけでなくロシア国家さえも満足にコントロールできなくなると、この目標はなおざりにされた。二〇〇一年九月一一日からほどなくして、アメリカ軍が地中海からヒマラヤ山脈までの戦域に、不釣り合いなほどの戦力を投入した結果、ロシアの治安機関は、支配力をとり戻す絶好の機会を得た。プーチン政権下のロシアは、グルジアとの戦争〔二〇〇八年八月の南オセチア紛争〕以前に、すでに勢いを盛り返し始め、いまに至るまで再興への階段を駆け上がってきた。イラクとアフガニスタンに気をとられ、身動きがとれなくなったアメリカは、モスクワの勢力挽回を阻（はば）むどころか、ロシアの野望をくじくような、効果的な威嚇すらできずにいる。そんなわけでいまやアメリカは、ヨーロッパでの勢力回復をはじめとする、独自の優先事項をもった、強大な地域大国ロシアに対峙（たいじ）しているのだ。

　ロシアの再興と西方への集中がどれほど危険かは、この地域のもう一方の勢力、欧州連合（EU）について考えると、いっそうはっきりする。かつてアメリカにも比肩（ひけん）する超国家と目（もく）されたEUだが、二〇〇八年の金融危機を機に、構造的弱点を露呈し始めた。金融危機は、その後南欧諸国（イタリア、スペイン、ポルトガル、ギリシャ）の経済危機に発展した。EU経済の最大の牽引（けんいん）国ドイツは、EU加盟国の過ちや行きすぎの尻ぬぐいをさせられそうになると、政策の優先順位を見直し始めた。そしていまや、ヨーロッパの近隣諸国より、ロシアとの方が利害が一致する、という結論を出しつつある。ドイツはヨーロッパの経済同盟からどれほど恩恵を受けようと、莫大な天然ガスをロシアに頼っているという事実はゆるがない。ロシアは、ドイツが豊富にもっている技術を必要としている。同様にドイツは、社会に緊張を生む移民以外の手段で、労働力を導入する必要がある。これを解決する簡単な方法の一つは、ドイツ企業がロシアに工場を建設することだ。その一方でアメリカは、アフガニスタンなどでの追加支援を要請したことでドイツとの間に軋轢（あつれき）を生み、結果的にドイツの利益をロシアの利益とさらに緊密に結びつけてしまった。

これらを考え合わせると、アメリカが勢力を回復するには、この先一〇年にわたってドイツとロシアの協調を阻むために、多大な努力を払わなくてはならないことがわかる。これから見ていくように、その手段の一つが、ポーランドと新たな関係を築くことだ。ポーランドは、ドイツ・ロシア協商を妨害できる、地理的障害になる。

もちろん中国からも目が離せない。そうはいっても、今後奇跡的な経済成長が頭打ちを迎えるなか、中国の拡張主義はいまほどとりざたされなくなる。中国経済は成熟し、成長率もそれなりに鈍化する。さらにいえば、それは赤貧に暮らす一〇億超の人民を抱える、成熟経済なのだ。アメリカは、北東アジアの真の強国、日本に焦点を移すだろう。日本は世界第三位の経済大国であり、地域最大の海上軍備を擁する国でもある。

ここまでの概要だけでも、次の一〇年が不確定要素と予測不能要素の多い、とてつもなく複雑な一〇年になることがわかる。これからの一〇年間、アメリカ大統領はアメリカの伝統と道徳律を、大方の国民が目を背けたがる現実と折り合わせなくてはいけない。そのためには手のこんだ工作が必要になる。たとえば、自国の外交政策と価値観が一致していると頭から信じている――信じたがっている――国民をまとめながら、その裏では敵と手を結ぶことも必要だろう。これからの大統領は、過去のすべての偉大な大統領にならい、適度な二枚舌を使って、徳を求めなくてはならない。

だがどれほど如才なく立ち回っても、深刻な弱さを埋め合わせることはできない。アメリカは、わたしが「底深い力（ディープ・パワー）」と名づけたものをもっている。そして底深い力は、何をおいてもバランスのとれた力でなければならない。つまり十分な経済力、軍事力、政治力が、互いに支え合っているということだ。また底深いという二つめの意味は、その力がどのように使われるべきかを定め、一つひとつの行動に枠組を与える、文化的、倫理的規範をよりどころとしているということだ。たとえばヨーロッパは経済力はあるが、軍事力は弱く、その土台は非常に薄っぺらい。政治面では、とくに加盟国に課せられる責務の枠組に関して、ほとんど合意が見られない。

深い土台とバランスの両方を兼ね備えた力はめったにない。そして次の一〇年で、この両方を強化し発揮できる立場にいる国が、アメリカしかないことを、これから示していこう。さらに重要なのは、アメリカにはこのことに関して、選択の余地がほとんどないということだ。アメリカには、世界覇権力（グローバル・パワー）について回る厄介事から手を引く選択肢があると考える人が、左派にも右派にもいる。世界の問題に首をつっこむことをやめれば、嫌われたり恐れられたりすることもなくなり、攻撃されるおそれから解放され、思うままにふるまうことができるというわけだ。これは、アメリカが国内の関心事に専念し、国際情勢は自然のなりゆきに任せていた時代への郷愁である。

たしかに、トーマス・ジェファーソンが、紛糾をもたらす同盟は避けよと警鐘を鳴らした、そんな時代もあった。だが当時のアメリカは、全世界の富の四分の一を年々叩きだしていたわけではない。これほどの生産力があれば、世界の諸問題に巻きこまれない方がおかしい。アメリカの消費、生産するものが、世界中の人々に影響をおよぼしている。アメリカが遂行する経済政策が、世界経済の現実をつくっているのだ。アメリカは海軍の制海権を通して、世界経済へのアクセスを確保するとともに、他国のアクセスを阻むこともできる。他国を威圧しない規模にまで経済を縮小するにしても、だいいち方法があるのかわからないし、ましてやその結果として生じる悪影響に対処できるかどうかもわからない。

とはいえ、アメリカは自らの力になじんでいるわけではない。世界はあまりにも巨大になり、あまりにも急激に変わってしまった。アメリカが政策のバランスをとり戻すためには、世界での本当の立ち位置を自覚する必要があるのだ。先にも述べたが、ソ連崩壊によって、アメリカは世界制覇を争う相手を失った。アメリカがいま、好むと好まざるとにかかわらず、また意図するとせざるとにかかわらず、正面から向き合わなくてはならないのは、冷戦の終結をもって世界覇権国のみならず、世界帝国になってしまったという事実なのだ。

だが現実には、アメリカ国民は帝国など求めていない。経済、戦略面でのメリットを必要としていないということではもちろんない。ただ、その代償を払いたくないのだ。経済面では、市場開放がもたらす経済成長は望ましいが、その痛みを抱えたくない。政治面では、絶大な支配力はほしいが、世界に恨まれたくはない。軍事面では、危険からは守られたいが、長期戦略の重荷を背負うのはごめんなのだ。

帝国が、計画や構想をもとに建設されることはまずない。ナポレオンやヒトラーの帝国のような例はあるが、ほとんどが長くもちこたえない。永らえる帝国は、自然に成長したものが多く、圧倒的な力をもつようになってはじめて帝国と認識されることが多い。ローマもイギリスもそうだった。しかしいったん帝国の地位を得たあとは、己の地位を受け入れ、それを維持管理する方法を身につけたからこそ成功したのだ。

ローマやイギリスの帝国と違って、アメリカの支配体制は公式のものではない。とはいえ、帝国の実体は厳として存在する。アメリカは海洋を支配し、世界の四分の一を超える経済規模を誇る。アメリカ人が何かの製品や食品の流行に飛びつけば、新しい指令に応えるために、中国や南米の工場や農場が再編される。ヨーロッパ列強が一九世紀に中国を支配したのもこのやり方だった。公式の支配ではなかったが、公式、非公式の違いが意味をなさなくなるほどの影響を中国におよぼし、搾取したのだ。

アメリカ国民が受け入れられずにいる事実は、アメリカ帝国の規模と力が、本質的に破壊的かつ威圧的であること、つまりアメリカが行動を起こせば、どこかの国に脅威や恩恵を与えずにはおかないことだ。このような力は、他国に莫大な経済的利益を授けることもあれば、当然ながら敵意を生むこともある。アメリカは通商国、つまり貿易立国である。アメリカのめざましい繁栄は、自らの価値や強みがもたらしたものだが、世界から孤立しては繁栄を保てない。したがって、アメリカが現在の規模と富、力を握り続けるためには、自らの破壊的影響力を臆することなく使いこなすすわざを身につけるしかないのだ。

アメリカが帝国であるという実態を自覚しなければ、その利用価値と痛み、そして何より宿命について、国民の間で筋のとおった議論を行なうのは難しい。無敵の強国というだけでも危険なのに、それを自覚しない強国は、獰猛な象のようなものだ。

したがって、アメリカは次の一〇年をかけて、現実をあえて無視することをやめ、どれほど不本意でも、現実を受け入れなくてはならない。これを受け入れることが、洗練された外交政策の始まりとなる。アメリカが次の一〇年のうちに、帝国を宣言することはない。ただ、実態を踏まえ、いまより効果的に帝国を運営するのみだ。

第1章

意図せざる帝国

アメリカ大統領は、世界で最も重要な政治指導者である。理由は簡単だ。すべての大陸のすべての国の人々の暮らしに、経済・軍事政策をとおして影響をおよぼしている国家を統治しているのだから。大統領は侵略や通商禁止、制裁を命じる力をもち、現に行使している。大統領が動かす経済政策は、数十億人の暮らしに、おそらく幾世代にもわたって影響をおよぼす。次の一〇年には他国の人々は、自国政府の決定よりも、だれがアメリカ大統領の座に就き、その人物がどんな決定を下すかによって、暮らしを大きく左右されるだろう。

　わたしがこれを痛感したのは、直近のアメリカ大統領選挙の夜のことだった。このときブリュッセルにいた社員に電話をかけたのだが、ようやく連絡がついたとき彼女がいたのは、バラク・オバマの勝利を祝うベルギー人でにぎわうバーだった。こういったオバマ祝勝会が、世界中の都市で行なわれていたことを、のちに知った。世界中の人がアメリカの選挙結果を一大事ととらえ、オバマが権力の座に就いたことに、大勢の人が個人的に心を動かされているようだった。

オバマは就任から一年とたたずして、ノルウェーの五人の政治家の委員会によってノーベル平和賞を授与された。まだ受賞に値するような実績を何も挙げていないのにと、驚愕した人も多かった。しかしオバマは他国のアメリカ観を一変させ、この変化だけでも受賞に値するのだと、委員会の議長は述べた。ジョージ・W・ブッシュは、帝国主義をふりかざして他国をいじめていると見なされ、嫌われた。オバマが称賛されたのは、そのような姿勢と訣別する意志を示したからだ。

ノーベル賞委員会から、シンガポールやサンパウロのバーに至るまで、世界中の人が無意識のうちに見抜いたのは、アメリカ大統領の独自性であり、アメリカ人が認めたがらない新しい真実でもあった。アメリカの新政権が、ノルウェーやベルギー、ポーランド、チリなど、世界中の数十億人にとってこれほど大きな意味をもつのは、アメリカ大統領がいまや世界皇帝という、どうかすると厄介な、またけっしてあからさまに表明されることのない役割を担っているからだ。次の一〇年に世界は、そして大統領は、この現実に苦慮することになろう。

アメリカの皇帝

アメリカ大統領に、他に類を見ない地位と影響力を与えたのは、征服でも、陰謀でも、神の計らいでもなく、アメリカがただ一つの世界的な軍事大国だという事実である。経済規模では、第二位に三倍以上もの差をつけてトップに立ち、毎年世界の富の二五％ほどを生みだしている。こうした事情から、アメリカはその人口や規模に不釣り合いな優位を、さらにいえば多くの人が正当または良識的と考える限度をはるかに超えた優位を保っている。しかしアメリカは、意図して帝国になったわけではない。この思いがけない配剤は、さまざまなできごとの結果として起こったのであり、そのできごとのほとんどが、アメリカの力のおよぶものではなかった。

アメリカが帝国になったという説は、もちろん以前からあった。一九世紀のアメリカは、「自明の運命説」〔選ばれた民である白人が北米を支配することが天命だとする説〕や、米西戦争（アメリカ・スペイン戦争、一八九八年）での勝利などに酔い、最終的に出現したものよりもはるかにつつましやかな帝国を夢見ていた。わたしの語る帝国は、こうした初期の思想とはほど遠い。じっさい、この最新版の帝国は、計画や意図なくして生まれたというのが、わたしの持論だ。

第二次世界大戦から冷戦終結までの年月をかけて、アメリカは絶対的優位ににじり寄っていった。だがアメリカがじっさいにこれを手にしたのは一九九一年にソ連が崩壊した結果、対抗勢力なき超大国になったときだ。

一七九六年にジョージ・ワシントンは辞任演説を行ない、次の方針を宣言した。「わが国の外国に関する基本的な行動方針は、商業関係を拡張するにあたり、できるだけ政治上のつながりをもたないことだ」。この頃のアメリカには、世界から距離を置くという選択肢があった。当時のアメリカは、地理的に孤立した小国でしかなかった。今日、世界の国々がアメリカの干渉をどれほど嫌い、アメリカがどれほど干渉を避けようとしたとしても、他国と通商関係を結べば政治的ないざこざや影響を与えずにはおかないほど巨大な経済規模をもつ国にとって、それは無理なことだ。ワシントン大統領の反政治的感情は、共和国を建国した反帝国主義者たちにとって好都合だった。皮肉なことに、共和国が驚くべき成功を収めたために、この方針は頓挫したのである。

アメリカ経済は、すべてを巻きこむ渦のようなものだ。ほんのわずかな渦で、小国を壊滅させることも、富ませることもできる。アメリカ経済は好調なとき、機械全体を動かすエンジンになるが、止まりかけると、機械そのものを壊しかねない。世界をこれほど深く感化し、これほど効果的に結びつける経済はほかにない。

輸出入という点から世界を眺めると、国内総生産（GDP）の五％、一〇％以上をアメリカに依存している国が、いかに多いかに驚かされる。じつに高い相互依存度である。アメリカを含まない二国関係や多国間関係はあるが、アメリカに影響を受けないものは一つとしてない。あらゆる国がアメリカの一挙手一投足を見守り、少しでも有利な立場に立とうとして、あるいはせめて不利益を避けようとして、アメリカの行動を多少なりとも変えようとしている。

歴史をふり返ると、相互依存度が高まれば、必ず摩擦や戦争が起きている。一九世紀と二〇世紀初頭には、フランスとドイツが互いの力を恐れ、互いの行動に影響をおよぼそうとし

アメリカの主な貿易相手国

た。その結果、二国は七〇年間で三度も戦を交えることになった。第一次世界大戦前に、イギリスのジャーナリスト（のちの下院議員）ノーマン・エンジェルが、『大いなる幻影』という広く読まれた本を著わした。エンジェルはこのなかで、ヨーロッパ経済の相互依存度が非常に高いことを示し、そのような状態で戦争は起こり得ないと論じた。もちろん、これが事実でないことは、二度の世界大戦が証明したとおりである。自由貿易の提唱者はいまもこの論法を用いる。だがこれから見ていくように、アメリカを中心とする、世界的な相互依存度の高さは、戦争の危険を低めるどころか、逆に高めるのだ。

軍事紛争に容易に引きこめるような、拮抗勢力がたくさん存在した時代はもう終わった。このことが、戦争の危険を若干軽減している。もちろんアメリカの軍事力は絶大で、どの一国もアメリカに、関係の根本的な見直しを武力によって迫ることなど望めない。それでいてアメリカの力に対する抵抗は根強く、一九九一年以降は戦争が頻発していることも見てとれる。

アメリカの強大な力は衰えるかもしれないが、これほどの力は、戦争でもないかぎり、直ちに消失することはない。ドイツ、日本、フランス、イギリスの国力が衰えたのは、債務ではなく、戦争で経済が疲弊したせいであり、債務は戦争の多くの副産物のうちの一つにすぎなかった。一九二〇年代と一九三〇年代に世界を席捲した大恐慌は、第一次世界大戦でドイツ経済が疲弊し、貿易と金融関係が混乱したのが原因であり、やがて世界的混乱に発展した。逆に一九五〇年以降のアメリカとその同盟国のめざましい繁栄は、第二次世界大戦中に戦災を免れたアメリカが築いた経済力がもたらしたのだった。

大規模で壊滅的な戦争が起こらなければ、経済力を主体とした国際的影響力の再編は、たとえ起こるとしても、何十年にもわたるプロセスになるだろう。中国の経済的支配を予想する声もある。たしかにそうなるかもしれない。しかしアメリカの経済規模は、中国の三・三倍である。中国がアメリカとの格差を縮めるには、今のところもない高成長を長期間維持しなくてはならない。二〇〇九年にアメリカは世界の海外直接投資の二二・五％を占め、国連貿易開発会議（ＵＮＣＴＡＤ）によれば世界最大の投資国だった。これに対し中国は同四・四％だった。

アメリカは世界最大の債務国でもある。だがこのことは、アメリカの国際システムへの影響力を何ら損なうものではない。アメリカは借入をやめようが、債務を増やそうが減らそうが、つねにその経済力で世界市場に影響を与えている。肝心なのは、影響を与える力なのだ。もちろん、アメリカが借り入れる一ドル一ドルを貸しているのが、他国であることも忘れてはならない。つまり、市場動向から判断する限り、現在の低金利下にあっても、アメリカに金を貸すのは得策ということになる。

他国に影響をおよぼす国はほかにも多くある。だがアメリカを帝国たらしめているのは、影響を与える国の多さ、その影響の強烈さ、そしてそのような経済の動きや決定に影響を受ける人数の多さなのだ。

たとえば最近アメリカでエビの需要が高まった。アメリカ市場に起きたこのさざ波のために、メコン川のデルタ地帯の漁民は、新たな需要を満たそうとして漁獲量を増やした。二〇〇八年にアメリカの景気が落ちこむと、エビのような高級食料品がまっ先に切りつめられ、メコン川デルタ地帯のような、遠く離れた場所にまで、倹約の影響がおよんだ。同様にパソコンメーカーのデルは、アイルランドに巨大な製造設備を建設したが、人件費が高騰すると、当時アイルランドが厳しい経済苦境に陥っていたにもかかわらず、ポーランドに生産を移した。イギリスやローマがそうだったように、アメリカも他国の影響を受ける。だがアメリカはクモの巣のへりではなく、中心に位置しており、その経済は軍事力に裏打ちされている。このことと、アメリカの技術的優位とを考え合わせると、アメリカの底深い力の成り立ちが見えてくる。

帝国には、明確な権力構造をもつ公式の帝国もあるが、実態をとらえにくい複雑なものもある。イギリスはエジプトを支配したが、正式に権力を掌握していたわけではない。アメリカは世界的な到達能力で、多くの国の進路を方向づけている。しかし大帝国であることを認めたがらないゆえに、明らかにもっているはずの力を使いこなすための、公式の合理的な体制をつくり上げていないのだ。

アメリカは中東で手ひどい失敗を被(こうむ)りはしたが、未熟とはいえしっかりした基盤を持つ帝国であることに変わりはない。帝国といえども失敗することはあり、成長と拡大に災難はつきものだ。イギリスは帝国が頂点をきわめる一〇〇年前に、反乱にあって北米植民地の大半を失ったし、ローマは周期的に内戦を繰り返していた。

アメリカの力の中核をなしているのは、目下うちのめされているように見えるかもしれないが、経済である。だがその経済力を背後から支えているのが、軍事力なのだ。アメリカ軍の目的は、アメリカによって経済的に虐（しいた）げられた国や、そうした諸国の同盟が、不利な状況を力で正そうとするのを阻止することにある。ローマの軍団（レギオン）と同じように、アメリカの軍隊も、アメリカへの攻撃を未然に防ぐために、世界中に配置されている。なぜなら、新興勢力が脅威を呈する兆しを見せたその時点で叩きつぶすのが、軍事力を最も効率的に使う方法だからだ。

次ページの地図は、アメリカの軍事プレゼンスを、かなり控えめに表わしたものだ。とくに、アフリカなど多くの地域で秘密工作を行なうアメリカ軍特殊部隊は入っていないし、訓練や技術支援などの活動も含まない。アメリカ軍は戦争を戦い、麻薬を遮断し、駐留国を攻撃のおそれから守るほか、周辺国でアメリカ軍が必要とされる場合に備えて、駐留国を中間準備地域として利用することもある。他国の統治に直接的、間接的に携わるアメリカ人を支援することもあれば、何を統制するでもなく、ただそこにいるだけの場合もある。本国に駐留するアメリカ軍の目的は、国土の防衛よりも、いわゆる「戦力投射」にある。つまり、大統領が派兵すると決めたどんな場所でも、任務を果たせる態勢をとることだ。

アメリカは世界帝国にふさわしく、世界経済の円滑な運営を保証するために、経済体制と軍事体制を整えている。技術や商品、サービスを売る一方で、商品を売るための巨大な市場を提供する。シーレーンを確保するために軍事力を提供する。必要とあれば介入して無法地

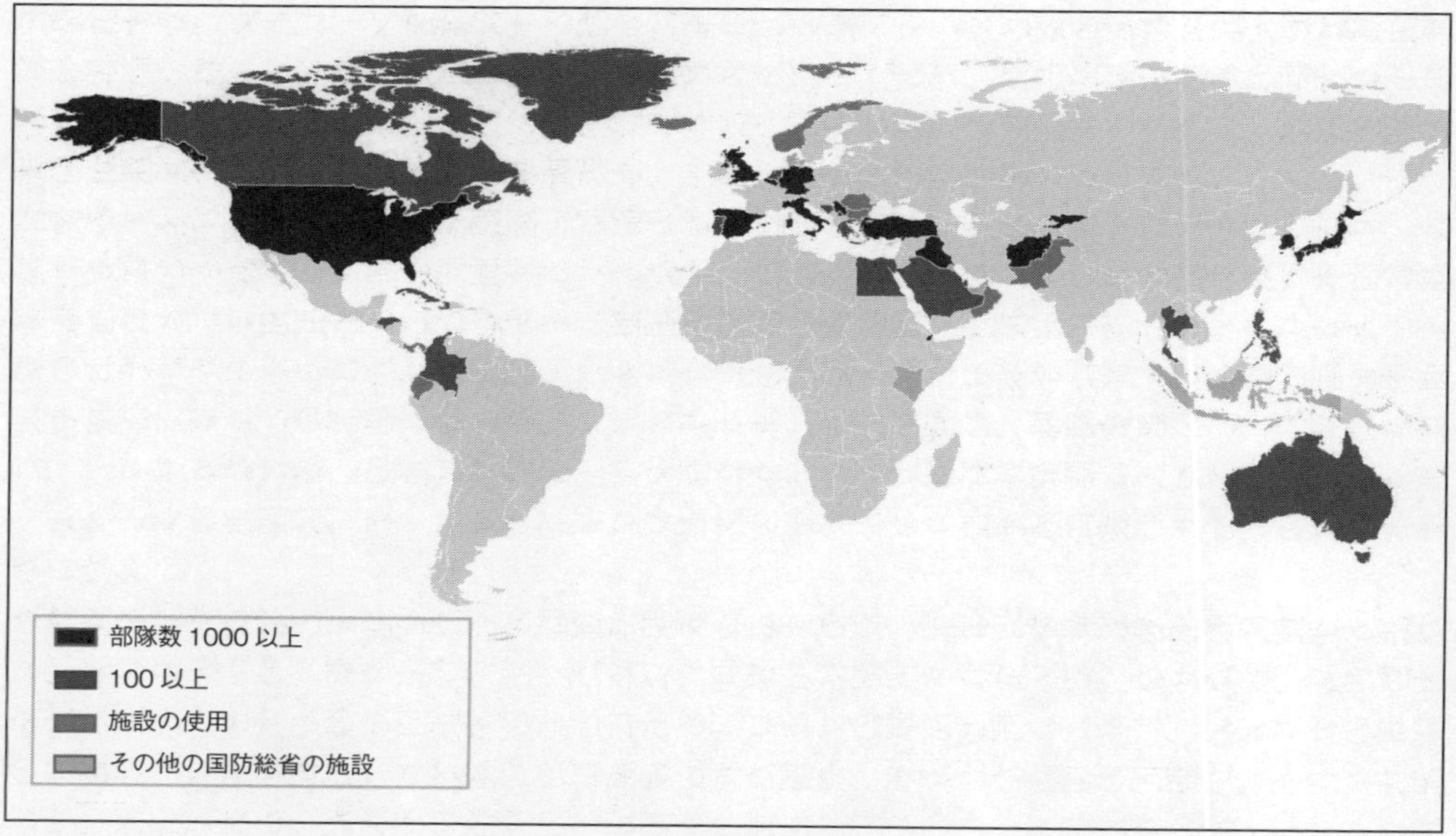

アメリカ軍の駐留国

出所：国防総省、国際戦略研究所、ストラトフォー

帯の治安を維持するが、これは他国ではなく、自らのために行なうことだ。つきつめれば、アメリカはその経済的な影響力と軍隊の配置ゆえに、多くの国にとって必要不可欠な存在になっている。世界中の国を、どんな公式の帝国体制が行なうよりも緊密にアメリカと結びつけているのが、この必要性なのだ。

帝国の野望とはまるで無関係な目的のために蓄えられた力が生みだした、意図せざる帝国は、出現後かなりたってから、その存在を認識されることが多い。帝国であることを自覚すると、勢いに乗って意識的に拡大を始め、帝国の現実に帝国主義の思想をとり入れるようになる。パクス・ロマーナ〔ローマの平和〕や、キップリングの詩『白人の責務』がその好例だ。帝国がウェルギリウスのような作家やラドヤード・キップリングのような詩人を輩出するのは、帝国としての地歩を固めた後であって、その前ではない。そしてローマやイギリスでそうだったように、いまやアメリカ帝国を讃える者たちと、嫌悪する者たち、そして初期のアメリカらしい時代を懐かしむ者たちが入り交じっているのだ。

ローマとイギリスは帝国の世界にとらわれたが、その罠を進んで受け入れることを学んだ。アメリカは帝国になったという現実からまだ目をそらしており、帝国のしるしを感じるたび嫌悪感を抱く。しかし、たとえ非公式で、確たる証拠がなくても、未曾有の力と影響力をもつ帝国を、アメリカ大統領がとりしきっているという事実を自覚すべきときがきている。それでこそアメリカは、その手に託された世界を、次の一〇年に適切に運営するための政策を打ちだすことができるのだ。

帝国の現実に対処する

アメリカは、ソ連崩壊を受けて「最後まで立てる者」になったことの余波に、何とか向き合おうと二〇年もの間努めてきた。大統領にとって次の一〇年の課題は、受け身でいることをやめ、自らの支配する世界を運営するための、体系だった方法を手に入れることだ。たじろがず、誠実に世界の実情に向き合い、公に認められていない無秩序なアメリカ帝国を、パクス・アメリカーナ〔アメリカの力による平和〕という、秩序ある体制に変える必要がある。これにとりくむかどうかを、大統領は自由に選べるわけではない。そうするしか選択の余地はないのだ。

帝国に秩序をもたらすことがなぜ必要なのか。アメリカは圧倒的な力をもっているとはいえ、全能にはほど遠く、並はずれた力が並はずれた危険を生むおそれがあるからだ。たとえばアメリカが二〇〇一年九月一一日に攻撃を受けたのは、こうした特異な力をもっているせいにほかならない。リスクと機会を見きわめ、できるだけリスクを抑え利益を高めるような方法で、この力をとりしきることが課題になる。

帝国の運営に秩序をもたらすどころか、帝国と聞いただけで拒否反応を示す人たちにいっておくが、大統領は地政学的現実のせいで、一般市民のようなやり方で徳を行なうことを許されない。徳をまっ向から追求しようとした二人の大統領、ジミー・カーターとジョージ・

W・ブッシュは、見事に失敗した。逆にリチャード・ニクソンやジョン・F・ケネディのような、冷徹な大統領が失敗したのは、至上の道徳的目標をめざして行動したわけでも、そのような目標にかなう一貫した行動をとったわけでもなかったからだ。

これからの大統領は、帝国に秩序をもたらすために、わが国の最も崇拝される三人の指導者にならうべきだ。三人は道徳律に導かれた戦略を、じつに非情に行使してのけた。しかも道徳的目標を果たすために、不道徳どころか、違憲でもある手段を用いたのだ。

エイブラハム・リンカーンは連邦を維持し、奴隷制度を廃止したが、その手段として組織的な欺瞞(ぎまん)を行ない、人権を踏みにじった。リンカーンは境界州〔奴隷制度を容認しながら北部に所属していた、メリーランド、ミズーリ、ケンタッキー、デラウェアの各州〕の忠誠を保つために、一八五八年上院議員選挙での大論戦では明言した、奴隷廃止の意向をひた隠しにした。それどころか、奴隷制が南部を越えて広がることには反対だが、奴隷所有が法ですでに認められている州で奴隷所有権を廃止するつもりはないと公言して、自らの意図を偽った。

リンカーンは嘘をついただけではなかった。全米で人身保護令状請求権を差し止め、メリーランド州の離脱に賛成する国会議員の逮捕を命じた。こうした行動を弁解しようともせず、万一メリーランドなどの境界州が離脱すれば、われわれは敗北し、国家は崩壊し、憲法そのものが無意味になるだろうと述べるにとどまった。

この七五年後にフランクリン・ルーズヴェルトも、同じくらい重大な国家の危機に際し、国民を欺きながら必要な行動をとり、理解が得られるのを待った。一九三〇年代末、ヨーロッパが臨戦態勢に入るなか、連邦議会と国民は完全な中立維持を望んだ。しかしルーズヴェルトは、民主主義の存続そのものが脅(おびや)かされていることを知っていた。そこでフランスへの武器売却を内密にとりきめ、イギリス首相ウィンストン・チャーチルには、イギリスに物資を運ぶ商船をアメリカ海軍で護衛することを確約したのだ。これは明らかに中立に反していた。

リンカーンと同様、ルーズヴェルトを動かしていたのも道徳的目標だった。つまり、世界戦略を導く道徳的指針である。ルーズヴェルトはナチス・ドイツに反感を抱き、民主主義の思想に傾倒していた。それでもアメリカの利益や政治体制を守るために、道徳的にはあらゆる点でナチスと同じくらい邪悪な体制だった、スターリン下のソ連と同盟を結んだ。国内では最高裁判所判決を覆(くつがえ)し、令状なしの盗聴と郵便物の押収、開封を命じた。だがかれの犯した最も甚だしい人権侵害は、市民権の有無にかかわらず、日系人の拘留と強制収容を承認したことだ。しかしルーズヴェルトは自分が何をやっているかを、はっきり自覚していた。良識の範囲を非情なまでに逸脱したのは、道徳的に必要なことを行なうためだった。

ロナルド・レーガンも道徳的目標を非情な方法で追求した。その狙いは、ソ連のいわゆる「悪の帝国」の破壊にあり、ソ連が財政的に推進できるはずのない軍拡競争を煽(あお)ることを、手段の一つとした。そのうえ、第三世界の民族解放運動に対するソ連の支援を、手のこんだ不正な方法で妨害した。一九八三年にはグレナダを侵攻し、ニカラグアの左翼政権に反対する反乱勢力「コントラ」を支援した。その後アメリカは、イスラエルを通じて、イラクと戦うイランに武器を売却するという複雑な計略を仕掛け、売却代金をコントラ支援に流用した。この計略は、この種の干渉を阻止するために特別に定められた法律をかいくぐるためのからくりだった。それにレーガンが、ソ連と戦うアフガニスタンのイスラム聖戦士を積極的に支援したことも、忘れてはならない。ルーズヴェルトとスターリンの例が示すように、今日の敵を倒すのに役立つ勢力が、明日の敵になることがあるのだ。次の一〇年は、偉大な道徳的聖戦の時代にはならない。むしろプロセスの時代、つまり、ありのままの現実が示すとおりの世界の実状が、より正式な形で、わが国の政治体制に組みこまれる時代になるだろう。

これまでの一〇年、アメリカはがむしゃらにテロ撲滅にとりくんできた。次の一〇年に必要なのは、がむしゃらさではなく、イスラエルやイランなどの国との関係を、注意深く軌道修正することだ。またポーランドやトルコなど、アメリカと新たな関係を築く国を含めた、同盟体制を敷く必要がある。帝国戦略のなかでも、これはとくに困難で面倒な仕事だ。しかし大統領には、アメリカの圧倒的覇権という現実を、世界がそのまま受け入れてくれると思いこむことも、このような力を捨て去ることも、許されない。アメリカはたしかに事実上の帝国だが、アメリカ大統領は一国の大統領にすぎず、世界の大統領ではないことを、肝に銘じなければならない。

だからこそ、大統領は「帝国」という言葉をけっして使ってはならないのだ。アメリカ建国の父たちの反帝国主義的精神は、いまなおこの国の政治文化のバックボーンをなしている。

さらにいえば、力がじっさいより均等に分散しているかのようにふるまうことは、他国だけでなく、アメリカのためにもなる。そうはいっても、アメリカは次の一〇年をかけて、世界帝国の非公式な実体に、一貫性のある形を与え始めなくてはならない。

大統領は国民が、まだ向き合う覚悟ができていない現実を、無理やりつきつけるべきでない。そのため、幻想を巧みに操る能力が求められる。奴隷制度は、南部州がどれほど存続を望んでも、一八六〇年代以降も存続できたはずはなかった。国民は孤立主義に傾いていたが、第二次世界大戦は避けられなかった。国民は危機に怯えていたが、ソ連との対立は免れなかった。しかしいずれの場合も、強力な大統領が幻想をつむぎだし、それによって国民の激しい反発を招かずに、やるべきことを行なうことができた。レーガンの場合、武器取引の陰謀が「イラン・コントラ事件」として明るみに出、議会聴聞や多くの関係者の起訴、有罪判決をもたらしたにもかかわらず、「気のいいまぬけ者」という人物像をうまく保ったおかげで、権力とイメージの失墜を免れた。イスラエル、イラン、ニカラグアでの顚末は、あまりにも複雑だったため、レーガンの批判者でさえ、かれが関与したなどとは到底信じられなかったのだ。

アメリカの地域戦略

アメリカのいちばんの関心は、国土の物理的安全と、比較的自由な国際経済体制を確保することにある。のちの章で世界経済の現状を考える際に詳しく説明するが、後者は、自由市場思想の信奉者が考えるような自由貿易体制とは、まるで違うものだ。それは巨大なアメリカ経済が、世界のすべてでないにせよ、ほとんどの国と取引する手段としての、国際システムである。アメリカはどのような規制体制の下でも、世界中の国と相互に売買、貸借、投資を行なう必要がある。

世界経済の四分の一を占める国が、孤立したまま繁栄できるはずがないし、国同士のやりとりの影響を、経済のみにとどめることもできない。アメリカ経済は、技術と組織の絶えざるイノベーションのうえに成り立っている。イノベーションとは、主に破壊的技術の改良を通じて、経済が自らを破壊し、再構築し続けるプロセスをいう。経済学者ヨーゼフ・A・シュンペーターは、これを「創造的破壊」と呼んだ。

アメリカの経済文化が他国に触れるとき、影響される側は、それに適応するか、呑みこまれるしかない。たとえばコンピュータは、コンピュータ関連企業とともに、アイルランドからインドのバンガロールまで、世界中の文化や生活にきわめて破壊的な影響をおよぼしている。アメリカ文化はこの種の激変に慣れているが、サウジアラビアや中国の文化はそうはいかない。中国に至っては、共産主義国家の政治体制を維持しながら、市場経済をとり入れるという重荷まで背負っているのだ。ドイツやフランスは、アメリカにできるだけ感化されないよう努め、いわゆる「アングロサクソン経済」の影響を遮断しようと奮闘してきた。ロシアは一九九〇年代に、初めてこの力にもろにさらされて動揺し、続く一〇年に何とかバランスを探ろうと苦心した。

アメリカの渦に巻きこまれたとき、世界はその影響を利用するか回避しようとして、当然ながら不快感や抵抗を示すことが多い。オバマ大統領はこうした抵抗感を察知し、逆手にとって利用した。国内では他国によく見られたい、好かれたいという国民の願いをくみとり、国外ではあまり傲慢でない、穏やかな姿勢でいてほしいという他国の希望に応えた。

オバマは問題を正しくとらえ、対処しようとした。だが帝国の力への拒否感をすっかりなくす方法は、まだ見つかっていない。つきつめればこの拒否感は、アメリカの政策ではなく、帝国の力に備わった性質が呼び起こしているからだ。

アメリカは覇権国家ともいえる座に就いて、まだ二〇年しかたっていない。帝国になって最初の一〇年は、めくるめく夢想に酔った。冷戦の終結が戦争そのものの終結をもたらしたという、大きな紛争が終わるたびに現われる幻想である。続く新世紀の最初の一〇年は、世界がまだ危険であることにアメリカ国民が気づいた時期であり、アメリカ大統領がその場しのぎの対応で難局を乗り切ろうとした時期でもあった。そして二〇一一年から二〇二一年までは、アメリカが世界の敵意に対処する方法を学び始める一〇年になる。

次の一〇年の大統領は、これまでの一〇年で再燃した脅威が、例外ではないという認識に立って、戦略を策定しなければならない。アルカイダのテロ行為はその一つだが、じつはアメリカがこれまで直面した最も深刻な脅威ではない。大統領は、こうした脅威から解放される時代がきっと来ると国民に訴えることもできるし、じっさいそうすべきだが、自分でその説明を信じてはいけない。むしろ大帝国への脅威が弱まるという思いこみを徐々に退け、そのような脅威が、アメリカのもてる富と力の代償であることを国民にわからせるのだ。同時に、脅威の存在をことさらに認めなくても、戦略を着実に計画、遂行しなくてはならない。

世界覇権のライバル不在のなか、世界をそれぞれの地域という観点からとらえ、各地域の勢力均衡を図り、どの国と手を結ぶか、どのような場合に介入するかを計画しなくてはならない。戦略目標は、どの地域にもアメリカに対抗しうる勢力を出現させないことだ。

ルーズヴェルトとレーガンには、一つのまとまった——広大だが足並みの揃った——世界を代表して、ゲームを戦う贅沢が許されたのに対し、次の一〇年の大統領は、バラバラに分かれたテーブルで、いくつもの手をプレーすることになる。一つないし少数の世界的脅威を中心に、すべてが回っていた時代は終わった。いまやヨーロッパの勢力均衡は、アジアの均衡とそれほど緊密に結びついていないし、ラテンアメリカの平和を保っている勢力均衡とも異なる。アメリカにとって現状の世界は、第二次世界大戦や冷戦中ほど危険ではないが、複雑さにかけてははるかに上を行く。

もちろんアメリカの外交政策は、すでに地域ごとに細分化されている。それはわが国の軍隊が、いくつもの地域指令部の下に組織されている点にも表われている。いま必要なのは、戦略的思考にも細分化が必要なことを率直に認め、それに応じた措置をとることだ。アメリカには、よりどころにできるような世界同盟などなく、どの国とも特別な歴史的関係がないことを認めなければならない。ワシントンの退任演説からの引用が、ここでも役に立つ。

「慣習的な憎しみからであれ、愛着からであれ、他国に甘い対応をとる国は、奴隷に成り下がっている。それは己の敵意や愛着の奴隷になることであり、どちらであっても、国家としての責務や役割を見失うことになりかねない」。つまりNATOは、もはやヨーロッパという文脈の外では、アメリカにとって独自の意味をもたなくなっている。またヨーロッパを他地域より重要な存在と見なすべきでもない。「特別な関係」への郷愁こそあれ、ヨーロッパはほかより重要でないというのが、今日のありのままの現実なのだ。

それでもオバマ大統領は、ヨーロッパに的を絞ったキャンペーンを展開した。かれが「多国間主義」という言葉で表現したのが、アメリカを再びヨーロッパの手に委ね、海外での活動についてヨーロッパに意見を求め、ヨーロッパの警告を受け入れる方針だということを、二〇〇八年大統領選挙前の訪欧が象徴していた（帝国を失ったいま、ヨーロッパはいつでも警鐘を鳴らしたがるのだ）。オバマの行動は功を奏した。ヨーロッパ人は大いに熱狂し、アメリカが再び好かれる国になったことを、多くのアメリカ人が嬉しく思った。しかし、オバマが結局はアメリカの目的を追求するアメリカの大統領でしかないことにヨーロッパ人が気がつくと、当然ながら熱狂は急速に冷めていった。

これらを考え合わせると、今後一〇年の大統領の課題が見えてくる。それは、愛されたい、それが無理ならせめて放っておかれたいという、不合理な夢想をまだもっている国において、感情に流されない非情な外交政策を遂行することだ。国民の感傷に訴えつつも、それにとらわれることなく政策を推進しなければならない。

感傷にとらわれない外交政策とは、次の一〇年に明晰で冷徹な目で最も危険な敵を特定し、それに対処するための同盟関係を構築することをいう。感傷にとらわれないとは、NATO、国際通貨基金（IMF）、国際連合をはじめとする同盟関係や諸機構を含む、冷戦体制そのものからの脱却を意味する。こうした冷戦の遺物は、今日の多様きわまりない世界に対処するだけの柔軟性がない。世界は一九九一年に生まれ変わり、古い機構は陳腐化した。変わらぬ価値をもつものもあるが、その価値は今後出現が待たれる新たな機構のなかでこそ、活かされるべきだ。新しい機構は、地域ごとに分かれ、次の三原則の下で、アメリカの戦略的利益に応えるものでなくてはならない。

一．世界や諸地域で可能なかぎり勢力均衡を図ることで、それぞれの勢力を疲弊させ、アメリカから脅威をそらす

二．新たな同盟関係を利用して、対決や紛争の負担を主に他国に担わせ、その見返りに経済的利益や軍事技術をとおして、また必要とあれば軍事介入を約束して、他国を支援する

三．軍事介入は、勢力均衡が崩れ、同盟国が問題に対処できなくなったときにのみ、最後の手段として用いる

大英帝国の全盛期に、パーマストン子爵はこういった。「どこかの国がイギリスの恒久の敵であるとか、永遠の味方であると想定するのは、狭量な政策である。われわれには永遠の味方も、恒久の敵もいない。国益は永遠かつ恒久であり、国益こそがわれわれの従うべき義務である」。大統領が次の一〇年で制度化しなくてはならないのは、この方針である。世界に恨みや敵意をもたれるのは仕方のないことと認め、アメリカにとって最も重要な利益を放棄せず、他国によく思われようなどという幻想は捨てる。他国を夢のような約束で、可能なかぎり誘惑しつつも、そのような誘惑がいつか必ず失敗することを覚悟しておかなくてはならない。アメリカをこの敵意に満ちた世界のなかで正しく導くためには、大統領には絶対に失敗は許されない。

第1章の概要

- アメリカは一九九一年のソ連崩壊を受け、その圧倒的な軍事力と経済力をもって、意図せずして世界帝国になった
- アメリカはこの事実を受け入れ、大統領の指揮の下で力による秩序を実現しなくてはならない
- そのため次の一〇年で、各地域の勢力均衡を図り、冷戦体制を脱却して新しい同盟関係や国際機構を構築することになるだろう

第2章

共和国、帝国、そしてマキャヴェリ流の大統領

アメリカが次の一〇年に帝国を運営するうえで最大の難問は、ローマが遭遇した問題と同じである。帝国になったいま、どうすれば君主が存在せず、主権が国民にある「共和国」としてのアメリカを守りとおせるのか？　アメリカ建国の父たちは、道徳的確信に支えられた反帝国主義者だった。大英帝国を打倒し、民族自決と自然権の原則に根ざした共和国を建国することを、生命と財産、名誉にかけて誓った。しかしアメリカが、意図的かどうかは別として、他国と結んでいる帝国主義的関係は、この建国の原則に難題をつきつけるのだ。

普遍的原則に意味があるならば、反帝国主義の共和国が、帝国でありながら道徳的特質を保ち続けることは不可能、ということになる。じっさいこの考えは、早くも一八四〇年代のアメリカ・メキシコ戦争の頃から、アメリカで唱えられていた。今日（こんにち）では、右派も左派もそろって、海外での軍事紛争に反対している。左派には、反帝国主義の長い伝統がある。だが自由主義派からティー・パーティー運動〔二〇〇九年頃からアメリカで始まった保守派の市民運動〕で、

増税なき「小さな政府」を推進しようとする」までの右派の言説にも、他国に対する軍事的関与への同じような懸念が見られる。この懸念は、ドワイト・アイゼンハワーの発した、「軍産複合体に気をつけろ」という警告〔軍部と軍需産業の相互依存体制が、自由と民主主義を脅かす危険を説いた〕とも関わりがある。職業軍人であり戦争の英雄であったアイゼンハワーが公言したことからも、この懸念がアメリカの政治文化にいかに深く根づいているかがわかる。そしてこの懸念こそが、あらゆる政治的立場の人たちが他国干渉に辟易(へきえき)しているアメリカで、次の一〇年の政治における強力な流れになる。

帝国の野望を危ぶむのは、至極もっともな感情だ。ローマ共和国〔古代ローマ〕は帝国に呑みこまれた。帝国は金と権力への野望を生み、そのせいでローマ市民が最も誇りにしていた、共和国の美徳が損なわれた。たとえその誇りが、疑いの余地なく正当とはいえなかったとしても、共和国が倒れた原因が、軍事的対立に端を発したクーデターだけでなく、市民や外国人から帝国の首都にわたった巨額の賄賂でもあったことに、異論の余地はない。

同じ危険がアメリカにも迫っている。アメリカがおよぼす力は、世界に絶えず脅威を与えているとともに、ますます大きな誘惑を生んでいる。たとえばアメリカが第二次世界大戦後につくり上げた国家保安機構は、政府の秘密主義のベールに覆われているため、監督することはおろか、知ることすらできないといわれている。この非常に金のかかる、扱いにくい機構は、海外との膨大な貿易取引から、グローバル市場を動かしている巨額の対外投資に至る、海外との膨大な経済活動とあいまって、民主的機構では容易に管理することのできない、またアメリカの道徳律と必ずしも簡単に折り合わない体制を生みだした。こうした要因が組み合わされれば、アメリカの民主主義が意味を失う事態も十分あり得る。

アメリカの問題は、シーザーの時代のローマと同様、帝国をもつかもたないかを選択できる時期をとうにすぎてしまったことだ。巨大なアメリカ経済や、世界中の国との関わり合い、そしてアメリカ軍の世界的プレゼンスは、実質的に帝国ほどの広がりをもっている。アメリカをこの世界システムから解きほどくことはまずできないし、たとえできたとしても、アメリカ経済だけでなく、世界システムまでをも不安定にしてしまう。帝国主義を退けることの代償が理解されれば、わずかながらも支持が得られるだろう。じっさい、アメリカのプレゼンスそのものより、それが自国におよぼしている影響に反発する国が多い。アメリカの力は認めている。ただその力が、自国の狭い利益にかなうものであってほしいのだ。

帝国の力は、きわめて大きな危険をはらんでいる。このことは、すでに世界中で激しい議論の的になっているように、今後アメリカの政界でも、ますます論争を呼ぶだろう。いまにして思えば、建国の父たちが生みだした共和国の非干渉主義の前提となっていたのは、共和国が道徳的だということではなく、弱いという事実だった。一三の旧植民地からなる合衆国は、外国とのいざこざに巻きこまれれば、ひとたまりもなかった。しかしいまや三億人を擁し、圧倒的な経済的影響力をもつアメリカ合衆国は、外国とのいざこざを避けることはできない。

共和国の徳を保ちながら意図せざる帝国を運営することが、今後長きにわたってアメリカの最も重要な課題になるが、次の一〇年には、テロとの戦いの後遺症のせいで、輪をかけて難しい挑戦になる。本書の議論のほとんどは、希望的観測でしかない。もう後戻りはできないし、うまい解決法があるわけでもない。逆説的だが、共和国を維持できる見こみが最も高い方法は、制度でなく、個人の力に頼ることだ。また徳についての一般概念を踏みにじるような形で、徳をとらえ直さなくてはならない。勢力均衡では、共和国を守ることはできない。必要なのは、大統領の狡猾さと英知である。もちろん大統領は巨大な官僚機構を運営し、指図を受けている。だが結局のところ人々の記憶に残るのは、官僚でも上院議員でも裁判官でもなく、リンカーンやルーズヴェルトやレーガンのような大統領である。理由は単純だ。大統領は権力だけでなく、指導力をも発揮するからだ。一〇年までという期間で見るとき、指導力が決定的に重要な意味をもつ場合がある。

大統領の人間性は、一国の将来を託すにしては、か細い葦のように頼りなく思われる。それでも、建国の父たちが大統領府を設けたのにはわけがあった。その中心的理由が、指導力だ。大統領は、制度であり個人でもあるという点で、他に類を見ない機構である。連邦議会と最高裁判所は人々の集合体であって、全員が声を一つにして何かを主張することはまずない。これに対して大統領職をつくるのは大統領一人であり、かれは全国民の代表によって選ばれた、ただ一人の公職者である。だからこそ大統領を、帝国と共和国との関係にとりくむ、主な担い手と見なすべきだ。

手始めに、大統領が一般にどのような人物かを考えてみよう。大統領がほとんどの人と違うのは、当然ながら、権力を好む点だ。権力の獲得と行使を何より優先し、人生の大半をその追求に費やす。大統領の知識と直感は、権力に向かって鋭く研ぎ澄まされている。だから、権力を本当の意味で握ったことがないわれわれにはわからないような方法で、権力を理解している。史上最悪の大統領であっても、大統領になるためのあれこれを経験していない一般人と、史上最高の大統領のどちらに近いかと言えば、後者の方に本質的に近い。

現代のアメリカ大統領は、ほかの国家元首と比べて、権力の度合いと範囲が段違いに大きいため、もっている世界観も必然的に異なる。どんな指導者も、これほど多様な方法で、世界のこれほど多くの地域に対処する必要はない。わが国の民主主義体制では、大統領はほかの国民と変わらないふりをしながら、この地位を手に入れなくてはならない——もし本当だとすれば、どんなふうにやるのか想像もつかないし、そら恐ろしくもある話だ。危険なのは、帝国にますます困難な挑戦がつきつけられ、潜在的脅威が現実になるなかで、憲法による制約を超える権力を必要とし、要求する指導者が現われることだ。

建国の父たちが反帝国主義的政府をつくる際に、共和主義的な制約つきながらも、帝国主義的な指導体制への可能性を残しておいたのは、さいわいでもあり、皮肉でもあった。かれらは専制権力でもない、貴族政治でもない選択肢として、国内では弱いが国外では絶大な力をもつ行政府、つまり大統領府をつくった。大統領は国内問題に関しては、憲法によって、本質的に扱いにくい連邦議会と、超然とした最高裁判所にがんじがらめにされている。経済は投資家、企業経営者、消費者に牛耳られ、（憲法に規定されていなくても、法律と慣習によって）連邦準備銀行の管理下に置かれている。州はきわめて大きな権限をもち、また市民社会の大部分――宗教、報道機関、大衆文化、芸術など――が、大統領の力のおよぶ範囲を超えている。これぞまさに建国の父たちが描いた理想の姿、「統治すれど、支配せず」である。それでも、アメリカが外交政策を通じて世界と向き合うとき、ホワイトハウスの主ほど、強力な一個人はいないのだ。

アメリカ合衆国憲法の第二条第二節は、次のように定めている。「大統領は、合衆国の陸海軍および、合衆国の実際の軍務に就くために召集された、各州の民兵の最高司令官である」。これが、大統領に与えられた権限のうち、連邦議会には与えられていない、唯一の権限である。条約、指名、予算、そして正式な宣戦布告には、議会の承認が必要だが、軍隊の指揮権は大統領だけにある。

それでも建国初期の大統領の外交特権にタガをはめていた憲法の制約は、長年のうちにないがしろにされた。条約の批准には上院の承認が必要だが、今日（こんにち）条約が結ばれることはまれで、外交政策はとりきめや覚書によって行なわれ、多くが秘密裡に交わされている。そのためいまや外交政策の遂行は、実質的に大統領が一手に引き受けている。同様に、連邦議会が宣戦布告したことはこれまで五度しかないが、大統領が各地の紛争にアメリカ軍を派遣した回数は、それをはるかに上回る。大統領が世界舞台で行使する力が、抑制と均衡のしくみを超え、その力を行使する自らの力量によってのみ制約されているというのが、二〇一〇年代のアメリカの政治体制の実情だ。

クリントン大統領が一九九九年にユーゴスラヴィア爆撃を決定したときも、レーガン大統領が一九八三年にグレナダ侵攻を決めたときも、連邦議会はたとえ阻止しようとしたとしても、阻止できたはずがなかった。アメリカ大統領は他国に制裁を課し、世界中の経済関係を動かしている。平たくいえば、アメリカ大統領には自分の気に入らない国を壊滅させ、気に入った国に見返りを与える力があるということだ。一九七三年には大統領の指揮権に制約を課す、戦争権限法が成立しているが、それでも自らには最高司令官として戦争を遂行する固有の権利があると主張する大統領が多い。じっさい、大統領は自らの政策を支持するよう、議会を動かしてきた。このような事情が次の一〇年に変わることはまずない。

アメリカ大統領がマキャヴェリの君主に最も似ているのは、外交政策の進め方だ。建国の父たちが近代政治哲学を学んだこと、そしてその創始者がマキャヴェリだったことを考えれば、そう驚くにあたらない。われわれはアメリカ帝国の存在を認めるとともに、あの偉大な現実主義者たちの洞察と助言が、現代の状況にも通用することを認めなくてはならない。大統領の主な関心事は外交政策であり、権力の行使はマキャヴェリの教えと合致する。

したがって君主は、戦いと軍隊の組織や規律以外に、いかなる目的や関心事ももってはいけないし、それ以外の務めに励んでもいけない。なぜならそれこそが、統治する者にふさわしい、唯一の務めだからだ。これはきわめて役に立つ教えで、生まれながらの君主が地位を維持する助けになるばかりか、一介の市民が君主の座にのぼりつめる助けになることも多い。その一方で、君主が軍事上の関心事より、優雅な風流に思いをめぐらすとき、国家を失うことは明らかだ。国家を失ういちばんの原因は、この務めをおろそかにすることであり、国家を手に入れるいちばんの方法は、この技術に精通することである。

アメリカの外交政策と、アメリカ大統領による権力の行使における根本的な区別――マキャヴェリが論じた区別――は、理想主義と現実主義の区別である。この区別はアメリカの外交政策の伝統にも織りこまれている。アメリカは人民自決の原則をもとに建国された。この原則は、憲法に反映されているとおり、民主的プロセスで指導者を選ぶことを前提としている。またアメリカは、人間が自由であるという原則のうえに成り立っており、このことは権利章典に謳（うた）われている。帝国主義は、公式にであれ、非公式にであれ、人民自決の原則を損なっているように思われる。さらにいえば、アメリカの外交政策は、アメリカの国益にはかなうが人権原則を実践または尊重しない諸政権をも支持している。アメリカの外交政策と根本原則を折り合わせるのは難しく、このことは政権の道徳的基盤をゆるがしかねない。

理想主義派は、アメリカが建国の父たちの言明した意思から導かれる道徳律にしたがって行動すべきだと訴える。アメリカは、ジョン・ロックなどの啓蒙主義の理想から生まれた道徳的な企てであり、アメリカ外交政策の狙いは、こうした道徳律をアメリカの行動にあてはめ、さらにはアメリカの目的にあてはめることだとされる。このように考えると、アメリカはアメリカの価値観を信奉する政権だけを支援し、それに反対する政権には敵対すべきということになる。

現実主義派は、アメリカはほかの国と何ら違いはないとし、だからこそ国益を守らなくてはいけないと訴える。その国益とは、アメリカの安全保障や経済利益の追求であり、またこうした目的にかなう政権を、道徳的性質にかかわらず、支援することである。この考えによれば、アメリカの外交政策は、他国の政策よりもとくに道徳的ということも、道徳性に欠けるということもない。

理想主義派は、アメリカの他に類を見ないほど道徳的な使命を否定することは、アメリカの理想を踏みにじるばかりか、歴史観そのものを踏みにじることだと主張する。また現実主義派は、この危険な世界で道徳的目標にとらわれれば、真正な利益の追求から注意がそれてしまい、アメリカの理想の象徴たる共和国の存在そのものが危険にさらされると主張する。アメリカの政策の礎(いしずえ)である理想主義が、イデオロギーを超越したものであることを忘れるべきでない。左派のいう理想主義は、人権と戦争回避に基づく考え方であり、右派の理想主義はアメリカの価値観と民主主義の普及という、新保守主義の考え方である。この二つのビジョンに共通するのは、アメリカ外交政策が、道徳律に主眼を置くべきだという考えだ。

わたしが思うに、現実主義と理想主義の論争は、問題を根本的にとり違えている。そしてこのとり違えが、次の一〇年に大きな役割を演じることになる。誤解は解消するかもしれないし、あるいはアメリカの外交政策の不均衡が、これまで以上に露呈するかもしれない。理想主義派の議論は、人民自決権か人権かという議論にぶつかっていつも行きづまる。アメリカ革命はこの両方の原則を礎としていたが、それから二世紀以上たったいま、たとえばドイツのような国が憲法に則った手続きをとおして、人権を破棄することを決めたとしたら、アメリカはいったいどうすべきだろう？　人民自決権と人権のどちらを優先すべきだろう？　またサウジアラビアなど、アメリカのような形の選挙は実施しないが、長年の文化的慣行にもとづいて、国民の意志をきちんと反映している政権についてはどうだろう？　多文化主義を信奉するはずのアメリカが、他国の国民に、アイオワ州民と同じ方法で指導者を選ぶことを強要できるだろうか？

現実主義派の考えも、同じように矛盾に満ちている。二一世紀版の帝国の国益が、一八世紀の北米大陸の東岸にしがみついていたちっぽけな共和国の国益のように単純だという前提に立っているのだ。弱小国の国益は、非常にわかりやすい。それは何よりも、できるだけ安全かつ豊かに永らえることだ。しかしアメリカほど安全で豊かな、そして前例のないほどの到達能力をもつ国にとって、国益の定義はずっと複雑である。現実主義派の考えは、アメリカの選択の余地は狭まる一方だが、危険はつねに変わらず大きいことを前提としている。抽象命題としての現実主義概念に、反論を唱えることはできない。考えが甘いといわれるのがオチだ。「現実」が指すものを正確に定義するのは、もっと厄介だ。一六世紀にマキャヴェリはこう書いた。「新しい国家のみならず、古くからの国家や混合型の国家を含む、すべての国家の重要なよりどころになるのは、優れた法律と優れた武力である。優れた武力なくして優れた法律は生まれないし、優れた武力のあるところには、必然的に優れた法律が生まれるものだ」。現実主義の定義としては、こちらの方が、現実主義派自身による定義よりも妥当である。

現実主義対理想主義という構図は、ここ数十年間あまりにも幅を利かせてきたが、じつは世の中のしくみをよくわかっていないように思う。理想と現実は、同じもの――力――の裏表をなしているのだ。力それ自体が目的と化したものは、永続するものを何も生まない怪物であり、いつか必ずアメリカの政治体制にひずみを起こす。力なき理想は、空虚な言葉でしかない。理想は、行動する能力という裏打ちを得て、はじめて命を与えられる。現実とは、力を行使する方法を理解することだが、現実だけではどの目的に力を行使すべきかがわからない。力の目的を理解しない現実主義は、残虐性と同義であることが多く、つまるところ非現実的だ。同様に、理想主義は独善と同義であることが多い。独善とは、力を網羅的に深く理解することによってのみ治療できる、病である。現実主義と理想主義は二者択一ではなく、互いを補い合うものだ。いずれも単独では、外交政策の原則にはなり得ない。

理想主義と現実主義は、自ずと力の競争に帰着し、力の競争は戦争に終わる。いま一度マキャヴェリの教えに耳を傾けてみよう。「戦争こそが、君主の唯一の研究対象である。君主にとって平和とは、息継ぎのための時間、つまり軍事計画を立て、実行に移す能力を培う暇を与えてくれる時間でしかない」。

アメリカは二〇世紀の一七％を、戦争に従事していた。それも、小規模な介入ではなく、数十万人が関わる大規模な戦争である。二一世紀にいたっては、これまでほとんどすべての時間を戦争に費やしている。建国の父たちが大統領を最高司令官にしたのには、わけがあった。かれらはマキャヴェリを注意深く読み、かれが書いたように、「戦争は避けられるものではない。先延ばしにしていても、敵を利するだけ」であることを知っていたからだ。

大統領のもてる最大の強みは、力を理解していることだ。大統領は哲学者ではないし、力の行使は、抽象芸術ではなく応用技術である。大統領が高潔であろうとすると、自らだけでなく国家をも苦境に置くことになる。戦時中であれば、力を理解するとはすなわち、罪の意識から戦争を引き延ばしたり、感傷主義から敗北したりするよりも、敵をすばやく徹底的に壊滅させた方が、かえって思いやりがあると認めることをいう。だからこそ一般に考えられる徳、つまり善人と呼ばれる人が施すような徳が、大統領には許されない。マキャヴェリはこうもいっている。「じつのところ、何ごとにおいても徳のある行ないをしようとする者は、徳のない多くの者たちのなかにあって、必ずや災難に遭うだろう」。

マキャヴェリは、徳の新しい定義を示した。それは善良ではなく、狡猾であろうとすることだ。君主にとって徳とは、運命を克服する能力をいう。世界とは、あるがままのものだ。だからこそ世界は予測不能で気まぐれであり、君主はもてる力を駆使して、世界がもたらす驚きを乗り越えなくてはならない。君主の課題は、従来の意味でいう高潔ではない人たちのあふれる世界から、共和国を守ることだ。

大統領は、どんな思想基盤や公約に立って出馬しようと、どのような国づくりをするかは、じつは運と徳とのめぐり合わせによって、つまりあり得ないことや予期しないこと——思想や提案では心構えができないこと——と、それに対する対応のめぐり合わせによって決まる。大統領に求められるのは、何が起きるかを予測し、予測不能性を最小限にとどめ、そのうえで鋭くすばやい洞察をもって、予期しないものに対処することだ。

マキャヴェリからすれば、思想はとるに足りないものであり、人格がすべてということになる。肝心なのは、大統領の徳、洞察、機転、狡猾さ、非情さ、予測力なのだ。つきつめれば、大統領がどのような業績を挙げるかは、どのような直感をもっているかによって決まる。そして直感とは、人格を映しだすものだ。

偉大な大統領は、共和国の原則を——長期的には——けっして忘れず、その時々の必要をないがしろにすることなく、維持強化しようとする。悪い大統領は、原則を顧みず、ただ目的にかなったことだけを行なう。だが最悪の大統領は、その時々の機運が何を求めようと、原則に固執する者たちだ。

アメリカは、異質で暴虐な価値観や政権をもつ国を遠ざけ、純粋に高潔な行動だけを行なっていたのでは、うまくこの世界を渡っていけない。これから見ていくように、道徳的目標を果たすには、悪魔と手を組む覚悟が必要なのだ。

この章は、アメリカの共和国と帝国が、次の一〇年間にどのような葛藤にさらされるかという議論から始めた。帝国になるということについて、アメリカがどのような道徳的なためらいをもとうと、これが歴史によって与えられた役割なのだ。もし帝国になることで共和国を失う危険にさらされるとすれば、それは故意にとはいかないまでも、道徳的問題への無関心から実行される、現実主義的な外交政策のせいだろう。その一方で理想主義派は、故意にではないが、力への敵意や無関心から、国家を危機にさらし、共和国を破滅させるだろう。もちろん共和国の喪失は、次の一〇年には起こらない。だが次の一〇年に下される決定が、この国の長期的な行く末を大きく左右するだろう。

次の一〇年に、大統領は理想と現実に目をつぶることは許されない。マキャヴェリが勧めるように、不愉快ながらも、両者を一つにする道を選ばなくてはならない。力を蓄え、発揮するだけでなく、その限界にも心を注がなくてはならない。今求められているのは、権力に裏打ちされ、体制と権力の徳を理解する指導者に支えられた、優れた政治体制である。何もかもを単純化された公式で説明し、そうした公式の形に集約してしまうような、こぎれいにまとまった思想のことではない。むしろ必要なのは、政治に対する実存主義的な姿勢であり、また政治における道徳的真理に無邪気にとらわれることなく、しかしそれを肯定する姿勢であり、力を崇拝することなく用いる姿勢なのだ。

意図せざる帝国に共和国を破壊させないために大切なことは、政府部門間の力の均衡を図ることではない。むしろ、憲法で定められた均衡を守りながらも、己の権限によって力を行使することを厭わない大統領の存在が、決定的に重要な要素なのだ。このために大統領は、理想主義と現実主義の両方の立場に、何が足りないのかを理解しなければならない。理想主義派は、新保守主義であれ、リベラルの系譜に属するものであれ、道徳律に従って行動するには、力の性質を熟知する必要があることをわかっていない。また現実主義派は、道徳という基軸をもたない力の虚しさがわかっていない。

マキャヴェリはこう書いた。「時勢に合わせたやり方をする者は成功し、時代の要求とかみ合わないやり方をする者は失敗する」。外交政策における道徳性は不変かもしれないが、時勢に合わせる必要はある。次の一〇年という時勢に合わせるのは、とくに難しいことだ。次の一〇年は、意図せざる帝国という難題を投げかけるからである。

第2章の概要

- アメリカは帝国になったがために、共和制の存続を脅かされている
- 共和制を守れるのは、皮肉なことに帝国の頭たるアメリカ大統領しかいない。道徳的目標のために力を行使する、マキャヴェリのいう「徳」——狡猾さ——が、アメリカ大統領に求められる

第3章 金融危機とよみがえった国家

これまでに起きた二つの世界的なできごとが、次の一〇年の枠組をつくるだろう。すなわち、ブッシュ大統領の九・一一テロ事件への対応と、二〇〇八年の金融恐慌である。この二つの事例で、何が、なぜ起こったのかを理解することで、帝国になるとはどういうことなのか、その代償は何かを、より深く実感することができる。アメリカの国内問題に端を発した二つのからみ合うできごとが、世界全体を呑みこむに至った経緯を考えれば、とくにこの理解が大切だとわかる。まずは金融危機から始めよう。

どんな景気循環も必ず恐慌に終わり、たいていは一つの産業部門が牽引役となって恐慌を引き起こす。クリントン景気は、ドットコム企業が相次いで破綻した二〇〇〇年に終わった。一九八〇年代のレーガン景気は、貯蓄貸付組合の崩壊とともに派手に終わった。そう考えると、二〇〇八年のできごとが、とくに異例だったとはいえない。

にわか景気と不景気が起こるしくみは、ごく単純だ。景気が拡大すると、経済が容易に吸収できないほどのカネが生みだされる。この余剰資金が住宅や株式、債券に向かうと、価格は上昇し、利回りは低下する。やがて価格は不合理な高水準に達し、そして暴落するのだ。資金繰りが逼迫（ひっぱく）し、効率の悪い事業は撤退に追いこまれる。効率的な企業は生き残り、再びサイクルが始まる。近代資本主義の誕生以来、これが何度となく繰り返されてきた。

資産価格の暴落と、それに必然的に伴う景気後退を避けるために、政府が景気循環に介入し、金利を人為的低水準に保つこともある。貨幣は、結局のところ国家によるつくりものである。連邦準備銀行は紙幣を好きなだけ印刷し、それを使って国債を購入することができる。これが、九・一一テロ事件を受けて連邦準備制度理事会（FRB）が行なったことである。ブッシュ政権は対テロ戦争の費用を増税で賄うことを望まなかった。そこでFRBが協力して、実質的に政府に資金を融通して、戦争資金を賄った。その結果、だれも戦争の経済的影響を感じずにすんだ——少なくとも、すぐには感じなかった。

ブッシュの方針は、地政学と、国内の党利党略を根拠としていた。ブッシュはイスラム聖戦士と戦っており、自分の始めた軍事介入の費用を賄うために増税したくなかった。そこで、経済の活性化を通じて税収増を図ろうとした。軍事支出、減税、低金利で景気を浮揚させれば、税収が増えて戦費を賄えるという算段だ。それにたとえこの供給側（サプライサイド）作戦が奏功しなかったとしても、二〇〇四年の大統領選前に増税を行なって有権者の支持を失うという、リスクを負わずにすむ。無事選挙が終わり、戦争が終局に向かえば、経済の不均衡を是正できるはずだと、ブッシュは考えた。問題は、戦争が終局に向かわなかったことだ。戦争がこれほど長く激しく続いたのは誤算だった。その結果ブッシュとFRBは、いつまでたっても景気の過熱を抑えることができなかった。戦争とこの経済政策が、ブッシュの大統領在任期間を特徴づけた。

二〇〇八年の市場崩壊をもたらしたもう一つの要因は、経済のある特定の部門、つまり住宅市場に、低利の資金（チープマネー）が大量に流入したことだ。これは、経済的な計算からとられた施策でもあった。住宅価格は一般に右肩上がりで上昇することが多く、不動産は賢明で手堅い投資対象と考えられている。政府計画も個人の住宅購入を奨励し、この時期にはかつてないほど幅広い層にまで、適用が広げられた。安全な投資対象という認識と、この政策に促されて、大量の資金が市場に流入し、それとともに投機家と、通常なら住宅ローンを組めたはずのない数百万人の低所得購入者が、市場になだれこんだのである。

住宅価格は過去数十年間上昇を続けていたが、次ページのグラフが示すように、この安定的上昇のシナリオはやや眉唾である。インフレ率を考慮して住宅価格を実質ベースに引き直すと、一九七〇年から二〇〇〇年までは狭いレンジを上下してきたことがわかる。しかし住宅ローンの金額は、インフレに伴って増えるわけではない。つまり、一九七〇年に二万ドルのローンを組んで、二万五〇〇〇ドルの住宅を購入した人は、二〇〇〇年には住宅ローンを完済し、住宅の価値は一二万五〇〇〇ドルほどになっていたはずだ。だがこの一二万五〇〇〇ドルは、実質ベースでは、前の二万五〇〇〇ドルとそう変わらなかった。数字が大きくなり、債務を完済したことで、金持ちになったような気がしたかもしれないが、じつのところ

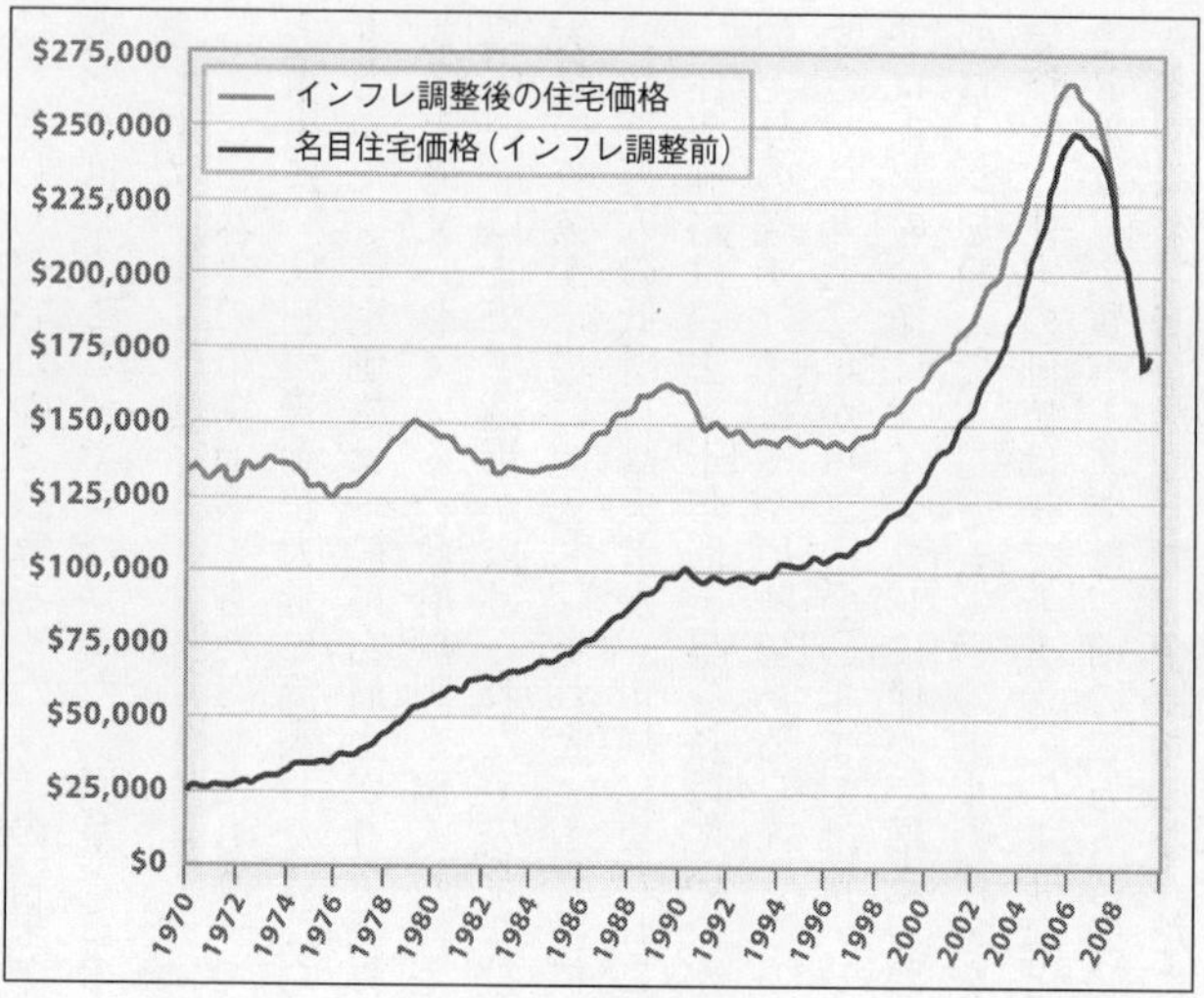

アメリカの住宅価格

持ち家購入は、現実の利益を得るためのすばらしい方法などではなかった。それでも、過去の推移から損もしないように思われたため、貸し手は安心していた。最悪でも住宅を差し押さえて転売すれば、元手は必ず回収できるはずだった。

低利資金のおかげで、住宅を購入できる人がますます増え、需要は拡大した。二〇〇一年になると住宅価格は急騰し、二〇〇四年以降さらに拍車がかかった。貸し手は低利資金、いわゆる「サブプライム」ローンの借り手を開拓し続け、返済の見こみが低い人たちにまで貸しこんだ。この展開がクライマックスを迎えたのは、五年変動金利型住宅ローンが開発されたときだ。このローンを借りれば、マンションの家賃よりも安い返済額で、戸建て住宅を購入できることも多かった。ローン金利は五年後に急激に上がるしくみだったが、たとえ高金利で返済に行きづまり、家を失ったとしても、少なくとも数年間はよい暮らしを楽しんで、ふりだしに戻るだけのことだと借り手は考えた。住宅価格が安定していれば、ローンの借り換えができたため、全体としてみればそれほど大きなリスクを負っているように思われなかった。

貸し手も、それほどリスクを冒しているつもりはなかった。契約手数料やその他の取引手数料で稼いだ後は、ローンをパッケージ化して、二次投資家に転売したからだ（つまりリスクを転嫁した）。貸し手はこうしたローンを二次市場向けにパッケージ化する際、生涯を通じた収入源になることを強調し、サブプライムローンが非常に手堅い投資商品であるかような印象を与えた。

必ず儲かる、絶対損はしない——おなじみの話だ。それにほとんどの人が、バブルが弾けることを気にかけていないか、信じたがらなかった。

しかし二〇〇五年になると、現実が徐々に幻想をうち砕き始めた。本来ならローンを組めなかったはずの新規住宅購入者の返済が滞り始め、不動産が競売処分や差し押さえになって市場に放出されると、右肩上がり間違いなしと思われていた住宅価格が下落し始めた。相場の上昇局面には、小口投資家がいくつもの住宅を購入して、少々手を加えて転売し、手っとり早く利益を上げていた。だがいったん上昇が下落に転じると、住宅を転売できなくなった投機家は投げ売りに走り、価格はさらに下落した。二〇〇五年に始まった緩やかな下落は、二〇〇七年には総崩れになった。だがこの動きを冷静に分析すると、価格が過去のレンジの上限に戻っただけだとわかる。あぶくは消えかけていたが、根源的価値は失われていなかった。そうはいっても、住宅に資金をつぎこんだ人たちの多くが深刻な痛手を被った。

住宅市場が崩壊したことで、投資家にパッケージで販売されたローンは、もはや明確な価値をもたなかった。上昇神話を信じた投資家は、パッケージにじっさいに何が入っているのかを、確かめもせずに買っていた。このようなサブプライム債券投資を積極的に行なっていた、投資銀行のベア・スターンズやリーマン・ブラザーズなどは、レバレッジを利用して証拠金の何倍もの金額を取引していた。だがローンが期日を迎えたとき、原資産の価値を特定できず、転売や借り換えができなかった。このようにして、所有するポジション（持ち高）を清算できない大手金融機関が破綻した。また手堅いとされていた商品（破綻銀行の発行したコマーシャルペーパー（CP）〔大企業が短期金融市場で資金を調達するために発行する無担保の約束手形〕を含む）の買い手には、海外勢が多かったため、世界中の金融システムが混乱に陥った。

金融破綻の記事はアメリカに焦点を当てたものが多いが、被害は紛れもなく世界におよんだ。ポーランド、ハンガリー、ルーマニアなど、東欧諸国の人たち――本来なら家を買えたはずのない人たち――までもが関与していた。ヨーロッパやアラブの資本が入った、オーストリアやイタリアなどの銀行は、東欧に進出して、住宅ローンを提供し始めた。東欧諸国の金利水準が相対的に高かったため、熱心で素朴な新規顧客向けに、金利の安いユーロ、スイスフラン、はては日本円などの外貨建てで融資を行なった。

もちろん問題は、ポーランドやハンガリーの労働者が、外貨ではなく、ポーランド・ズロチやハンガリー・フォリント建てで賃金を支払われていたことだ。つまりポーランドの住宅購入者は、ローンを返済する際、実質的にズロチを売って円を買い、それを銀行に支払っていたのと同じだった。一ズロチで買える円が少なくなればなるほど、住宅購入者が支払わなくてはならないズロチの金額は多くなり、つまり月々の返済金額が増えた。ズロチが円やスイスフランに対して上昇していれば、なんの問題もない。しかしズロチが対円や対スイスフランで下落すれば、非常にまずいことになる。東欧諸国では月を追うごとに、ユーロなどの外貨を買う人が増えていった。しかし金融危機が深まるにつれて投資家の安全志向が強まり、東欧諸国の通貨は売られて暴落した。住宅所有者は搾り上げられ、破綻した。

爆発的好景気は、つねに金融市場の不合理な動きで幕を下ろすが、今回の不合理は地球規模で起こった。アメリカがサブプライムローンではめを外せば、ヨーロッパはさらに上を行き、住宅購入者を国際通貨市場のギャンブルに引きずりこんだ。

これほどまでに壊滅的な経済事象は大恐慌以来だと、決まり文句のようにいわれる。これは三重の意味で間違っている。同じような経済危機が、第二次世界大戦以降、ほかに三度も起きているのだ。このことは次の一〇年を理解するうえで、きわめて重要な事実だ。もし今回の金融危機に匹敵するものが大恐慌だけなら、アメリカの力が絶大だという、わたしの根拠は怪しくなる。だがもしこの程度の危機が、第二次大戦以降わりあい頻繁に起こっているなら、二〇〇八年の金融恐慌は特別重要とはいえず、アメリカに深刻な打撃を与えたと主張できなくなるからだ。

じっさい、こうした事態はけっして珍しいことではない。たとえば一九七〇年代には、アメリカの地方債市場が深刻な危機に陥った。州や地方政府の発行する債券は、利子所得に対する連邦税が免除されることもあって、とくに魅力が高い。また発行体である政府機関は課税権限をもつため、債務不履行に陥るはずがないという仮定のもとに、ほとんどリスクがない債券と見なされている。しかし一九七〇年代にニューヨーク市は財政破綻に直面した際に増税することができず、増税しようともしなかった。万一ニューヨーク市が債務不履行に陥れば、州や地方政府の資金調達システム全体が大混乱に陥る。そんなわけで連邦政府はニューヨーク市の救済に動き、政府が市場を保証する用意があることを明らかにした。

同じ頃、第三世界向け投資が急増していた。主に石油や金属などの天然資源開発投資である。一九七〇年代には、一次産品の例に漏れず、鉱物資源の価格も高騰を続けていた。鉱物資源には限りがあり、かわりが利かないから、値下がりするはずがないと考えられていた。それに主権国が債務不履行に陥るはずがないから、鉱物資源を独占する途上国政府への融資は安全と信じられていた。

一九八〇年代半ばになると、右肩上がりの価格と安定した政府という思いこみが、ほかの多くの心地よい仮定と同様、誤っていたことが判明した。鉱物・エネルギー資源の価格は暴落し、価格の高止まりを前提としていた、資源採掘産業は崩壊した。投下資本——大部分が融資だった——は回収されなかった。債務不履行か、増税か（市民をさらに貧窮させ、暴動を誘発するおそれがあった）の二者択一を迫られた途上国は、債務不履行を選択し、国際金融体制を危機に陥れたのである。これを機に、アメリカ主導で、第三世界向け多国間債務救済措置がまとめられた。ジョージ・ブッシュ・シニア政権の財務長官ニコラス・ブレイディが保証体制を確立し、いわゆる「ブレイディ債」を発行して、市場の安定を図った。

続いて起こったのが貯蓄貸付組合（S&L）危機である。貯蓄貸付組合とは、個人の預金を集め、住宅ローンを提供する金融機関をいう。映画『素晴らしき哉、人生！』の主人公、ジミー・スチュワートの父親が経営していたのも、このS&Lだ。S&Lは一九八〇年代の規制緩和で資産運用対象が広がると、商業用不動産投資に走った。この動きは一見、S&Lの主要業務である住宅市場を一歩踏み越えただけのように思われた。また住宅価格は下がらないという、おきまりの「世間一般の通念」に裏打ちされてもいた。成長中の——または成長中と思われた——経済では、オフィスビルからショッピングモールまで、あらゆる商業用不動産の価格は上昇を続けると考えられていた。

このときも、普通では考えられないようなことが起こった。商業用不動産価格が下落し、S&Lの融資の大部分が焦げついた。この問題は規模が非常に大きいうえ、二重の意味で厄介だった。第一に、個人の預金が広く脅かされた。第二に、S&Lは商業用不動産担保貸付を、幅広い市場に転売していたため、この金融業界の一部門が丸ごと破綻すれば、甚大な影響がおよぶおそれがあった。

またしても連邦政府は介入し、破綻したS&Lを——つまりほとんどのS&Lを——管理下に置き、債務を肩がわりした。不良債権化した資産を保全し、整理信託公社（RTC）と呼ばれる新設の機関を通じて担保不動産を引き受けた。RTCは不良債権を一斉に売却して、市場を一〇年ほど壊滅させる策をとるかわりに、連邦政府の保証（最大で六五〇〇億ドルに上る可能性があった）のもとに、破綻したS&Lの不動産を引き受けた。

二〇〇八年の危機のもとになったのも、低リスク志向と、ある特定の資産は値下がりしないからリスクが低いという、おきまりの思いこみである。この危機でも、連邦政府が金融システムを救済するために、やはり介入した。そして以前と同じように、資本主義が終わったとだれもが思った。ここで注目してほしいのは、危機の影響が誇張されるといったことまでひっくるめた、一貫したパターンだ。このパターンは、ある意味では心理現象でもある。苦痛がパニックを引き起こし、このパニックにどのように対処するかは、指導者の腕の見せどころとなる。過去の指導者がどのように対処したかをふり返ってみたい。

フランクリン・ルーズヴェルトとロナルド・レーガンは、金融危機のさなかに政権に就いた。ルーズヴェルトはもちろん大恐慌に、レーガンは一九七〇年代に経済を襲ったスタグフレーションに立ち向かった。スタグフレーションとは、高失業率、高インフレ、高金利が組み合わさった状態をいう。どちらの大統領が直面した経済問題も、世界的な経済危機の一端であり、アメリカに深刻な信用不安をもたらした。一九三〇年代の危機に際して、ルーズヴェルトは名ゼリフを残している。「われわれには、恐れ以外に恐れるべきものは何もない」。ルーズヴェルトもレーガンも、金融危機の心理的側面を理解していた。景気が悪くなりそうだと感じると、人は自衛のためにものを買い控える。人々が出費を切りつめれば切りつめるほど、経済問題は悪化する。経済危機が深まるにつれ、エリート層の人間性や指導力に疑問がもたれ、それが政治不安を生み、社会そのものを不安定に陥れる。社会が動揺すると、国家として国際舞台で断固たる行動をとれなくなる。ルーズヴェルトは、ファシズムの台頭に悩まされた。レーガンは、一般にソ連が強大化していると思われていたなか、政権の座に就いた。二人とも、深刻な経済危機を招いて国を不安定にするわけにはいかなかったが、経済政策を通じて問題解決を図る自信もなかった。そこで問題の心理的側面に切りこみ、「何らかの対策が講じられている」という安心感を生みだそうとした。

いまから考えれば、ルーズヴェルトの就任後一〇〇日間のすさまじいとりくみは、大恐慌にはほとんど効果がなかった。大恐慌が収束したのは、ルーズヴェルトの政策ではなく、第二次世界大戦のおかげだった。レーガンも対策を約束したが、経済対策は最終的に大統領ではなく、ＦＲＢに委ねられた。それでもレーガンは、一九八四年大統領選挙戦のスローガンで謳ったように、この時期を「アメリカの夜明け」と呼ぶことで、かつてのルーズヴェルトと同様、国民の認識を変え、政局の安定を図り、国家の力を弱めることなく、経済が回復する時間を稼ごうとしたのだ。

経済危機の本当の怖さは、政治への影響にあることを、ルーズヴェルトもレーガンもわかっていた。国民の窮乏が積み重なれば、体制そのものが崩壊しかねない。指導者としての自らに課された役割が、問題の解決ではないことを、二人は理解していた。じっさい大統領は、経済にほとんど影響をおよぼすことはできない。それよりも、自分にはきちんとした計画があり、しかもその計画の成功を心から確信していること、また計画に難癖をつけるのは皮肉屋か、国民の幸福を考えない者たちだということを、国民にわからせることが、自分の仕事とわきまえていた。これをうまくやるのは至難の業だ。最上の政治家、つまり幻想をつむぎだす達人でなければ、できるものではない。ルーズヴェルトは深刻な混乱から国を救い、景気回復が進まないなかでも、第二次世界大戦に備えて臨戦態勢を整えた。レーガンは、カーター時代に漂っていた倦怠感から国を救い、ソ連との形勢逆転の舞台を整えた。

ルーズヴェルトとレーガンは危機に対処するために、自分の権限内でできることをもう一つ行なった。公共部門と民間部門、国家と市場の境界を動かしたのだ。ルーズヴェルトは連邦政府の権限を大幅に強化し、レーガンは縮小した。一九二九年の恐慌では、経済危機そのものではなく、根本的な政治危機だった。二人が立ち向かった問題は、金融エリートが、腐敗したというより無能だという印象をもたれ、国民の信頼を失った。金融エリートは、フーヴァー政権下で力量を試されたが、かえって不況を悪化させてしまったのだ。そこでルーズヴェルトが介入し、金融エリートの手中にあった権限の多くを、政治エリートに移した。この手段を講じなければ、エリート層のすべてが失敗したという認識が広がっていたかもしれない。イタリアやドイツをファシズムに導いたのは、まさにこのような認識だったのである。

レーガン政権下では、逆のことが起こった。一九八〇年代には、政治エリートが経済危機の元凶と見なされ、ルーズヴェルトの遺した「大きな政府」の行政構造がやり玉に挙げられた。レーガンは国家と市場の境界を押し戻し、国家の権限を縮小して市場を強化した。信頼を築き直すには、エリート層のどの部分が——つまり政治、企業、金融、メディアなど、どの分野のエリートが——危機の原因をつくったかを理解することも欠かせない。レーガンとルーズヴェルトは、一つのエリート集団を、別の集団の事実上の管理下に置き、権限をさまざまな方法で他に委譲することで、大統領が断固たる行動をとり、失敗者から権限をとり上げているとの印象を国民に与えた。このことが無力感を和らげ、いくつかの改革に道を開いたのである。こうした改革の少なくとも一部は、実害がなく、ひょっとすると効果があったかもしれないし、また象徴的な意味においてたしかに必要なものもあった。最終的に危機が収束したのは、アメリカの秘める力のなせる業でもあり、近代国家と近代企業の再起力の賜（たまもの）でもあった。国家と企業は、離れて存続することはできないが、共存するのは難しい。

ブッシュとオバマは、ルーズヴェルトとレーガンのように、国民の意識を操作することができなかった。ブッシュは戦争を制御できなくなり、金融危機に足をすくわれた。イラク戦争以降は後手に回り、ついぞ主導権を握ることはなかった。オバマは、自分にはけっして応えることのできない期待を国民にもたせたが、それに応えているという幻想を生み出せなかった。しかしレーガンとて、最初は同じような問題に悩んだ。いまはまだ認識されていないが、次の一〇年を大きく左右することになる重要な問題は、オバマが立ち直り、国を導けるかどうかである。ルーズヴェルトは、「恐れを恐れる」ことについて語ったとき、大統領の仕事は、じっさいにそうであるかは別として、有能であるようにふるまうことだと考えていた。はたしてオバマはこれを解するだろうか？　たとえ解さなくても、国は続くし、大統領はやってきては去っていく。しかし現在は、大統領と国家そのものの正当性が、共和国と帝国の要求の板挟みになっている、不安定な時期なのだ。

企業エリートと政治エリートの境界、国家と市場の境界を動かす議論は、必然的にイデオロギーの問題につきあたる。左派は、企業エリートと市場が強大化すれば、民主主義と平等が脅（おびや）かされると主張する。右派は、政治エリートと国家の強大化は、個人の自由と財産権の侵害につながると考える。興味深い議論だ。ただしこれは道徳や哲学に関わる問題ではなく、実際的な問題にすぎない。白熱したイデオロギー論争を引き起こすほどの大きな違いは存在しない。

近代の「自由」市場は、国家によるつくりものであり、その規則は自然に定められたものではなく、政治的とりきめの産物でしかない。なぜかといえば、近代経済の実質的な基盤は株式会社であり、その株式会社は、近代国家が可能にしたしくみだからだ。株式会社は驚くべき発明である。株式会社とは、法により、事業の債務に責任を負うと定められた事業体である。個人経営の会社であれ、巨大上場企業であれ、企業の所有者たる株主は、債務の責任を個人的に負わず、出資額以上のリスクを負うことはない。このように、法と国家が、リスクを債務者から債権者に移転させている。企業が倒産すれば、貧乏くじを引くのは債権者だ。このようなものは、一七世紀の「勅許（ちょっきょ）会社」までは存在せず、それ以前は事業の所有者が無限責任を負っていた。この新機軸がなかったなら、いまわれわれが知るような株式市場は存在せず、新興企業への投資も行なわれず、企業家精神もほとんど生まれなかっただろう。

しかしこのリスクの配分は、政治的に決められたものだ。個人のリスクが現在のように線引きされているのは、自然にそうなったのではない。じっさい、境界は時代とともに移動する。企業が存在するのは、法によってそれが生みだされたからにほかならない。株式会社の設置が政治的に決定されたということは、リスクと責任の境界をどこに引くかを決めるのが、自然法ではなく、会社法だということをも示している。理論上は、何らかの自然市場があってもおかしくないが、フォーチュン誌が選ぶ売上高全米上位五〇〇社から地域の水道工事会社までを含む、有限責任会社の支配する市場は、本質的に政治的なのである。

一九三三年のニューディール政策以降、企業リスクの問題は、社会の安定の問題と絡めて考えられるようになった。そして社会の要請をもとに、リスクの構造が決定されてきた。国家統制の境界は、ルーズヴェルト政権下で広げられ、レーガン政権下では逆に狭められた。

二〇〇八年の危機を受けて、世界中で企業と国家の境界が引き直された。国家と政治家の権力が強化され、市場の自律性と金融エリートの力は縮小された。経済体制がすでに国家寄りだった中国とロシアには、ほとんど影響がおよばなかった。アメリカに比べてつねに国家権力が強いヨーロッパには、ある程度の影響があった。そしてレーガン政権以来、市場と金融エリートが幅を利かせていたアメリカには、深刻な影響がおよんだ。また、境界をこのように動かすことが正当かどうかをめぐって、左派と右派が今も政治論争を繰り広げている。

とくにアメリカでは、境界はつねに移動しており、そして議論はつねに道徳的見地からなされる。こうした違いはあれ、次の一〇年には世界的に国家権力の強大化が進むだろう。

大統領をはじめとする政治家は、国家と企業の間の統制に関わる境界を定めるほか、主に恐怖と希望を煽ることをとおして、ものごとの印象を操作する。ルーズヴェルトとレーガンが偉大だというのは、二人がそれぞれの歴史的時代の要請に応えて、国家と市場の境界を引き直したからだけではない。それが単なる技術的な調整ではなく、道徳的に必要なことだというムードを生みだしたからなのだ。かれらが本心からそう思っていたかどうかは、大して重要でない。肝心なのは、人々にそう確信させ、その確信を利用して、技術的な再調整に道を開いたことなのだ。

二〇〇八年の危機が次の一〇年に与える最も重大な影響は、地政学的、政治的影響であって、経済的影響ではない。二〇〇八年の金融危機では、国家主権の重要性が改めて認識された。自国の金融システムや通貨を管理できない国は、他国の行動にふり回される。これが認識されたことで、欧州連合（EU）のような政治的主体は、もはや善意の存在とは見なせなくなった。次の一〇年で、経済主権を制限する動きは影を潜め、かわって経済ナショナリズムの高まりが見られるだろう。

同様の影響が、政治面にもおよぶ。中国、ロシア、ヨーロッパ、アメリカなどでは、経済エリートと政治エリートが激しい攻防を繰り広げている。金融エリートと市場が失敗して信用を失い、第一ラウンドは国家と政治エリートの圧勝に終わった。一部の国では、この境界の移動が今後も長期にわたって続くだろう。アメリカではレーガン以来の休戦が破られ、今後も戦いが燃えさかるだろう。「燃えさかる」とは、的を射た表現だ。それこそが世間の論調なのだから。だがアメリカの政治はいつも芝居がかっており、その底流にはつねに破滅の予感がある。それでも、このような根本的な問題をめぐってアメリカの政局が混沌としていることに、世界は少なからぬ懸念を抱いている。

奇妙なことに、二〇〇八年の危機が与えた痛みの影響が、最も早く消えるのは、経済分野である。今回の景気後退を、大恐慌と同等と見なすのはばかげている。大恐慌時、GDPは五〇％も下落した。二〇〇七年から二〇〇九年にかけて、GDPはわずか四・一％しか減少しなかった。そのうえこの危機は、戦後最悪の景気後退ですらなかった。その不名誉に浴するのは、一九七〇年代と一九八〇年代初頭の景気後退だ。このとき、失業率とインフレ率は一〇％を超え、住宅ローンの金利は二〇％を超えるという、三重苦が襲った。

現在の経済危機は、このときとはまるで違うものだが、それでも痛みは伴う。そしてアメリカ人は経済的な痛みに弱い。おまけに二〇二〇年代以降に、さらに大きな問題が迫っている。人口動態が変化し、労働力が不足するなか、移民問題がアメリカを悩ます最大の問題になる。しかしこれはまだ先の話であり、次の一〇年に影響をおよぼすことはない。次の一〇年は活力に満ちた時代にはならず、個人の生活にも政治体制にもひずみが生じる。しかし基本的な世界秩序はほとんど変わらず、アメリカは今後も支配的勢力であり続けるだろう。皮肉なことに、アメリカの金融エリートのしくじりがこれほど世界を混乱させ、アメリカの過ちが世界中の人々にこれほどの痛みを与えたことからも、アメリカの支配がいかに圧倒的かを窺(うかが)い知ることができる。

第3章の概要

- 過去をふりかえると、二〇年間でどれほど世界が変化するかに驚くだろう
- 二〇〇八年の金融危機は、じつは九・一一テロ事件が一つの原因だった
- この程度の金融危機は何度も起きており、そのたびに国家と市場の境界が引き直されてきた
- この金融危機は、アメリカの支配を世界に見せつけるとともに、国家主権の重要性を浮き彫りにした
- 次の一〇年には、世界的に経済ナショナリズムが高まるだろう

第４章

勢力均衡を探る

　二〇〇一年九月一一日にアルカイダの攻撃を受けて、アメリカがやむなくとった対応は、二つの戦域での戦争と、それ以外の多くの国での小規模な戦闘、そして対イラン戦争のおそれへと発展した。九・一一テロ事件はこれまでの一〇年を特徴づけたが、この余波にいかに対処するかが、次の一〇年、少なくともその前半の焦点となる。

　アメリカは国土を攻撃から守るため、アルカイダなどの聖戦士（ジハード）組織を壊滅させることを明らかに望んでいる。その一方で、アメリカがこの問題との関わりでもっているもう一つの大きな関心が、アラビア半島とその石油を保護することである。アメリカはアラビア半島の石油を、単一の地域勢力の手に支配させることを望まない。この地域に影響力をおよぼし始めたときから、対米依存が強いサウジ王家やその他の首長国が、アラブの石油を支配することを望んできた。アメリカにとって今後もこれが戦略上不可欠となる。

　アメリカのとりうる選択肢は、この地域にはアラビア半島を支配するほど大規模で強力な国が二国しかない、という前提のうえに成り立っている。その二国とは、イランとイラクだ。アメリカは石油の自由な流れを確保するために、アラビア半島を占領するかわりに、古典的な帝国戦略をとってきた。イランとイラクの競争心を煽り、互いに争わせることで、両者の力を拮抗させ、事実上相殺するのだ。この戦略は、一九七九年のイラン国王(シャー)の失脚(イスラム革命)を招いた。このときアメリカは、イランとイラクの対立を促し、それから緊張を持続させるような形で和解させた。

親米のイラン国王が失脚すると、おおむね世俗主義だが民族的にはスンニ派のサダム・フセイン政権率いるイラクが、シーア派が多数を占めるイスラム国のイランを攻撃した。アメリカは一九八〇年代を通じて、どちらが崩壊することもないよう、両国を交互に支援して戦争を長引かせた。イラクの辛勝に終わった戦争から二年ほどたった頃、サダムはアラビア半島の支配を狙い、手始めとしてクウェートを侵攻した。アメリカは圧倒的武力をもってこれに対抗したが、イラクには侵攻せず、クウェートから撤退させるにとどまった。このときも、地域の勢力均衡を図り、アラビア半島からの石油の流れを確保するという、アメリカの中核的な利益を、駐留軍による占領なくして実現した。

これが、二〇〇一年九月一一日にオサマ・ビン・ラディンが中東と南アジアの地政学的現実を組み替えようとしたときの状況である。ビン・ラディンはニューヨークとワシントンを攻撃することで、アメリカに苦痛と苦悩を与えた。だがこの行動がアメリカにおよぼした最も深刻な影響は、長い間順調に機能していた戦略を、大統領に放棄させたことだ。要するにビン・ラディンは、アメリカ大統領をまんまと罠にかけたのだ。

ビン・ラディンが長期的にめざすのは、カリフ国の再建である。カリフ国とは、一七世紀に興り、オスマン帝国滅亡まで中東を支配していた、イスラムの中央支配体制をいう。ビン・ラディンは、宗教と地政学にもとづく結束をとり戻すには、まずイスラム世界の民族国家に革命を起こして現行の諸政権を転覆させ、構想と信念を同じくするイスラム政権を樹立するのが先決と考えた。二〇〇一年当時、かれの構想を全面的に支持していた国は、アフガニスタンしかなかった。孤立した後進国のアフガニスタンは、軍事行動の拠点としては使えるが、一時しのぎにしかならない。パキスタン、サウジアラビア、エジプトといった有力国への足がかりになるかもしれないが、あまりにも孤立し取り残されているため、それ以上の利用価値はない。

イスラム世界には、自分の信念に共感する者たちは多いが、アルカイダの力の現実を考えると、消極的な支援しか得られず、目標を実現する助けにはならないと、ビン・ラディンは分析した。計画を推進するには、少なくとも一つの、できれば複数の有力なイスラム国で、反乱を起こす必要がある。だがイスラムの民衆が、自国政府を圧倒的な力をもつ不動の存在と見なすかぎり、それは不可能だ。

ビン・ラディンからすれば、これは主として認識の問題だった。この地域の政権は見かけ倒しでじつは弱い。パキスタン、サウジアラビア、エジプトの見かけ上の軍事力と経済力は、キリスト教世界、とくにその主要国アメリカとの関係に基づいている（とかれは考えた）。

しかしこれらの国の政府は、虎の威を借りているだけで、実際は弱いはずだ。そこでビン・ラディンは、この弱さをイスラムの民衆に見せつけ、それからイスラム世界の政治体制を一変させるような反乱を、各地で立て続けに引き起こそうとした。この試みは失敗に終わったが、かれの支持者たちが戦略を引き継いでいる。一九世紀以来進められてきた、イスラム世界の政治的再編を狙う試みは、次の一〇年にも引き続き重要な地政学的テーマになる。

九月一一日の攻撃は、アメリカ帝国の権力構造の中枢をなす、人目を引く標的を攻撃して、このプロセスに弾みをつけることを、短期目標としていた。アメリカでさえ弱いことを見せつければ、自国政府がゆるがないというイスラム教徒の思いこみを覆せるはずだと、ビン・ラディンは目論んだ。

九月一一日の攻撃は、じつはアメリカ自身をいためつける意図はほとんどなかった。ビン・ラディンにとっては、アメリカが自分の賭けにどのような反応を見せるかなど、どうでもいいことだった。どんな反応であっても、自分に都合よく利用できるからだ。アメリカが何の手も打たなければ、それは弱さの証拠として使える。激しい反撃は、アメリカがたしかにイスラムの敵だという裏づけになる。

このように、攻撃は主にイスラム教徒の心理を変えることを目的としていたが、結果として、アメリカ人に与えた心理的影響が、きわめて大きな意味をもつことがわかった。攻撃がまったく予想外で、しかも民間航空機という日常生活に身近なものが使われたこと、そして多数の犠牲者が出たことが、パニックを引き起こした。ほかに活動中の組織はあるのか?

アルカイダの次の攻撃目標は何か？　大量殺戮兵器はもっているのか？　アメリカ人は真珠湾攻撃直後にも増して、九月一一日の衝撃に、身に降りかかる恐怖を感じた。次に殺されるのは自分や愛する者たちかもしれないという恐れは、じつに生々しく感じられた。このような根深い不安感が広く蔓延するとき、政府は断固たる措置を講じていると国民を安心させながら、問題に対処しなくてはならない。

アメリカ人の心理に鳴り響いた警報は、アメリカ政府の抱えていた戦略上の問題を、さらに複雑にした。アルカイダそれ自体は――大量破壊兵器をもたないかぎり――真の戦略的脅威ではない。アルカイダは、アメリカを破ることはできない。だがもしアルカイダの起こした混乱が、イスラム世界に望みどおりの影響をおよぼし、アメリカとつながりのある政権が崩壊し始めれば、やがてアメリカの戦略にも多大な影響が出るだろう。たとえば、もしエジプト政府が倒されれば、イスラエルの立場が変わり、アメリカは中東地域で頼みの綱を失う。サウジ政府が脅かされれば、この地域からの石油の流れが遮断されるおそれが出てくる。アメリカの戦略にとっての危険は、アメリカの人口密集地や経済基盤、軍隊が破壊されることではなく、アルカイダがこの地域で政治的に成功するおそれだった。しかもその成功は、ビン・ラディンのカリフ国という遠い夢とはまったく別物だった。

アルカイダの戦略が、イスラム教徒の心理を動かそうとする戦略だったことを、アメリカも正しく認識していた。だが大統領がまっ先になだめ、国土を防衛する策が講じられているとを安心させなくてはならなかったのは、アメリカ人の心理だった。ＦＢＩはアルカイダとの関係がわずかでも疑われる者の特定に精力を注ぎ、空港ではセキュリティが強化された。だが当時どちらのとりくみも、目立った効果を挙げなかった。アメリカ政府はいまも、「国民のまっとうな恐怖を和らげるために、効果の薄い安全対策に莫大な資源を投じる」という方針にそって、さまざまな作戦を続けている。次の一〇年には、投入資源と作戦上の現実、そして国民の認識を折り合わせることが、重要な課題となる。

アメリカでは国民の安心感が脅かされたことで、アルカイダ指導者の拘束または殺害を求める声が高まった。これを優先させることには、戦略上問題があったが、大統領は、国民の安心したいという気もちだけでなく、復讐したいという気もちにも応えなくてはならない。アルカイダが、中央本部や従来型の指揮系統をもたずに活動する、世界中に分散したまばらなネットワークであることが、問題をさらに難しくしていた。アルカイダは、自立し工夫せよと、共鳴者(シンパ)に促している。そのため、こうしたテロリストを相手に報復行動をとることはできても、アルカイダをじっさいに壊滅させることは不可能なのだ。アルカイダは、従来の意味での組織ではない。下部組織も指揮系統もないため、首を切り落とすべき長が存在しないのだ。

戦略的に妥当な策は、最小限の軍を投入して、アルカイダの計画や訓練、限られた指揮能力を混乱させることだった。アルカイダは、上陸港のない内陸国のアフガニスタンを足場に活動するかぎり、危険はないと思っていた。ビン・ラディン一味は、一九九一年の「砂漠の嵐」作戦〔湾岸戦争での多国籍軍によるイラク攻撃〕をつぶさに見守り、また一九八〇年代のソ連

・アフガン戦争中、アフガニスタンでアメリカ人とともに訓練を受けたことで、アメリカの軍事行動にいくらか通じていた。とくに砂漠の嵐作戦から、アメリカが港を使えるときでさえ、異常なほど綿密な計画を立てること、計画を立てるまでに時間がかかることを知った。冬がそこまで迫っていた。たとえアメリカがアフガニスタンに潜むアルカイダを攻撃しにやってきたとしても、春までは行動がとれないはずだと、アルカイダは合理的に推測した。侵攻には、パキスタンのカラチ港が欠かせない。港の利用を求める交渉が、攻撃をさらに遅らせるだろう。

ところがブッシュ政権は、春まで待てないと考えた。大統領はアルカイダの指導部を排除するか、せめて混乱させたかったが、政治的には、目に見えるすばやい対応を求める声に応える必要に迫られた。アルカイダの攻撃のせいで、アメリカの防衛体制に対する信頼がゆらいだため、大統領は失われた信頼をとり戻しつつも、長引きかねない戦争に向けて、政治基盤を固める必要があった。この重大事に、アメリカの繁栄への信頼を失うわけにはいかなかった。対テロ戦争が、経済判断にも影響し始めたのは、このような空気のなかでのことだ。反撃を開始するのに六カ月もかかれば、すでに綱渡り状態の政局がさらに混迷し、大統領は何もしないうちから、軍事行動への支持を失ってしまう。ブッシュによるこの強行の決定は、一〇年間にわたって数千万人の生活に影響を与える可能性があり、またじっさいに与えることになった、個人の決定の一例である。そしてこの決定の余波が、次の一〇年の大半になおも影響をおよぼすのは確実である。

ブッシュが事を急いだのには、戦略上の正当な理由もあった。アメリカは、中東諸国の政権が崩壊しないよう万全を期し、これらの政権が利益を見直し始めるような事態すら避けたかった。アメリカは強い大国と目されていたかもしれないが、この地域で大きなリスクをとる覚悟がない大国とも見なされていた。ベイルートのアメリカ海兵隊兵舎を爆破された後の、ロナルド・レーガンのベイルート撤退決定、クウェート解放後にバグダッドを侵攻しないという、ジョージ・H・W・ブッシュの決定、そしてビル・クリントンのソマリア撤退決定や、九・一一テロ事件以前のアルカイダの攻撃に対するどことなく無気力な対応のすべてが、「リスクと損失を負おうとしない国」というアメリカのイメージをつくった。一方、イスラム諸国の政権は、とくにアメリカと手を結んだ場合に、アルカイダの有能かつ非情な隠密部隊が煽動する政情不安によって転覆させられるおそれが、現実味を帯びてきたことに気づいた。

イスラム諸国の政府は、イスラム聖戦主義に転じるつもりはなかったが、アメリカのために自ら危険を冒す気もさらさらなかった。アメリカはリスクをほとんどとらない政策を続けるように思われたため、アメリカに協力しても、重大なリスクを負うだけでほとんどメリットはなかった。たとえば、アルカイダに関する諜報の共有を求められたときも、アメリカは長期にわたって力を貸してくれるわけではないと考え、協力を渋った。アメリカが無策でいる時間が長ければ長いほど、イスラム国の協力の気運は薄れる。

アルカイダの誤算は、九・一一テロ事件がイスラム世界におよぼした影響にとらわれ、ブッシュに与えた政治的、戦略的圧力に十分な注意を払わなかったことだ。アメリカが攻撃的な行動を、しかも先に述べた理由から、すぐにでもとろうとしているのは明らかだった。その標的はアルカイダをおいてほかにない。つまり、戦域はアフガニスタンになる。

　二〇〇一年九月半ば、アメリカはアフガニスタンにCIAの工作員を送りこみ、軍閥と取引を行なった。同時に、特殊作戦部隊とCIAの準軍事部隊を派遣して、アフガニスタンの反タリバン勢力とともに戦い、タリバンの拠点を空爆した。とくに注目すべきは、アメリカがロシアの支援する反タリバン組織、北部同盟と取引を行なったことだ。一九九〇年代の内戦でタリバンに敗北した北部同盟は、反撃の機会を歓迎し、ロシアも異論を挟まなかった。そのほかの軍閥はあっさり買収に応じた。またイランからは積極的な協力が得られた。

　アメリカはアフガニスタンを侵攻したという錯覚を与えたが、じっさいには、アメリカ空軍の支援のもとで、アフガニスタンの内戦が再開されたにすぎない。九・一一テロ事件のひと月後に始まった戦闘は、主にアフガニスタン人によって戦われ、ペルシャ湾とインド洋に配備された航空母艦や爆撃機からの空爆がこれを支援した。しかしタリバンは、大都市に集結してB‐52の爆撃目標になるようなことはしなかった。反乱者がふつうやるように分散し、その後再び集結して、戦闘を再開した。

　そんなわけで、アメリカはタリバンをじっさいに潰すことはできなかったが、それでも目標のうちの三つを達成した。第一に、アメリカが国民を守るために、世界のどこにでも軍事行動を仕掛けられるという安心感を国民に与えた。これはまったくの真実ではなかったが、国民をなだめる程度の真実味はあった。第二に、アメリカがこの紛争に本気でとりくんでいることを、イスラム世界に知らしめた。アメリカ国民よりも事情に通じていたイスラムの指導者たちは、アメリカの主な貢献が空軍力であり、汚れ仕事はアフガニスタン人に押しつけられたことを見逃さなかった。これではアメリカが本腰を入れている証拠にならないが、何もしないよりはましだった。第三に、この行動はアルカイダにダメージを与えた。ビン・ラディンと側近たちは助かったが、指揮統制系統が破壊されたために、指導者たちは逃亡を余儀なくされた。かくしてアルカイダはますます孤立を深め、力をほとんど失った。

アフガニスタン侵攻は、ある意味ではまやかしだったが、それなりの成果を達成した。アメリカは、破壊的な妨害攻撃を仕掛けた。これはアメリカの古典的な作戦行動である。ブッシュ政権はアフガニスタンの大半にアメリカの力がおよばず、民主主義を敷くことは不可能とわかっていながら政府を樹立し、保護を与えた。九年たったいま、アフガニスタンの問題はまだ解決にはほど遠い。そしてこの問題を解決しなければ、次の一〇年で前へ進むことはできない。

しかしアルカイダからすれば、アメリカがアフガニスタンをはじめとする中東でとった行動は、アメリカこそがイスラム教徒の敵であることを、はっきり裏づけていた。イスラム聖戦士たちは、中東諸国で反乱や政権転覆が起こるのを待った。だがついぞ激変は起きなかった。中東諸国の政権が生き残ったのは、イスラムの民衆が、政権の警察組織がまだ容赦なく機能していることを恐れたからでもあり、政権が引き続きリスクを分散したからでもある。

政権はアメリカの妨害攻撃の真意を察し、貢献を差し控えた。サウジアラビアもパキスタンも、アメリカとの諜報共有をまだ渋っていた。アメリカの本気度を示すはっきりした証拠がないなか、どちらの国もアメリカに肩入れしたがらなかった。反乱が起きないことが明らかになるにつれ、アルカイダは地域でますます攻撃性を増していった。

イラクの賭け

アメリカの対テロ戦争における次の企ては、二〇〇三年のイラク攻撃だった。いまふりかえってみれば、この侵略は全面的な間違いだったといえる。だが侵攻の決定がどのような状況でなされたかを思いだしてほしい。二〇〇二年二月、サウジアラビアはアメリカ軍の撤退を要求した。パキスタンは、インドとアメリカからの激しい圧力にもかかわらず、アメリカのとりくみにおざなりな貢献を示すにとどまった。アメリカはアフガニスタンで計画どおり事を進め、今度は諜報と軍事行動の両方で、他国に負担を担わせようとしていると、一般に考えられていた。

サウジアラビアとパキスタンの全面的協力が得られないなか、アメリカの選択肢は限られていた。一つは、イスラエルが一九七〇年代にヨーロッパでパレスチナのテロ組織「黒い九月」に対して行なったように、アルカイダに情報戦を仕掛けることだ。しかし地域に献身的なパートナーをもたないアメリカは、アルカイダに対する諜報能力を大きく制限されていた。

第二の選択肢は、アメリカが完全な守りの姿勢に転じることだった。つまりアフガニスタンでの軍事行動によって、アルカイダの指揮統制系統を十分混乱させることができたため、もう攻撃を受ける心配はないと考え、国土安全保障省にすべてを任せる。国境が侵入から守られ、空港でテロ防御策がとられていれば、ＦＢＩは理屈のうえでは、潜入工作員（スリーパー）の組織をとり押さえられるはずだった。だがこの計画は、絵に描いた餅だった。アメリカへの入国地点の安全が完璧に保たれることはあり得ないし、ＦＢＩは潜入工作員を国内から一掃することもできない。このとりくみがどのような安全の幻想を国民に与えようと、大統領がよい成果にどれほどの支持を得ようと、次のテロ攻撃が起こればそれまでだ。次にいつ、どのような攻撃を受けるかは、まったく予想できなかった。そしてそのような攻撃をじっさいに受ければ、はたしてアメリカが断固たる態度をとり、イスラム世界でリスクを負うつもりがあるのかという疑問が、再び頭をもたげるだろう。アメリカは明確な答えを出すことはできなかった。アフガニスタンの次はどうするのだ？

ブッシュ政権の編みだした戦略は、サウジアラビアとパキスタンを、諜報の収集、共有を積極的に行なわざるを得ないような状況に置き、アメリカが中東で圧倒的に優位な立場に立って戦力を投射するというものだった。

これが、イラク侵攻の背後にあった理由である。この軍事行動は、新たな戦略的現実を直ちに生みだした。具体的には、サウジアラビアの油田から車で数日間の場所にアメリカの装甲車両を配置して、サウジアラビアを威嚇した。またアメリカは中東において戦略的に最も重要な国、イラクを掌握できるようになった。イラクはクウェート、サウジアラビア、ヨルダン、シリア、トルコ、イランと国境を接している。つまり、イラクを掌握することで、対テロ戦争の短期的目標が達成された。しかしその一方で、アメリカがどの地域においても恒久的勢力にならないという原則を犯すことになった。ブッシュ政権は、ほかの利益と見返りに、戦略のこの部分を――つまりアメリカが軍事力を温存し、他国をとおして地域の勢力均衡を間接的に維持する戦略を――犠牲にしてもよいと考えた。これは望ましくない選択肢のなかの、まだましな選択だった。帝国の力の性質を考えるとき、このことを忘れてはならない。帝国は、すべての選択肢に欠陥があっても、行動せざるを得ない場合があるのだ。

しかしこうした利益を実現するには、イラクを侵攻するだけでなく、占領も成功させなくてはならなかった。侵攻は間違いなく成功し、サウジアラビアは諜報活動での協力を強化した。だが地域で最も戦略的に重要なこの国を占領することは、不可能とわかった。アメリカ軍は難なくバグダッドに攻め入ったが、すぐに反乱に阻まれ、イラク国内にすべての力を結集するはめになった。イラクを拠点として、外に戦力を投射するという目論見は、脆(もろ)くも崩れた。

この占領の失敗が、戦争を一変させた。イラクはそれ自体が目的と化し、地域に新たな戦略的現実を生みだすことではなく、ただアメリカ軍を適切な期間内に撤退させることが最終目標になった。アメリカがせいぜい望めるのは、中立的な政府を残すことだが、最悪の場合、侵攻の最終結果は混乱状態となる。

イラクはアメリカの包括的な戦略から切り離され、道徳、戦略、指導力の関係について考える格好の事例研究となった。道徳という観点だけからいえば、サダム・フセインの政権を排除することには、非難される筋合いはなかった。サダムは残忍であり、その政権も残忍だった。しかしこれは、ブッシュが自らの大統領職を賭けた道徳的責務ではなかった。ブッシュが明言した道徳的責務は、対テロ戦争を行なうことであり、アメリカ国民にとってイラク占領は、この目標の実現に役立たないなら、無意味だった。

ジョージ・W・ブッシュは二〇〇三年に侵攻を決定することで、アメリカ戦略の根本原則をなおざりにして、道徳的妄執を優先させた。この根本原則とは、各地域に大軍を常駐せずして、勢力均衡を保つことだ。多数ある地域のそれぞれに占領軍を配備すれば、その負担ですぐに兵力が枯渇する。そのうえいまやアメリカ軍は、地域最大の在来勢力であるイランに対抗する勢力として、イラク軍にとってかわる存在になっている。いつかアメリカがイラクから撤退すれば、イランが戦わずして、ペルシャ湾地域全体の支配者になる。イラク侵攻は、アルカイダとの戦争には役立ったかもしれないが、戦略の代償はあまりにも大きかった。

イラク侵攻を、アメリカの長期的な戦略原則と折り合わせるには、アメリカ軍がイラクをすばやく、効率的に、大規模な抵抗を引き起こさずに、占領する必要があった。続いてバグダッドに、十分な軍事力を備えた自立的な政権を早急に確立し、宿敵イランに対抗する役割を引き継がせる。もしこれが五年ほどでできていれば、ブッシュは戦略目標と道徳目標をともに実現できたはずだ。イスラム世界に必要な衝撃を与え、サウジアラビアを威嚇し、またイラクの戦略的位置を利用して、中東諸国に圧力をかける。そうすればアメリカは撤退して、地域勢力を互いに競い合わせることができたはずだった。

ブッシュの戦略が失敗したのは、前提が誤っていたからだ。アメリカは容易には制圧できないほどの抵抗を受けた。この戦争の最大の諜報ミスは、大量破壊兵器に関するものではなかった。サダム・フセインが侵攻に対抗するための基本計画として、とうの昔から反乱を画策していたことを察知できなかったのが失敗だった。そのうえ、スンニ派を主体とするサダムのバース党を排斥することで、スンニ派を政府から追放し、宗教や文化の面で反目しあっていたシーア派に、事実上権力を移すことになった。イラクのスンニ派は、シーア派（はからずもイランを支配する多数派のシーア派と親密だった）の政権が誕生することを恐れ、破れかぶれになって、無差別乱射や路肩爆弾による攻撃を仕掛けた。

しかしブッシュの誤算はさらに根深かった。ブッシュはスンニ派の体制に敵対するシーア派の支援をあてにしていたが、イラクのシーア派が、シーア派が多数を占めるイランと、これほど深く結びついているとは考えなかった。イランは、イラクが親米政府のもとで復活し、再び自らを脅かすようになることを望まなかった。そのためアメリカは、二方向からがんじがらめにされた。スンニ派は占領に反対して戦い、シーア派はイランの意向を受けて、イラクをアメリカの属国にするような協力を、全力で回避した。

ブッシュはあとで本道に戻るつもりで、戦略的原則を犯したが、現地情勢にとらわれ、動きがとれなくなった。状況が悪化するにつれ、国民の信頼も損なわれた。イラク開戦の口実となった大量破壊兵器は、結局は存在しなかったが、それだけなら政権は乗り切れたはずだった。しかし政権は、終わりの見えない多面戦争を乗り切ることはできなかった。

大統領の指導力を弱めた過ちは、ほかにもある。侵攻の二つめの口実は、イラクに民主主義をもたらす必要だった。アメリカ国民はこれに共感もせず、いますぐ侵攻しなくてはならない差し迫った理由を認めなかった。この国家建設の大義名分は、じつは偽りだった。リンカーン、ルーズヴェルト、レーガンの例に見たように、偉大な大統領は、大いなる道徳的目標を果たすために、嘘をつかなくてはならないこともしばしばある。だがブッシュが国民を説得できなかったのは、自ら打ちだした大いなる道徳的目標——テロリズムの撲滅——が、戦略的現実とあまりにもかけ離れてしまったため、外交政策全体が無秩序で混乱した印象を与え、かれ自身無能という烙印を押されてしまったからだ。ブッシュ政権が潰れたのは、大統領がばらばらで筋が通らない説明や、手前勝手な議論をふりかざすばかりで、国民向けにつじつまの合った虚構を示し、道徳的目標と戦略的目標を折り合わせることができなかったからだった。

二〇〇七年、大統領職を救うには手遅れになってから、ブッシュはイラクへの増派を決定した。この企ては軍事戦略というよりは、むしろ軍事力を利用して、スンニ派との交渉による和解に向けた地ならしをする狙いがあった。増派が実施されると、シーア派はアメリカの後ろ盾を得たスンニ派武装勢力を恐れて、幾分協力的になり、暴動は収束した。

イラクが対抗勢力として機能しなくなったことで、イランとの勢力均衡は完全に崩れた。

アメリカ軍が撤退すれば、抑止力になりうる在来勢力不在のまま、イランが地域の支配的勢力になる。この展望は、アラブの大国のみならず、イスラエルとアメリカをも震撼させた。そしてアメリカ大統領が次の一〇年に向き合う地域問題の根幹をなすのが、この不均衡なのだ。

イランの複雑性

二〇一〇年代に入った頃、アメリカはこの地域で、アメリカ軍を撤退させ、かつイランを対抗勢力のない野放し状態に置かないという、二重の課題を抱えていた。イランの野望をくじく任務を担えそうな勢力がなかったため、アメリカは勢力均衡をとり戻せるほど強力な政府をバグダッドに樹立するまで、イラクから撤退できないように思われた。

イランはアメリカのイラク侵攻を、明らかに歓迎していた。九・一一テロ事件のはるか以前から、イランはあらゆる手を尽くして、アメリカにイラク介入を促し、サダム・フセインを排除させようとしていた。じっさい、アメリカ軍が抵抗に遭わないという予測情報のほとんどが、イランの情報筋から寄せられた情報だったのだ。

しかしいったんアメリカの軍靴がイラクに踏みこむと、イランはイラクにおけるアメリカの利益を直接脅かすようになった。シーア派の諸派閥に食いこみ、スンニ派に武器を供給して紛争を長引かせ、西アフガニスタンのタリバン軍や、レバノンのヒズボラにまで支援を与えた。

イランは、アメリカがスンニ派を排除し、シーア派主体の政権をイラクに樹立すると予測していた。アメリカが撤退すれば、この政府はイランの傀儡（かいらい）になるはずだった。またイランは、アメリカがイラクを統治するために、イランのシーア派に協力を求めるはずだと想定していた。しかしアメリカは裏をかき、さまざまな組織や個人を通じて、イラクを直接統治しようとした。とはいえ、イラクにいまだ政府ができあがっていないことと、アメリカがいずれ撤退することを考えれば、イランがいずれ有利な立場に立つことは間違いない。

しかし、イラン政府に大きな危険をつきつけているのも、まさにこうした要因なのだ。手に負えない国を直接統治するか、イランの工作員や共鳴者（シンパ）が入りこんだ政府に後を託して撤退するかの選択を迫られたアメリカは、さらに過激な可能性を検討しなくてはならなかった。それはイランを攻撃し、大統領マフムード・アフマディネジャドを、政権基盤もろとも転覆させることだ。

山がちな国境に囲まれた国土に、七〇〇〇万の人口を擁するイランは、その地勢のおかげで強力な要塞となっている。イランの地形が直接侵略を許さないため、アメリカは旧ソ連構成諸国の政府を倒したような革命をイランに起こそうと、何度となく画策してきた。これまでの試みはことごとく失敗している。だがアメリカが、イラクで失敗を重ね、勢力均衡を回復することもままならず、かといってイランをペルシャ湾地域の支配的勢力にしておけないという事情から、イラン政府の失脚を狙って、何らかの攻撃を謀（はか）っても不思議はない。イランの政権が、イスラム革命でアヤトラ・ホメイニ師とともに権力を握った古参の聖職者と、アフマディネジャドをはじめとする非聖職者の若手指導層の間で分裂していることも、イランの懸念を深めている。しかしイランの指導層にとって最も気がかりなのは、とくに旧ソ連邦諸国でアメリカの後押しする反乱が成功していることだ。アメリカにイランでも運よく成功させるわけにはいかない。

イランは、北朝鮮が一九九〇年代に同様の問題を切り抜けた方法に目を留めた。北朝鮮政府は、ソビエト共産主義の崩壊が、自らの瓦解を招くことを恐れた。そこでじっさいよりも危険で精神的に不安定な国、というイメージを植えつけるために、核兵器計画に着手し、本気で核兵器を使おうとしていると思わせるために、気のふれたような発言を繰り返した。このようにして、北朝鮮政権の崩壊が思いもよらない惨事を引き起こすことを、だれもが恐れるようになった。北朝鮮はかくして、アメリカ、中国、ロシア、日本、韓国といった大国が、援助をちらつかせて、北朝鮮を交渉の席に誘いだそうとする状況をつくりだすことに成功した。鮮やかな手並みである。

イランはアメリカの核恐怖を手玉にとって、一〇年前から核開発にとりくみ続けている。北朝鮮にならって、予測不能で危険なイメージを打ちだすことも、その狙いの一つだ。そして北朝鮮と同様、国連安全保障理事会常任理事国の五カ国とドイツが、交渉のための交渉を求めてイランにはたらきかけるような状況を、まんまとつくりだした。

イラクが崩壊したことで、アメリカは選択肢の限られた、非常に難しい立場に立たされた。

イランの核施設を空爆しても、愛国主義を再燃させ、かえって政権を強化するだけだ。それにイランには強力な反撃策がある。イラクと、またそれほどではないがアフガニスタンを、さらに不安定化させることができる。またアルカイダよりはるかに有能なテロ組織である、ヒズボラを解き放つことも、ホルムズ海峡に機雷を敷設して、ペルシャ湾からの石油の流れを遮断し、経済を混乱に陥れることもできるのだ。

このように、地域の勢力均衡と限定的関与という、アメリカの長期方針が犯されたことで、地政学的に最悪の状況が生じている。いまやイランがペルシャ湾における支配的な在来勢力となり、それに対抗する手段をもつ国はアメリカしかない。つまり、アメリカは基本的な戦略原則を、さらに犯すことになる。そのうえ、一つの地域に不釣り合いなほど重点を置いたことで、他地域で力を失い、はっきりした対抗策をもたないまま、バランスを欠いた状態にとらわれている。

ひと言でいえば、これがオバマの引き継いだ最も重大な地政学的問題であり、オバマと次の一〇年の大統領は、この対応に苦慮することになる。これからの中東は、イランを中心に回るだろう。イランはいつの時代も、いろいろな意味で中東の中心的存在だった。しかしアメリカがイランと向き合うには、まずイスラム・テロに対して断固たる措置をとる必要があった。そこでテロ撲滅をめざしたつもりの戦争に力を注いだが、結果的にイランをアメリカの介入の脅威から解き放ち、こともあろうに地域におけるイランの地位を強化してしまったのだ。

このように過去一〇年にわたって、経済事象と地政学的事象は密接に結びついていた。これらのできごとは、アメリカ国民の自信をゆるがすとともに、アメリカの戦略的思考を、短期的な小手先の解決策に向けた。たとえばイランの問題は、石油価格の上昇が景気回復の芽を摘むおそれや、対テロ戦争に与える影響などと結びつけて考えられている。九・一一テロ事件と二〇〇八年のできごとが重なったために、アメリカの戦略的思考は罠にとらわれてしまった。アメリカはこれからの一〇年に、罠を抜けださなければならない。経済問題は時がたてば自ずと解決する。しかしテロリズムという地政学的難題を解決するには、指導者の果敢な決断が必要なのだ。

第4章の概要

- アメリカは九・一一テロ事件以降、長年の勢力均衡政策を決定的に見失った
- アフガニスタンとイラクでの戦争により、イランの強大化を許し、地域のパワーバランスを崩すという、地政学的に最悪の事態を招いた
- 次の一〇年に、アメリカはこの余波に苦しむことになる

第5章 テロの罠

ジョージ・W・ブッシュ大統領は、アルカイダの同時多発テロ攻撃に対する報復を、自ら「対テロ世界戦争」と称した。もしブッシュがこれを対イスラム過激派戦争と呼んだなら、アメリカが切実に必要としていた、イスラム世界の協力者を遠ざけることになっただろう。また対アルカイダ戦争と呼んでいれば、この集団に属さないテロリストへの攻撃を禁じることになっただろう。ブッシュはこうした問題を、意味のすり替えによって解決しようとした。しかし先に見たように、そのせいで政治的、戦略的混乱にさらされることになった。

オバマ大統領は「対テロ戦争」という言葉の使用を禁じたが、それは適切なことだった。テロリズムは敵ではなく、敵がとりうる戦法の一つにすぎない。たとえば、もしルーズヴェルト大統領が、航空母艦を駆使した真珠湾攻撃を受けた際、海軍航空に対する世界戦争を布告していたらどうなっていただろうか。ブッシュはアルカイダやイスラム過激派ではなく、テロリズムに焦点を合わせることで、攻撃法の一つを、アメリカの世界戦略を動かすほどの地位に引き上げ、結果としてアメリカの戦略バランスを崩してしまった。

オバマは用語をはっきりさせたかもしれないが、不均衡の大部分をそのまま放置した。それは、テロ攻撃の脅威への強迫観念である。大統領が次の一〇年にとりうる選択肢を考えるにあたって、まずはテロリズムがじっさいにどれほどの脅威なのか、その脅威がアメリカの政策にどれほどの意味をもつのかを、明らかにしよう。

プロイセンの軍事理論家カール・フォン・クラウゼヴィッツは、戦争は政治手段の延長線上にあるといった。アメリカの第二次世界大戦での勝因は、日本に航空母艦を使わせないようにしたことにあるのではない。日本の戦争遂行能力を破壊し、それからアメリカの意志——政治的目的——を押しとおしたことが勝因だった。大統領が国を戦争に導くためには、敵が何者なのか、戦争によってどのような目的を追求するのかを、国民にずばり明示しなくてはならない。もし九・一一テロ事件以後の敵がテロリズムなのであれば、テロを手段とする者はみな敵となり、その数はおびただしいものとなる。もし大統領が政治的理由から、戦うべき敵とその理由をはっきり特定できないのなら、勝算が本当にあるのか、そもそも交戦すべきかどうかを、改めて注意深く検討しなければならない。もし敵を名指しすることの代償が、外交的または政治的に受け入れられないなら、戦争が成功することはまずない。

ブッシュは対テロ戦争に集中する決定を下したが、じっさいに敵と見なされたのがイスラム過激派であることを、イスラム世界は知っていた。イスラム過激派こそが、アルカイダを生みだした土壌である。それ以外の考えを吹聴する気など、ブッシュにはさらさらなかった。

しかしブッシュがイラクを侵攻する理由を、ありのままに、筋道を立てて説明できなかったとき、戦略はほころび始めた。

対テロ戦争が、イラクの政権転覆を図るとりくみを含むまでに拡大されると、ブッシュの意味の混同と戦略の混乱に、さらに拍車がかかった。このとりくみの標的となったサダム・フセインは、敬虔なイスラム教徒ではなく、世俗的な戦略家であり、アルカイダとは何の関係もなかった。イラク侵攻まで、アルカイダのテロ行為に関わったことはなかった。それでもサダムとアルカイダには、共通の敵がいた。それはアメリカである。この理由から、ならず者国家イラクと、国をもたぬ過激派アルカイダの間に、便宜上の同盟が結ばれる危険を無視することはできないと、ブッシュは考えた。かれの解決策は、先制攻撃を仕掛けることだった。ブッシュと側近たちは、サダムの政権を倒してイラクを占領すれば、アルカイダの潜在的な拠点を奪い、アメリカに有利な活動拠点を確保できると考えた。

それでも、より大局的な戦略が対テロ戦争と同一視されたこと、そしてサダムが近年テロ行為に手を染めていなかったことを考えると、イラク侵攻にはしかるべき理由がないように思われた。もしこの戦争が、アルカイダをはっきり敵と認定していれば、侵攻ははるかに妥当に思われただろう。特定の集団に対する戦争は、その集団の同盟者や潜在的同盟者への敵意を利用することができるからだ。そしてサダムはたしかにこうした潜在的同盟者の一人だった。

民主主義では、指導者が敵の脅威を明快に描きだし、その脅威に立ち向かう自分なりの目的をはっきりと打ちだすことが、国民の支持を得るための基本である。そのような明快さは、国民を動かすだけでなく、国民と意思疎通を図るための、筋のとおった枠組を与えてくれる。トルーマン政権は、朝鮮戦争を〔戦争ではなく〕「治安維持活動」と呼んだ失敗から立ち直ることはなかった。この紛争では、三万人以上のアメリカ人が命を落としている。これに対して、ルーズヴェルトの始めたドイツ、日本、イタリアとの戦争は、果てしのないいい逃れや、無実の者たちへの攻撃、真に邪悪な存在との同盟を乗り越えることができた。ルーズヴェルトは、敵が何者であり、なぜその敵と戦い、倒さなければならないかを、はっきりと示したからだ。

テロはどれほど深刻な脅威か

テロリズムとは、恐れを生みだし、それを通じて何らかの政治的結果を導くことを第一目的とする、暴力行為である。第二次世界大戦中のドイツによるロンドン爆撃は、テロ攻撃だった。その狙いは、イギリスの戦争遂行能力を損なうことではなく、民心を政府から離反させるような政治的雰囲気を生みだし、政府に交渉を強いることにあった。一九七〇年代と一九八〇年代に起きたパレスチナのテロは、暗殺から飛行機ハイジャックに至るまで、パレスチナの大義に注目を集め、パレスチナの力をなるべく大きく見せることを目的としていた。これまで述べたように、アルカイダのテロも、ある政治目的を果たすために行なわれている。

したがって問題は単純だ。テロとその影響を阻止するという目的には、ほかの戦略的課題との兼ね合いで、どれだけの労力をかけるべきだろう？

一般にテロリズムは、より効果の高い措置の代替手段として遂行される。もしドイツがイギリス海軍を、パレスチナがイスラエル軍を、それぞれ壊滅させる能力をもっていたなら、迷わず壊滅させていただろう。その方がより効率的かつ直接的に、目的を実現できたはずだ。テロリズムは、弱さから生まれる。それは敵の心理をゆさぶり、テロリストをじっさいより強力に見せようとする行動なのだ。テロリストは、重大な脅威ではないが、そのように扱われることをめざしている。テロリストは恐怖（テロ）というその名が暗に示すように、ある精神状態を生みだす。その究極の目的は、大きな脅威、いやむしろ並はずれた脅威として受けとめられることにある。テロリストは、敵に脅威を与えればこそ、思いどおりの政治的プロセスを始動させることができる。なかには、ただまともにとり合ってもらいたいだけのテロリストもいる。アルカイダは、自らが強大な力をもち、それゆえにアメリカ人の意識を占める最大の関心事であることを、イスラム世界に思い知らせたかった。

アルカイダはじっさい、この目的を果たしたのである。

アメリカは対テロ戦争を布告することで、アルカイダというこの脅威を、ほかのすべてに勝る脅威と見なしていることを、言外に示した。テロリストの攻撃から国を守ることが、アメリカの世界戦略の主眼になり、莫大な労力と資源が費やされた。しかしアルカイダの実践するようなテロ行為は、アメリカに戦略上の危険をもたらさない。たしかにテロ行為は、何千人ものアメリカ人を殺害できるし、ときにそうするだろう。また苦痛や恐れを招くこともあるだろう。だがテロ行為それ自体には、アメリカ共和国の物質的基盤を破壊することはできない。

テロリズムは——核テロリズムでさえ——アメリカの存在をゆるがすほどの重大な脅威ではない。そのため、テロリズムだけに焦点を当てた対外政策は、根本的にバランスを欠いている。バランスがとれていないとは、数あるうちのたった一つの脅威に、利用可能なすべての資源を投じ、その他の同等またはそれ以上に重大で危険な脅威を放置することをいう。テロリズムを無視すべきだとはいわない。あくまで国家戦略という枠組のなかで考えるべきだといっているのだ。ジョージ・W・ブッシュが陥ったのは、この罠だった。かれの後継者たちも、同じ罠にとらわれるおそれがある。

ブッシュはリンカーン、ルーズヴェルト、レーガンと同様、戦略目標を追求しつつ、他方では国民の心理を動かさなくてはならなかったが、二つの現象がそれを阻んだ。第一に、ブッシュがアルカイダの妨害に成功すればするほど、国民の心理的トラウマは薄れていった。政府に最も過激な措置を要求しておきながら、じっさいに講じられた措置に動揺した人たちもいた。ブッシュはこうなることを想定すべきだったが、対テロ戦争それ自体を目的と見なしたがために、この戦争がより大局的な戦略と政治のなかに占める位置を見失った。第二に、ブッシュは世論の変化に合わせて、頭を切りかえることができなかった。なぜなら、自分が始めた対テロ世界戦争の目的が、わかっていなかったからだ。本来の目的は、テロリズムを撲滅することではなく、国民の心理的欲求を満たすことにあった。しかしブッシュは、国民の危機感が薄れたあとも、なおも全力で戦争にとりくみ続けた。

テロリズムを独立した戦略目標と見なし、それに執着することで、ブッシュは勝てない戦いに、またそもそもテロとは明らかに無関係な戦域に、莫大な資源をつぎこんだ。対テロ世界戦争を戦うことで、大局観を失ったばかりか、アメリカのほかの戦略的利益の管理をおろそかにした。たとえばイスラム世界に執着するあまり、ロシアの再興に十分な注意や資源を向けなかった。

したがって問題は、テロリズムとイスラム世界だけにとらわれた状態から、どうやってよりバランスのとれた戦略に移行するかだ。責任の一端は世論にもある。アメリカでは、イスラム世界にどう対処するかという問題をめぐって、白熱した議論が繰り広げられ、国が分裂している。イスラム世界は、アメリカがとりくむべき主要な問題の一つではなく、唯一にして最大の問題だと考える人も多い。大統領は世論に同調し、それに応えながらも、自らの道徳的、戦略的目標を静かに追求しなくてはならない。次の一〇年でオバマやその他の大統領がとりくむべき問題は、テロリズムとアルカイダを大局的にとらえる一方で、イスラム世界におけるアメリカの利益を見直すことだ。しかもそれを、国民に反感をもたれずに行なわなくてはならない。テロ攻撃が起こるべくして起こったときは、とくに注意が必要だ。大統領は、国民が攻撃に恐怖と怒りを感じているときにも、またテロリズムへの関心を失い、対抗措置に動揺しているときにも、世論を満足させなくてはならない。何よりも、ありのままのイスラム世界と向き合い、自らの至上目的を国民感情にふり回されることがあってはならない。

だからといって、独りよがりではいけない。一例として、大量破壊兵器による攻撃は、たとえ可能性は低くても、計り知れないほどの影響をおよぼす。そのためこの脅威には、しかるべき資源が投じられるべきだ。つまり、水面下であれ、公然とであれ、徹底的にこの脅威と戦うということだ。また戦いに伴う代償と犠牲が、脅威を上回るリスクが、つねに存在する。大統領の課題は、脅威と、それがおよぼす影響、およびその他の課題に向けたとりくみとを折り合わせ、一貫性のある戦略にまとめることだ。アメリカはさまざまな脅威と利益を抱えており、そのうちの一つにかかりきりになるわけにはいかない。恐れだけで戦略を進めてはならない。

繰り返しになるが、大統領はつねに国民感情をなだめ、テロ阻止に本腰を入れてとりくんでいる姿勢を示さなくてはならない。だがその一方で、不可能なことを試したいという誘惑や、効果に見合わないほど大きな代償が伴う行動をとりたいという誘惑に耐えなくてはならない。国民を偽っても、けっして自分を偽ってはならない。何より、本当の脅威を見きわめ、それに対して行動を起こさなくてはならない。

九・一一テロ事件は、二〇〇九年のフォートフッド陸軍基地の襲撃事件を除けば、過去一〇年間の戦争で、アメリカ本土への唯一成功した攻撃だった。ニューヨークとワシントンに対する組織的攻撃は、数年がかりの、大陸をまたぐ作戦行動が生みだしたものであり、アルカイダは一九人の最も献身的な工作員という代償を支払った。ニューヨークでは二つの主要なオフィスビルが破壊され、ワシントンでは国防総省が大きな被害を受けた。三〇〇〇人ものアメリカ人が命を落とした。しかし、三億の人口を抱える国にとって、攻撃の実質的な影響は、じつのところごく軽微だった。

だからといって、死を軽んじたり、あの恐ろしい一日にアメリカ人が経験した恐怖を退けたりするつもりはない。わたしがいいたいのはただ、一般人は痛みにうちひしがれることを許されても、大統領にそれは許されないということだ。大統領は国民感情をくみとり、国民をまとめ、導かなくてはならないが、私情に屈するわけにはいかない。何事にも動じずにバランス感覚を保ちながら、その冷徹な計算を、自分の胸だけにとどめておくことだ。感情に屈すれば、国の長期的利益に背く決定を下してしまう。犠牲を受けとめ、前進しなくてはならない。日本に真珠湾を攻撃されたとき、ルーズヴェルトは報復を呼びかけたが、胸のなかでは日本ではなく、ドイツに集中することを決意した。大統領たる者が、感情にまかせて戦略を立てるわけにはいかないことをわきまえていたのだ。

フォン・クラウゼヴィッツによると、戦争の目的は、敵国の抵抗力を奪い、自らの意志を強要することにあるという。これを行なう主な手段は、敵国の兵力を破壊するか、国民の抵抗意志をくじくことだ。恐れを植えつければ、兵力を壊滅させることもできる。たとえばモンゴルは、冷酷で非情なまでに残忍な民族であることを標榜して、敵を骨抜きにした。これに対してギリシャの都市国家(ポリス)は、征服された場合に待ち受ける隷属を恐れる気もちから、あきらめずに戦い抜いた。このように、テロが最終的にもたらす影響は、予測が難しい。

第二次世界大戦中、イギリスのいうところの「夜間地域爆撃」の目的を、ドイツ人もイギリス人もはっきり理解していた。民間人への攻撃は、一般社会に恐怖を引き起こすことを狙う戦術だ。最低でも、民間人が運営する戦時経済の効率を損ない、うまく行けば市民が政権に対して蜂起することも期待できる。日本では、木造家屋が多いことを利用して、アメリカが焼夷弾（しょういだん）で同じ目的を果たそうとした。アメリカ空軍は東京を三日間にわたって通常兵器で爆撃し、一〇万人の民間人を殺害した。これは広島を上回る死者数である。それでもこの恐怖戦略は、原子爆弾が投下されるまでは、ドイツとイギリスでと同様に目的を果たさなかった。民間居住地域への爆撃は、政府への信頼をうち砕くどころか、団結して戦争を戦おうという気運を生みだした。攻撃は激怒をかき立て、政府は敗北すれば考えるのも恐ろしい結果が待っていると、国民に訴えることができた。敵が戦時中に、たかが民間人を殺すために貴重な軍事資源を使うのなら、戦争が終われば何をされるかわからない。この恐怖のおかげで、日本政府は敵を悪魔に仕立て、降伏を選択肢から外せるようになった。

従来型の戦争は、集中攻撃によって恐怖を植えつけようとする。しかし恐怖は、わずかな人数で行なう秘密工作によっても、呼び起こすことができる。つまり奇襲攻撃である。かつて奇襲攻撃といえば、一般に暗殺を指したものだが、高性能爆弾——および航空機など、高性能爆弾の威力を増強する手段——が開発されてから、犠牲を出すことそれ自体を目的とする奇襲テロリズムは、民間人のターゲットに焦点を絞るようになった。

ここで重要なのは、軍事目的の奇襲攻撃と、恐怖を与えることを目的とする、民間人への奇襲攻撃とを、はっきり区別することだ。一九四四年のフランスにおける対独抵抗運動は、侵略軍の戦争遂行能力を直接破壊するために、ドイツの輸送機関を襲撃した。しかしテロ奇襲の目的は、敵軍に被害を与えることではなく、自分たちは脆弱だという意識を敵にもたせ、士気をくじくことにある。たとえば九・一一テロ事件などのように、観衆は敵国の国民ですらなく、ほかの地域の世論だということもある。

テロリズムは、恐れ、無力感、怒りを呼び覚ますことによって、世論を動かす。世論はテロリストの攻撃からの保護と、実行者の処罰を政府に要求する。テロ攻撃の効果が高ければ高いほど、国民の恐れは高まり、政府はますます激しく、目に見える形で対処せざるを得なくなる。ここでも大統領は、テロに直面したとき、自分も同じ思いでいることを国民に説き聞かせ、安全と報復を切望する気もちに応えるように見える行動をとらなくてはならない。

九・一一テロ事件以降に講じられた、こうした主に象徴的な措置の一つが、空港セキュリティシステムの強化だ。数十億ドルを投じて、乗客をいらだたせる数々の措置が導入されたが、訓練を受けたテロリストなら、爆薬やその他の装置をシステムにとおす方法など、いくらでも考えだせる。たしかにシステムはテロリストを阻止したり、探知するかもしれない。だが空港セキュリティを増強したところで、脅威を軽減できたとしても、阻止することはできないのだ。

テロリストを確実に発見できるほど綿密で、それでいて輸送システムを正常に機能させるほど効率的なセキュリティシステムなど、そもそも存在しない。イスラエルのエル・アル航空は、そのようなシステムの模範例としてよく挙げられるが、エル・アルの保有する航空機は三五機だ。アメリカ交通統計局によれば、アメリカの航空機保有台数は約八〇〇〇機、離着陸回数は一日あたり二万六〇〇〇回を超える。運輸保安局は二〇〇九年の一年間で、一日平均一八〇万人の乗客を検査したという。驚異的な数だ。

空港検査の限界が示しているのは、アルカイダが二一世紀最初の一〇年間にアメリカに対する二度目の攻撃に失敗したのは、空港の予防措置それ自体によるものではないということだ。空港セキュリティシステムの設計者でさえ、本当に効果があると考えているかどうか疑わしい。真の狙いは、対策を講じていることを派手に見せつけて、国民を落ちつかせることにある。システムが派手で不便であればあるほど、安心感を与えるのだ。

しかし爆弾の高性能化が進み、一人が運ぶ装置で数十人の人を殺し、車やトラックに隠した装置で数百人を、航空機を爆弾がわりに使うことで数千人を殺害することが可能になった。このような爆弾はいくらでもあり、アメリカ本土の国境線は約一万四五〇〇キロメートルにもおよぶ。また貿易国アメリカには、船舶、航空機、トラックが日々到着する。どんな輸送手段も、殺人を厭わない者たちや爆薬を積んでいる可能性がある。それに三億の国民のなかには、いつ攻撃を仕掛けてもおかしくない国産のテロリストが大勢いる。

こうした理由から、アメリカのような国が、国土を本当の意味で安全に保つことは不可能であり、次の一〇年でそれが可能になるはずもない。特効薬などないのだ。イスラム・テロを排除することも、やはり不可能だ。脅威を軽減できても、軽減しようとすればするほど、その代償は大きくなる。危険は無限にあり、資源には限りがあるため、どのようなとりくみが行なわれようと、今後もアメリカにテロ攻撃が続くといって間違いない。

アメリカ大統領はこのことをはっきり認識し、つねにこの認識をもとに行動しなくてはならないが、このような限界を国民に明かしてはならない。敵の壊滅と国土の保護に全力を挙げてとりくむ姿勢を絶えず示し、イスラム・テロの根絶は不可能とわきまえつつ、それが可能だという印象をつねに与えなければならない。

次の一〇年の政策決定を検討するにあたって、より重要なことがある。それは、アメリカのすべての資源を、実現不可能な目的に――つまり今後も続くおそれがあり、堪え忍ばなくてはならない脅威に――注ぐことが、無意味なだけでなく、他の敵や攻撃に隙を与えてしまうということだ。

たしかにテロリズムは、アメリカ人を殺し、とてつもない不安感を煽ることができる。しかしテロ撲滅を執拗に望むことは、アメリカの戦略を弱体化させかねないし、現に弱体化させている。これは、次の一〇年の指導者たちが考慮しなくてはならない、重要な点だ。だからこそ、たとえテロリストによって数千人のアメリカ人が――もちろんわたし自身と愛する者たちを含め――殺されたとしても、テロリズムはほかのすべてに優先するほどの地位に引き上げられるべきでない。戦略は、脅威の大きさに見合ったものでなければいけない。

テロと大量破壊兵器

次の一〇年に影を落とすもう一つの不快な現実は、大量破壊兵器である。この問題は、ほかと切り離して考えなくてはならない。大量破壊兵器の存在は、われわれを導く大統領から、ときに厳しい対応を引きだすことがある。核爆弾が与えうる損害に比べれば、従来型のテロの損害などものの数ではない。通常のテロが大きな効果を上げることはほとんどないが、大量破壊兵器は国の物理的状態に深刻な影響を与えることがある。

ここでもう一度ブッシュ大統領の行動について考えてみよう。じっさい、ブッシュが九・一一テロ事件に対してとった対応は、単に従来型のテロを阻止するだけではなかった。ブッシュ政権にはあの日以降、核爆弾——正確には旧ソ連時代のスーツケース爆弾——が盗まれ、アルカイダの手にわたった可能性があるという情報が寄せられた。そのため二〇〇一年末のブッシュ政権は、アメリカのどこかの都市が、いつなんどき核兵器によって壊滅させられるかもしれないという恐怖につきまとわれていた。

ブッシュ政権の当初のとりくみを決定づけたのが、この脅威である。大統領は副大統領と同じときに同じ都市にいることを避け、諜報と保安に関わる組織を総動員して、兵器の捜索に全力を注いだ。兵器は発見されなかったか、もともと存在しなかった可能性もある。長い間取り扱いを誤ったために誤作動したのかもしれないし、あるいは政府が押収したが、その存在を公表しないことに決めたのかもしれない。

それでも大量破壊兵器、とくに核爆弾は、許容しがたい種類の脅威である。アメリカの社会基盤と人口をじっさいに壊滅させるには、大量の核兵器が必要だが、核攻撃を一度でも受ければ、国民の士気は大いにゆらぎ、国は長い間にわたって麻痺するだろう。

イスラエルで起きている自爆テロのような、死者一〇人ほどの小規模なテロ攻撃なら、三億の人口のうちのだれか一人が犠牲になる確率は低い。ふつうの事故や病気で一年以内に死亡する確率の方が、自爆テロで殺される確率よりずっと高い。だが九月一一日の事件があってからしばらくの間は、危険に対する認識がゆがめられ、人々は飛行機に乗るのを避けたり、人混みや狙われやすいビルを避けた。しかし時がたつにつれ、自分が狙われているという意識は薄れていった。空港に向かうときや、シアーズ・タワー、エンパイア・ステート・ビル、国会議事堂などに入るとき、ほとんどの人がこの危険を意識していた。しかし、まずいときにまずい場所に居合わせる危機感は、やがてさまざまな背景雑音のなかにまぎれていった。こうなると、テロ防止に万全の措置を要求していた多くの人が、行きすぎや不便、干渉に当惑するようになった。

大量破壊兵器は、危険確率と、恐怖にさらされる期間が、ほかの武器とまったく異なる。たとえばアメリカのどこかの都市が、核爆弾で破壊されたとする。大量破壊兵器攻撃が一つの都市を破壊すれば、たとえ次に狙われそうな都市が限られていても、大都市の住民は、敵がまだ大量破壊兵器をもっていて、いつまた攻撃してきてもおかしくないという、差し迫った合理的な恐怖を感じるだろう。

テロリストにしてみれば、ワシントン州スポーケンやメイン州バンガーといった小都市で核兵器を使っても意味がない。政治、経済、社会生活の中枢は、大都市にあるのだ。これらの都市から怯えた市民が脱出すれば、大混乱が生じ、数百万人の避難民があてもなく逃げまどうなか、経済、通信システム全体が放棄される。まったく予測できない敵に、大量破壊兵器で攻撃される恐怖が呼び覚ます、このような反応こそが、大量破壊兵器を用いるテロの究極の目的なのだ。

一九六〇年代以降、パレスチナ、ヨーロッパ、日本など、さまざまな地域でテロリストが活動している。こうした集団のほとんどは、大量破壊兵器を使って多大な被害を与える機会があったなら、それに飛びついていたはずだ。アルカイダよりずっと洗練された技術をもつ集団も多い。それならなぜ、大量破壊兵器による攻撃は成功していないのだろう?

答えは単純だ。大量破壊兵器を建設、配置するのは簡単でも、じっさいに使うのはとても難しいのだ。既存の核兵器はそれほど多くないうえ、厳重に保護されており、容易に動かせない。だれかを殺す準備ができるはるか以前に、テロリスト自身がやられてしまうだろう。旧ソ連時代の核兵器や生物兵器、化学兵器などが闇市場で取引されているという話はよく聞くが、売りに出されている兵器のほとんどが、テロリストを罠にかけるための諜報機関のおとりだ。もしあなたがテロリストだとして、旧ソ連の将校にスーツケース核爆弾を売りこまれたら、目の前にあるものが本物なのか、それとも電線や点滅灯のつまった、ただの箱なのかを、どうしたら判別できるだろう? 同じことが、化学兵器や生物兵器についてもいえる。

諜報機関は、本物の兵器売人をつきとめなくても、客を警戒させて市場から遠ざけることができる。諜報機関のおとり捜査官の数が、本物の売人の一〇〇倍に上ったとき、大量破壊兵器を手に入れたいという誘惑は大きくしぼんだ。

もちろん、兵器を自作するという手もある。毎年のように、核爆弾製造法の図解をインターネットに掲載する大学生がいる。こういった走り書きと完成品の間には、次の工程が挟まっている。①核分裂性物質と、その他必要な電気回路、ケーシングなどを入手する、②核分裂性物質を爆発させるのに必要な、高い精度での加工が可能な機械を手に入れる、③材料と設備がそろったら、次にこれをじっさいにやれる専門家を雇う、④専門家の作業や生活の拠点となる、きわめて安全性の高い施設を探す。この複雑きわまりない工程を一つ進むごとに、見つかる可能性は高まる。それに、たとえ厳重に保護された核分裂性物質を入手できたとしても、核兵器の製造に必要な機械は特殊きわまりなく、それを製造する業者はごく限られている。機械を買いたいといってアメックスのカードをもった一般人が現われようものなら、まずとらえられるだろう。

また生物兵器と化学兵器にはこのほかに、実行犯とそばにいる共犯者だけしか殺せない、というリスクが加わる。化学兵器と生物兵器は、散布が必要という点で、複雑な層がさらに一つ上乗せされる。日本のテロ集団が、毒性の非常に高い神経ガスのサリンを東京の地下鉄に撒(ま)いたときも、汚染は局所的で、テロリストが期待したほどの効果をもたらすことはできなかった。こういった兵器はほんのわずかな量で都市全体を壊滅させるとよくいわれる。それは本当だ――だがまず、それを散布する方法を考えださなくてはならない。

核兵器をゼロからつくった国は、アメリカただ一国である。イギリスは、アメリカの研究活動に協力した見返りに、核兵器を手に入れた。フランスも、アメリカから技術を入手し、それをイスラエルに供与した。ロシアはアメリカの知識を盗用し、後に中国とインドに横流しした。中国はパキスタンに技術を与えた。要するに、この種の兵器は、独立的な研究計画で開発するのがきわめて難しい。だからこそ、イランはいまだに四苦八苦しており、北朝鮮もまだやり方がよくわかっていない。

金融危機がアメリカ国内に不均衡をもたらしたように、九・一一テロ事件は戦略上の不均衡を生みだした。アメリカは次の一〇年でこの問題にとりくみ、難しい決断を下さなくてはならない。アメリカの利益を脅かすような地域覇権国の出現を阻止する戦略は、戦力均衡戦略である。これを遂行するには、多くの地域に軍を駐留させる必要がある。したがって次の一〇年は、アメリカの戦略を、国益にかなうように組み替える時期になる。対テロ戦争を超えて、一つひとつの地域と世界における利益を見直すのだ。これについて考えるには、イスラエルから始めるのがよいだろう。

第5章の概要

- アメリカはテロに執着し、勝てない戦争に莫大な資源をつぎこんだ
- だが本来テロはアメリカの存亡をゆるがすほどの脅威ではないし、また完全に根絶することもできない
- 次の一〇年で、アメリカは対テロ戦争を越えて利益を見直し、バランスのとれた戦略に回帰するだろう

第6章

方針の見直し
――イスラエルの場合

アメリカの国際関係において、イスラエルとの関係ほど複雑なものはないし、これほど――とくに当のアメリカ人とイスラエル人によって――理解されていないものもない。両国の関係は、アメリカとイスラムの関係を害し、中東での戦争の終結を難しくしているようにも思われる。そのうえ、イスラエルがアメリカの外交政策を牛耳っているという説まで囁(ささや)かれている。そう考えるのは、イスラム原理主義者だけではない。この複雑な事情と、アメリカとイスラエルを結びつける絆に対するさらに穿(うが)った見方が、次の一〇年も引き続き、アメリカの世界戦略における根本的な問題になる。

アメリカとイスラエルの関係は、外交政策における現実主義派と理想主義派の論争を示す縮図でもある。アメリカがイスラエルと緊密な関係を保っているのは、国益のためでもあり、アメリカに似た政治体制を支援しなければならないという、道徳的信念のためでもある。後者の考えは当然ながら、激しい哲学論争の的になっている。理想主義派には、独裁主義の海に浮かぶ民主主義の孤島という、イスラエルの政権の特徴に目を向ける人たちもいる。しかしなかには、イスラエルによるパレスチナ人に対するひどい扱いを考えると、イスラエルはいかなる道徳を主張する権利も失ったと主張する人たちもいる。現実主義派には、イスラエルはアメリカとアラブ諸国の関係改善の障害だという考えもあれば、イスラエルを対テロ戦争における同盟国と見なす考えもある。

戦略上の利益と道徳上の利益を結び合わせた、一貫性のある方針を見出すのがこれほど難しい関係を、わたしはほかに思いつかない。この複雑な事情を正しく理解するには、歴史を遡(さかのぼ)らなくてはなるまい。

中東の長い歴史を考えると、一三世紀まで遡れば、現代の政治地理学を十分理解できるのはありがたいことだ。一三世紀とは、ビザンチン帝国〔東ローマ帝国〕が衰え、黒海と東地中海の沿岸地域の支配が、オスマン帝国に移った時期である。オスマン帝国は一四五三年にコンスタンチノープルを征服し、一六世紀には、かつてアレキサンダー大王の手に落ちた領土のほとんどを掌握していた。北アフリカ、ギリシャ、バルカン半島の大部分と、地中海東海岸地域は、コロンブスの時代から二〇世紀までの間、オスマン帝国に支配されていた。

こうしたすべては、第一次世界大戦で、ドイツと同盟を結んだオスマン帝国が敗北したときに終わった。戦利品は勝者のものになり、シリアと呼ばれるオスマン帝国の広大な州もその一つだった。イギリスとフランスが戦時中に交わした秘密協定である、サイクス・ピコ協定では、この領土を大まかにいえば、ヘルモン山から海に向かって西に引いた線で二分し、北側の地域はフランス、南側の地域はイギリスが支配することになった。その後のさらなる分割で、現代のシリアという国が生まれたほか、レバノン、ヨルダン、そしてイスラエルも誕生した。

フランスはナポレオンの時代から、この地域の一大勢力になろうと腐心してきた。また地域の少数派であるアラブ人キリスト教徒に対して、多数派のイスラム教徒からの保護を与えることを約束した。一八六〇年代に地域を襲った内戦の間に、フランスは以前から結びつきのあったいくつかの派閥と同盟を結んだ。フランス政府はこの同盟を維持することを選び、一九二〇年代にこの地の支配をようやく手に入れると、マロン派（キリスト教）が多数派を占めるシリアの一地域を国として独立させ、目立つ地勢上の特徴であるレバノン山から名前をとった。当時のレバノンには、国家としての実体はなかった。この地方を一つに結びつけていたのは、主に住民がフランスに抱いていた親近感だった。

南側のイギリス領も、同じように人為的な線で分割されていた。アラビア半島西部のヘジャズ地方を支配していたイスラム教徒の一族、ハシミテ家は、第一次世界大戦中イギリスに支援を与えた。イギリスはこの見返りに、戦争が終わったら一族をアラビアの支配者にすることを約束した。だがイギリス政府は、ほかの集団とも約束を交わしていた。クウェートを本拠とするライバルの一族、サウド家は、アラビア半島の東部と中央部の支配を握ろうとして、一九〇〇年にトルコに戦争を仕掛けていた。第一次大戦後まもなく起きた戦いで、サウド家がハシミテ家に勝利すると、イギリスは勝者にアラビア半島を与えた。これが今日のサウジアラビアである。ハシミテ家はイラクという残念賞を受け取り、一九五八年に軍事クーデターで転覆させられるまで、そこを支配した。

アラビア半島に残ったハシミテ家は、ヨルダン川西岸の北部に移された。アンマンと呼ばれる都市の周りに広がる、これといって特徴のないこの新しい保護領は、「ヨルダン川の向こう」という意味の、トランスヨルダンと呼ばれた。一九四八年のイギリス撤退後、トランスヨルダンは現在のヨルダンになった。レバノンとサウジアラビアと同様、それまで存在しなかった新しい国である。

ヨルダン川西岸には、かつてオスマン朝シリアの管轄地区だった地域がもう一つあり、その大部分はペリシテと呼ばれていた。この名が、数千年の昔にイスラエル王ダビデと戦った巨人兵士ゴリアテを輩出したペリシテ人(びと)からとられたことは、いうまでもない。イギリスはこの新しい地域を、ペリシテに古代ギリシャ語風味を加えた、「パレスチナ」と名づけた。首都はエルサレムに置かれ、住民はパレスチナ人と呼ばれるようになった。

このようにして残った国はどれも、共通の歴史やアイデンティティをもつ国ではなかった。ただしシリアだけは別で、聖書の時代にまで遡るルーツを標榜することができた。レバノン、ヨルダン、パレスチナは、フランスとイギリスによって、政治的便宜のために生みだされたつくりものだった。これらの国の歴史は、せいぜいミスター・サイクスとムッシュ・ピコの密約や、アラビアでのイギリスの二枚舌外交にまでしか遡らない。

とはいえ、これらの国の住民と土地との間に、歴史的なつながりがなかったわけではない。

祖国ではないにしても、そこに住みついていたのだから。ただしこの点についても、複雑な事情があった。オスマン帝国の支配下、とくにパレスチナでは、土地所有は半封建的で、不在地主がじっさいに土地を耕す小作人「フェラヒーン」から地代を徴収していた。

ここで、ユダヤ人が登場する。ヨーロッパの離散ユダヤ人は、一八八〇年代からこの地域に流入し始め、何世紀も前からこの地（をはじめ、アラブのほとんどの地域）に住みついていた、比較的小規模なユダヤ人の共同社会に加わった。この移住は、シオニズム運動の一端だった。シオニズムとは、ユダヤ人が、ヨーロッパの国民国家の概念に触発されて、聖書の時代まで支配していた地域に、ユダヤ人国家を建設することをめざした運動である。

ユダヤ人は少人数でやってきて、ヨーロッパのユダヤ人が調達した資金で土地を購入し、そこに住みついた。売り主の多くは不在地主で、アラブ人の借地人が住んでいるまま、土地を売却することも多かった。ユダヤ人は土地を合法的に取得したつもりだったが、借地人にしてみれば、生計を直接侵害され、先祖代々耕してきた土地から立ち退くことになった。ますます多くのユダヤ人が押し寄せ、もともと所有権がはっきりしなかった土地は、ますます杜撰（ずさん）かつ侵略的な方法で取得された。

アラブ人は、すべてでないにせよ一般に、ユダヤ人をよそから来た侵略者と見なしていたが、おそらくより重要なある一点については、意見が分かれた。パレスチナの住民は、いったいどこの国に忠誠を誓うのだろう？

シリアにとっては、パレスチナはレバノンやヨルダンと同じ、つまりシリアの不可欠な一部分だった。そのためユダヤ人の独立国家の存在に反対したのと同じように、パレスチナの独立にも反対した。それはレバノンとヨルダンの独立に反対したのと同じ理由からだった。シリアにとってサイクス・ピコ協定は、シリアの長期的な領土保全を侵害するものだった。

ハシミテ家は、アラビア半島の出自であるために、パレスチナをさらに受け入れがたく感じた。ハシミテ家はいうなれば、ヨルダン川東岸に移植されたアラブの部族だった。イギリスが一九四八年に撤退すると、必然的にハシミテ家が今日のヨルダン川西岸を支配するようになった。かれら移住者と、在来のパレスチナ人は、アラブ民族でありイスラムを信仰するという点では似ているが、歴史と文化においては著しく異なる。むしろこの二つの集団は、互いに激しい敵意を抱いている。ハシミテ人（現在のヨルダン人）は、パレスチナの、少なくともイスラエル独立後に残った部分を、法的にヨルダンの領土であると考えている。じっさい、ヨルダンのハシミテ家の支配者は、東欧などからのユダヤ人移住者がますます数と力を増すようになってから、かれらを在来のパレスチナ人と戦う同盟者と見なしていたほどだ。

イスラエルの南西には、エジプトがある。エジプトも、フランスやイギリス、オスマン帝国の支配を受けていた時代があった。一九五六年に軍事クーデターが起き、ガマール・アブドゥール・ナセルが権力の座に就いた。ナセルはイスラエルの存在に反対していたが、パレスチナについてはまったく異なる見解をもっていた。ナセルが夢見たのは、アラブの統一国家、アラブ連合共和国の建国である。そしてごく短い期間ではあったが、シリアとともにこの共和国の建国に成功している。ナセルは、アラブ世界の諸国はすべて帝国主義のいかがわしい産物であり、最大にして最強のアラブ国家であるエジプトの指導のもとに、すべての国が統一国家として団結すべきだと考えた。このような立場からすれば、パレスチナなどというものは存在せず、パレスチナ人とはいわれのない土地を占有しているアラブ人にすぎなかった。

かくして、この地域のヨルダンを除くすべてのアラブ国家が、イスラエルの破滅を望む一方で、パレスチナの独立については、支持はおろか、議論すらされなかった。一九四八年のイスラエル独立戦争〔第一次中東戦争〕の間、エジプトに占有されていたガザ地区は、その後も二〇年にわたってエジプトの領土として管理された。ヨルダン川西岸地区は、引き続きヨルダンの領土になった。シリアはヨルダンとパレスチナのすべて、そしてレバノンの返還を望んだ。これだけでも十分複雑だったが、一九六七年の六日戦争〔第三次中東戦争〕で、すべてが仕切り直しとなった。

一九六七年にエジプトは、シナイ半島からの国連平和維持軍の撤収を要求し、エジプト軍をこの地に集結させた。また紅海のティラン海峡とバブ・エル・マンデブ海峡を封鎖し、イスラエルの交通の要衝エイラトの港を紅海から遮断した。イスラエルはこれに対抗して、エジプトを攻撃したほか、エルサレムに砲撃を加えたヨルダン川西岸地区と、イスラエル入植地を砲撃したゴラン高原にも攻撃を仕掛けた。

イスラエルの成功――ヨルダン川西岸地区の占領を含む――は、地域全体を一変させた。大勢のパレスチナ・アラブ人が、望みもしないのに、いきなりイスラエル国家の統治下に置かれた。イスラエルは当初、征服した地域の返還とひきかえに、近隣国と恒久的平和協定を結ぶことを意図していたように思われる。しかし戦争終結後にスーダンの首都ハルツームで開かれた首脳会談で、アラブ諸国は有名な「三つのノー」でこれに答えた。イスラエルと交渉せず、イスラエルを承認せず、イスラエルと和平を結ばず、である。このとき、かつてパレスチナだった地域は、イスラエルに恒久的に占領されることとなった。

またパレスチナがはじめて独立国家と見なされたのも、このときである。エジプトはパレスチナ解放機構（PLO）と呼ばれる集団を支援し、ヤーセル・アラファトという名の若者を指導者に据えた。ナセルはまだアラブ連合の構想にしがみついていたが、かれの指導を受け入れようとする国はなかった。ナセル自身、他者に従うつもりはなかったため、必然的にパレスチナ国家を支持したのは、PLOとその内部組織（アル・ファタハなど）だけだった。ヨルダンにとっては、パレスチナ人がイスラエルの領土内に住み、イスラエルを悩ませているのは、好都合だった。またヨルダンはPLOを喜んでパレスチナ人の代表として認め、イスラエルがパレスチナの独立を認めなかったことも、同じくらい好都合に思った。他方シリアはパレスチナ解放人民戦線（PFLP）をはじめとする、自国の組織を支援した。PFLPはイスラエルの破壊と、シリアによるパレスチナ併合を掲げる組織である。このように、パレスチナの独立闘争に対するアラブ世界の支援は、一枚岩でも、友好的でもなかった。じっさい、パレスチナからの距離が遠くなるにつれて、支援は熱心になるように思われた。

この概要からおわかり頂けたように、すべてのアメリカ大統領が対処しなくてはならない、イスラエルの権利をめぐる道徳論争は、非常にこみ入っている。近代イスラエル建国に伴うパレスチナ人の大規模な強制退去を除けば、ヨーロッパ・ユダヤ人の入植は、パレスチナ国家を破壊したわけではない。そもそものような国家は、存在しなかったからだ。じっさい、パレスチナの国民的一体感は、一九六七年以降のイスラエルによる占領に対する抵抗から、ようやく生まれたのだった。またパレスチナの領有権主張には、ユダヤ人だけでなく、アラブ人も同じくらい激しい反感を抱いていた。イスラエルの外交政策は、このような現実によって形づくられ、またイスラエルはこうした現実を利用して、現在の政治秩序を当地に課してきたのである。しかし過去がどうあれ、いまでは国という自己認識をもったパレスチナ国家が、たしかに存在する。アメリカは今後の政策を決めるうえで、このことも勘案しなくてはならない。

当地域におけるアメリカの政策は、あらゆる道徳判断に重くのしかかる、この複雑きわまりない歴史に留意するだけでなく、もう二つの基本的事実を考慮に入れなくてはならない。第一に、イスラエルがどのような歴史的根拠をふりかざそうと、二〇世紀的な見方からすれば、ユダヤ人はよその大陸から入植して、在来民族を立ち退かせたということだ。この意味でも、ユダヤ人よりさらに徹底的に先住民を強制退去させたアメリカ人が、パレスチナの土地を奪い在来民族を虐げたといって、イスラエルを道徳的に糾弾するのは難しい。

ルーズヴェルトは、ナチスドイツに対抗するフランスとイギリスを支援する際、これよりも強力な道徳的根拠をもちだした。それは、イスラエル（西岸地区とガザ地区を除く）は民主国家であり、アメリカは「民主主義のための兵器工場」だという考えである。つまり、アメリカは民主国家と特別な結びつきをもっており、民主国家に対して地政学を超越した責務を負っている。したがってアメリカは民主国家イスラエルを、ほかの道義的、地政学的考慮をさしおいても支援すべきだというものだ。

現実主義派はこれに異議を唱えるだろう。そしてどのような立場の道徳的根拠も、アメリカにとって決定的なものでなく、アメリカは国益にかなう政策をとらなくてはいけないと主張するはずだ。しかし先にも述べたが、道徳的目標をまるで考慮しない国益は、薄っぺらで、どこか欠けている。さらに重要なことに、この地域でアメリカにとって何が国益になるかを理解するのは、とてつもなく難しい。道徳的指針はあるはずだが、さまざまな方向を指し示している。国益の追求は、思ったほど明白なことではないのだ。

歴史的根拠に根ざした道徳的規範は、何とでも都合よく変えられる可能性があり、現に変えられている。単純な道徳的判断は、現地の実情を考慮に入れていないし、一貫性のある道徳的見解を導くことだけをとっても、唖然（あぜん）とするほど難しい。現実主義の立場に関していえば、そのような見解がどんなものになるかは、想像もできない。したがって問題は、どのような形で現実の外交政策を組み立てれば、次の一〇年のアメリカの道徳的目標と国益にかなうかということだ。答えを見つけるためには、イスラエルとアメリカの歴史をひもとく必要がある。

アメリカとイスラエル

アメリカはイスラエルの独立を一九四八年に認めたが、両国はいかなる意味でも同盟国ではなかった。アメリカは以前からイスラエルの存在権を認めていたが、だからといって、それに応じた政策をとったことは一度もなかった。イスラエルが出現した一九四八年当時のアメリカは、ソ連の封じ込めに余念がなく、主にトルコとギリシャに意識が向いていた。ギリシャでは共産党による武装反乱が起こっていた。またギリシャもトルコも、国外ではソ連の脅威にさらされていた。アメリカにとって、この地域のカギを握るのはトルコだった。ソ連の黒海艦隊が地中海に大挙襲来するのを食い止めていたのは、トルコの狭いボスポラス海峡だけだった。万一この海峡がソ連の手に落ちれば、ソ連はアメリカの力に対抗して、南ヨーロッパを脅かすようになる。

中東におけるアメリカの封じ込め政策にとって最大の障害は、イギリスとフランスが、第二次世界大戦以前にこの地域でふるっていた勢力を回復しようとしていたことだ。ソ連は、アラブ世界との結びつきを深めるのに、ヨーロッパの陰謀への敵意を利用することができ、じっさいそうした。事態が山場を迎えたのは、エジプトでナセルが政権に就き、スエズ運河を国有化した、一九五六年のことだ。

イギリスとフランスは、エジプトに運河を支配させたくなかった。イギリスはレバノンとシリアにおける勢力回復を、フランスはアルジェリアの反植民地闘争の鎮圧を、それぞれ図ろうとしていたからだ。イスラエルも同じ考えだった。一九五六年に三国は、イスラエルがエジプトを侵攻する作戦を企てた。ただし作戦にはひねりがあった。イスラエルが運河に到達したら、イギリス軍とフランス軍が仲裁と称して運河を掌握し、イスラエルの侵略と、エジプトとの潜在的紛争を阻止するというのだ。何杯かひっかけてから紙ナプキンに走り書きしたときにはもっともらしく思えたという類の稚拙なアイデアだった。

アメリカからすれば、この企ては、失敗することが最初からわかっているだけでなく、エジプトをソ連陣営に追いやり、ソ連に強力な戦略的同盟国を与えることになる。アメリカは、ソ連の力を強めるおそれがあることは、一切受け入れられなかった。アイゼンハワー政権はスエズ計画に介入し、イスラエルを一九四八年当時の国境線まで押し戻した。このように、一九五〇年代末のイスラエルとアメリカの間には、憎しみしかなかった。

イスラエルの戦略上の問題は、国家安全保障上の要求が、つねに産業、軍事基盤を凌駕していることだ。別のいい方をすれば、当時のイスラエルは、エジプトとシリア、潜在的にはヨルダン、それにもちろんソ連に脅かされていたことを考えると、自衛に足るだけの軍事兵器を製造できなかった。兵器の安定した供給源を確保するには、外国のパトロンが必要だった。

イスラエルの最初のパトロンは、ソ連である。ソ連はイスラエルを、同盟国になりうる反英勢力と見ていた。ソ連はチェコスロバキアを通じてイスラエルに武器を供給したが、この関係はすぐに崩れた。次に、まだアルジェリアで戦っていたフランスが、ソ連にかわってイスラエルの後ろ盾になった。アラブ諸国はアルジェリアの反政府勢力を支援していたため、これと対抗するうえで、強いイスラエルを味方につけておくことは、フランスの利益になった。そこでフランスはイスラエルに航空機や戦車、核兵器開発の基礎技術を与えた。

この時点でまだアメリカはイスラエルを、この地域におけるより大きな戦略目標にとって、それほど重要な存在とは見ていなかった。しかしスエズ危機を受けて、アメリカは戦略的関係を見直すようになった。スエズではエジプトのために介入したのに、そのエジプトはソ連陣営に鞍替えしてしまった。フランスとイギリスがこの地域の、とくにシリアとイラクに残した政権は、本質的に不安定で、ナセルの掲げた軍部主導の汎アラブ・ナショナリズムの影響を強く受けていた。シリアは早くも一九五六年にソ連陣営に転向し始め、一九六三年に起きた左翼の軍事クーデターが、その立ち位置を決定づけた。同じ年に、イラクでも同様のクーデターが起こった。

一九六〇年代になると、アメリカのアラブ支援は、ますます問題をはらむものになった。アメリカがイスラエルに与えた支援は食糧のみだったにもかかわらず、アラブ世界は決定的に反米に転じた。ソ連はアメリカが支援を拒んだ計画に、進んで資金を提供し、アラブの社会主義者はソ連型の計画経済に魅力を感じた。アメリカはしばらくは孤高を保ち、フランスがイスラエル政府と緊密な関係を保っていても、意に介さなかった。だが中東の反ソ政権に対空システムを供与し始めたとき、受取人のリストにイスラエルを加えたのである。

一九六七年に、フランス大統領シャルル・ド・ゴールがアルジェリア戦争を終わらせ、アラブ世界とかつての関係に戻ろうとした。ド・ゴールは、イスラエルが近隣国を攻撃するのを望まなかった。だがイスラエルはこの要請を無視して六日戦争〔第三次中東戦争〕を始め、その結果フランスの武器へのアクセスを失った。イスラエルがこの一九六七年の紛争でアラブの近隣国に勝利を収めたことが、その頃ベトナムで行きづまっていたアメリカに、イスラエルを支援する気運を生みだした。イスラエルが示した迅速な決戦の範に、アメリカ人は大いに奮い立った。イスラエルはこの気運に乗じて、アメリカの支持を得ようと努めた。

ベトナム戦争と世論に手を焼いていたリンドン・ジョンソン大統領は、イスラエルの軍事的成功に対するアメリカ国民の熱狂を、二つの意味で利用できると考えた。第一に、どんなものであれ、戦争と名のつくものへの支持を生み出せば、それにつられてベトナム戦争への支持が高まるかもしれない。第二に、イスラエルが勝利したことで、エジプトとシリアですでに地盤を固めていたソ連がさらに勢力を伸ばしていたため、イスラエルと同盟を結ぶことはアメリカの利益になる。このようにして、アメリカ・イスラエル関係の戦略的基盤が生まれた。ソ連は一九六〇年代半ばにシリアとイラクに食いこみ、すでに両国の軍事力を増強していた。アメリカの同盟国による包囲網に対抗するために、ソ連は包囲網を飛び越える戦略をとった。アメリカ同盟国の後方の諸国と自ら同盟を結び、政治的、軍事的にじわじわと締めつけていく戦略である。つねにアメリカの戦略思考の中心にあったトルコは、アメリカだけでなく、ソ連にとってもカギを握る存在だった。シリアとイラクで、一九六七年のはるか以前に起こったクーデターが、アメリカの戦略にさらに深刻な難題をつきつけていた。いまやトルコは、北方の強力なソ連と、南方のソ連の協力国に挟まれていた。もしもソ連がイラクとシリアに軍を駐留させれば、トルコは厄介な事態に陥り、それとともにアメリカのソ連封じ込め戦略そのものが頓挫(とんざ)してしまう。

イスラエルはいまやアメリカの戦略的資産だった。イスラエルを利用すれば、アメリカもソ連に対抗して飛び越え戦略をとることができる。アメリカはイラク軍を抑えこむために、イランの軍備増強を図った。イランはソ連と国境を接しているというだけでも、重要な国だ。イスラエルはソ連に隣接してはいないが、シリアとは隣り合っている。イスラエルが親米になれば、シリアを抑えこみながら、ソ連軍のシリアへの配備を、より厄介でリスクの高いものにすることができる。おまけにイスラエルは、エジプトと反目していた。ソ連はエジプトの軍備を強化していただけでなく、アレクサンドリア港を海軍の拠点としており、地中海のアメリカ海軍第六艦隊を将来的に脅かすおそれがあった。

通説とは裏腹に、エジプトとシリアは、アメリカがイスラエルを支援したから親ソに傾いたわけではない。じつはその逆だった。エジプトの変心とシリアのクーデターは、アメリカがフランスにかわってイスラエルの武器供給元になる以前のできごとである。後者は、エジプトとシリアが親ソに転じた結果、起こったことだった。エジプトとシリアがソ連と手を結んだために、アメリカはイスラエルの軍備を強化することで、それほどコストをかけずに、エジプトとシリアの軍を牽制し、両国でのソ連の動きを抑えこむことができた。おかげでアメリカは地中海を確保し、トルコへの圧力を軽減できた。アメリカがイスラエルに大規模な支援を与え始めたのは、このときであり、それは道徳ではなく、戦略上の理由から行なわれた。

アメリカの戦略は奏功した。エジプトは一九七三年にソ連の軍事顧問団を国外追放し、一九七八年にイスラエルと平和条約を結んだ。シリアはまだソ連寄りだったが、エジプトからソ連軍が追放されたことで、地中海におけるソ連の脅威は弱まった。しかし他方では別の脅威が現われつつあった。パレスチナのテロ組織である。

パレスチナ解放機構（ＰＬＯ）は、ナセルがアラビア半島の君主国との長引く闘争の一環としてつくり上げた組織である。この闘争は、王家を転覆させ、ナセルの構想するアラブ連合共和国に組み入れることをめざすとりくみだった。ソ連の諜報機関は、アラビアの政情不安を煽ってアメリカに打撃を与えることを狙い、ＰＬＯの工作員を訓練、配置した。一九七〇年九月、危機的な状況が生じた。ＰＬＯのヤーセル・アラファトが、ヨルダンのハシミテ王家に反乱を起こしたのだ。ハシミテ王家はアメリカの重要な協力者であり、イスラエルとも密かに手を結んでいた。このとき、シリアは装甲部隊をヨルダンへと南進させた。混乱を利用して、シリアの権威を回復しようとしたのは明らかだった。イスラエル空軍が介入してシリアを阻み、アメリカはパキスタン空軍にヨルダン軍を援護させ、反乱の鎮圧を図った。交戦でおよそ一万人のパレスチナ人が殺され、アラファトはレバノンに逃亡した。

この紛争が、「黒い九月」と呼ばれる集団の起こりである。この集団は、とくに一九七二年のミュンヘン・オリンピックで、イスラエル選手を惨殺したことで知られる。黒い九月は、アラファトのファタハ運動を推進するための秘密組織だったが、その存在をとくに重要にしていたのは、ヨーロッパにおけるソ連の利益にも貢献していたことだ。一九七〇年代にソ連は不安定化工作を組織し、とくにフランス、イタリア、ドイツのテロ集団を動員し、アイルランド共和国軍（ＩＲＡ）などの組織を支援した。

パレスチナはこの国際テロリスト集団における、主要戦力だった。このような状況が、アメリカとイスラエルをさらに緊密に結びつけた。アメリカはＮＡＴＯの不安定化を防ぐため、ソ連の支援する、リビアや北朝鮮で訓練を受けたテロ組織を潰そうとした。他方イスラエルは、パレスチナの秘密工作能力を破壊したがった。ＣＩＡとモサドはその後二〇年にわたって緊密な協力を続け、テロリストの活動を抑えようとした。だが活動がようやく下火になったのは、ソ連が西側に融和的な政策をとるようになった、一九八〇年代半ば以降のことである。その間、ＣＩＡとモサドは、アラビア半島をソ連とＰＬＯの秘密工作から守るために協力した。

ソビエト連邦の崩壊が――そしてレオニード・ブレジネフ書記長の死後に起こった政策転換が――この力学を劇的に変えた。トルコはもはや危険にさらされていなかった。エジプトは衰えゆく弱国で、イスラエルの脅威ではなかった。それにエジプトは、ハマスに少なからぬ敵意をもっていた。一九八七年に結成されたハマスは、エジプト大統領ホスニー・ムバラクの政権を脅かす、ムスリム同胞団から派生した集団である。シリアは孤立し、レバノンに目が向いていた。そしていまやヨルダンはいろいろな意味で、イスラエルの保護国だった。

PLOを生みだし、ヨーロッパのテロ運動を支援した、世俗的で社会主義的なパレスチナ運動の脅威は、すっかり影を潜めていた。イスラエル経済が急成長をとげる一方で、アメリカの対イスラエル援助は横ばいで推移した。多額の援助が始まった一九七四年には、援助額はイスラエルの国内総生産（GDP）の二一％に上った。今日その割合は、アメリカ議会調査部によれば一・四％である。

ここでも、アメリカとイスラエルの協力関係が、アラブ世界の反米主義を生んだのではなく、むしろ反米主義から生まれたのだということを押さえておきたい。一九六七年から一九九一年までは、イスラエルとアメリカを結びつけていた利益は、わかりやすく、具体的だった。そして同じくらい重要なことに、一九九一年以降は、関係の基盤がずっとわかりにくくなった。現況を鑑みると、アメリカがイスラエルに何を求めているのかを、さらにいえばイスラエルがアメリカに何を求めているのかを、正確に問う必要がある。次の一〇年のアメリカ外交政策について考えるとき、イスラエルとの緊密な関係が、アメリカの国益に具体的にどう役立つのかを、改めて問い直すことも肝要だ。

イスラエルとパレスチナの権利という道徳的問題についていえば、過去の経緯は不透明だ。「ユダヤ人にパレスチナに住む権利はない」と主張するには、ヨーロッパ人にアメリカやオーストラリアに住む権利はないと主張する覚悟がなくてはならない。それに加えて、イスラエルの存在権と、占領に反対する大勢のパレスチナ人の本拠地をイスラエルが占領する権利との間には、大きな隔たりがある。その一方で、多数のパレスチナ人がイスラエルの存在権を認めないからといって、イスラエルに支配の放棄を要求できるだろうか？　この道徳論議は堂々めぐりで、どちら側の外交政策の基盤にもならない。民主国家を支援するからイスラエルを支援するという主張の方が、はるかに説得力があるが、それさえ国益の問題と絡めて考える必要がある。そして、アメリカがこの原則を適用するうえで、控えめにいっても一貫性を欠いてきたことを忘れてはならない。

現代イスラエル

今日のイスラエルは、戦略的に安泰である。近隣国間に、相互の敵意やイスラエルへの依存をもとにした勢力均衡を生みだすことで、そのなかの支配的勢力となっている。

この勢力地図のなかで群を抜いて重要な勢力は、エジプトだ。かつてエジプトは、イスラエルにとって最大の戦略的脅威だった。しかしエジプトは一九七〇年代になると、イスラエルとの敵対関係の継続やソ連との同盟が利益にならないと判断して、イスラエルと平和条約を結び、このなかでシナイ半島は非武装地帯とされた。エジプト軍とイスラエル軍が衝突することはなくなった。エジプト軍からの脅威が消えると、イスラエルは安泰になった。シリアはそれ自体では、手に負えない脅威ではないからだ。

エジプト・イスラエル間の平和は、つねに危ういように思われるが、じつはきわめて強力な地政学的要因のうえに築かれている。エジプトは地理的、技術的な理由から、イスラエルを破ることができない。エジプトがイスラエルを破るには、数十万の兵力を維持するために、シナイ半島全体にわたって後方支援体制を築く必要がある。そのような体制は、築くのが難しいだけでなく、防衛するのも大変だ。

他方イスラエルは、エジプトを破れないし、長引く消耗戦にも耐えられない。勝つためには、速やかな勝利を挙げる必要がある。というのも、イスラエルの常備軍は小規模なため、民間人の予備役兵を動員しなくてはならないが、長期間の動員は不可能だからだ。わずか数日間で勝利を収めた一九六七年戦争のときでさえ、戦闘に人員が駆りだされたため、イスラエル経済は麻痺した。たとえエジプト軍を破れたとしても、エジプトの心臓部であるナイル川流域を占領することはできない。イスラエル軍に、七〇〇〇万超の人口を擁するこの地域を支配する資源など、あるはずがない。

このような膠着状態のせいで、エジプトとイスラエルは、交戦しても危険が大きいわりに、見返りはほとんどない。おまけにいまやどちらの政権も、同じイスラム勢力と戦っている。エジプトの現政権は、いまもガマール・アブドゥル・ナセルの世俗主義、社会主義、軍国主義の革命政権の流れをくんでいる。エジプトはイスラム政権だったことは一度もなく、敬虔なイスラム教徒の、とくにムスリム同胞団を中心とするさまざまな集団に、絶えず脅かされてきた。ムスリム同胞団はスンニ派組織であり、アラブ世界の既存政権の、最も強力な対抗勢力である。エジプトはこの集団を抑圧してきた。エジプトが恐れるのは、イスラム原理主義組織ハマスが成功して、政権の安定をゆるがすことだ。そんなわけでエジプトは、イスラエルのパレスチナ政策に不満をこぼしながらも、イスラエルと同様ハマスに敵意を抱き、ハマスをガザ地区に封じ込めるために、精力的に動いている。

じつのところ、イスラエルが他国と結んでいる関係のなかで最も重要なものが、エジプトとの合意である。エジプトがイスラエルと手を結んでいるかぎり、イスラエルの国家安全は保障される。近隣国がどう組み合わさろうが、イスラエルを脅かすことはできない。たとえ世俗的なナセル主義政権が崩壊しても、エジプトが脅威になるのは二、三〇年先のことで、それも大国の後ろ盾を得た場合に限られる。

それにイスラエルは、ヨルダンの脅威にもさらされていない。たしかにヨルダン川国境は、イスラエルの国境線の最も脆弱な部分だ。この国境線は全長およそ五〇〇キロで、テルアヴィヴ・エルサレム回廊とは八〇キロほどしか離れていない。しかしヨルダンの軍隊と諜報機関は、この国境線をイスラエルのために守っているのだ。この奇妙な状況は、二つの理由から生じている。

第一に、ヨルダン人とパレスチナ人の間の敵意は、ハシミテ政権にとって深刻な問題だが、イスラエルはパレスチナ人を抑圧することで、ヨルダンの国家安全保障という重要な利益に貢献している。第二に、ヨルダンは人口が非常に少なく、イスラエルにとって難なく下せる相手であり、脅威ではない。ヨルダン川国境が脅威になるのは、どこかほかの国（最も可能性が高いのは、イラクかイラン）がこの線沿いに軍を配備した場合に限られる。こうした国は、ヨルダン川から砂漠によって隔てられており、軍を配備するのも支援するのも難しい。

だが何よりも、そのような配備が行なわれるということは、すなわちヨルダン・ハシミテ王国の終焉を意味するため、王国は何が何でも大規模な配備を阻止するはずだ。そしてそのためにイスラエルの後ろ盾が必要になる。このように、イスラエルとヨルダンは一心同体なのだ。

残るはシリアだが、シリアは単独ではイスラエルに脅威を与えない。シリアの軍隊は、イスラエル軍を総動員したよりも小規模なうえ、攻撃が可能な拠点が狭すぎて、軍を有効活用できない。だがそれよりはるかに重要なのは、シリアが西側志向の国であり、したがってレバノンと親しいということだ。シリアはレバノンを自国の一部と見なし、エリート支配層アラウィー派はレバノンと歴史的に緊密な関係にある。

レバノンは北アラブと地中海をつなぐ接点である。シリアのじっさいの関心は、オスマン・シリアのすべてがシリアのものだという信念などよりも、ベイルートの銀行や不動産、それにベッカー渓谷の密輸と麻薬取引にある。つまりシリアの現実的な関心は、レバノンを支配し、自国経済になし崩し的に組みこむことにあるのだ。

一九七八年にエジプト・イスラエル間でキャンプ・デイヴィッド合意が交わされたことと、イラクから敵対行為を受けたことから、シリアは域内で孤立した。シリアはアラファトのファタハ運動さえも敵視し、一九七六年にはPLOを叩くためにレバノンに侵攻したほどだ。それでも危機感はぬぐえなかった。一九七九年にイランで革命が起きたことで、非常に疎遠ではあるが新たな関係が生まれ、シリアはこの関係をもとにイランの思想や財政資源を利用して、レバノンでの勢力を拡大した。一九八〇年代に、今度はイスラエルがレバノンを侵攻すると、イスラエルに反対するシーア派の民兵組織が結成され、ヒズボラと名乗った。ヒズボラには、レバノンの政治勢力の一端としての一面と、イスラエルに対抗するためにつくられた組織という一面がある。しかしシリアは、イスラエルからレバノンでの行動の自由を得る見返りに、ヒズボラのイスラエルに対する攻撃を抑えこむことを約束した。だが二〇〇五年にアメリカが、イラクのテロ組織を支援したとして、シリアの正規軍をレバノンから追放すると、合意は崩壊した。これを受けて、シリアはイスラエルと交わしたすべてのとりきめを放棄した。

この地域の歴史は、詳しく語れば語るほど、めまいがするほど複雑でわかりにくくなるため、ごく重要な関係だけを手短にまとめよう。イスラエルは、エジプトおよびヨルダンとは、たしかな相互利益に根ざした、ゆるぎない友好的関係にある。エジプトとヨルダンがイスラエルと手を結んでいるため、シリアは弱く孤立しており、脅威にならない。ヒズボラは脅威だが、イスラエルを根本から脅かすほどの力はない。

イスラエル最大の脅威は、国内にある。イスラエルに占領され、敵意を抱くパレスチナ人だ。しかしかれらが主要な武器としているテロリズムは、イスラエルを痛めつけこそすれ、壊滅に至らしめることはない。たとえヒズボラやその他の外部勢力が加わっても、イスラエル国家は危険にさらされない。それは、こうした勢力が十分な資源をパレスチナに投入できないからでもあり、イスラエルの報復を恐れるシリアがこれらの集団の自由を制限しているからでもある。

イスラエルの問題はじつのところ、パレスチナの分裂のおかげで軽減されている。アラファトのつくった組織ファタハは、一九九〇年代まではパレスチナ人社会の主要勢力だった。ファタハは、その母体となったナセル主義運動と同様、世俗的な社会主義組織であり、イスラム原理主義ではない。一九九〇年代にパレスチナ解放運動からイスラム原理主義組織ハマスが生まれ、事実上の内戦を起こしたために、パレスチナは分裂状態に陥った。現在ファタハは西岸地区を、ハマスはガザ地区を支配している。イスラエルは地域の均衡だけでなく、パレスチナ人社会でも勢力均衡を図り、現在ファタハとは友好的で協力的、ハマスとは敵対的な関係にある。またファタハとハマスは、イスラエルと交戦することはもちろん、互いと戦を交えても不思議はない。

イスラエル人にとってなぜテロリズムが危険かといえば、個人に被害を与えるだけでなく、イスラエルの政策を戦略上重要な問題からそらし、脅威を切り抜けることだけに集中させるからだ。自爆テロ犯による殺人はけっして容認されるものではないし、イスラエル政府はこの懸念を退けては、永らえることはできない。だがイスラエルは勢力均衡のおかげで国民国家の脅威から守られており、占領地内のテロの脅威はさほど深刻ではないのだ。

イスラエルの問題は、聖書の時代から変わらない。イスラエルはいつの時代も、エジプトや東方、北方の勢力であれば、抑えこむことができた。古代ユダヤ王国を圧倒したのは、バビロン、ペルシャ、アレクサンドリア時代のギリシャ、ローマといった、遠方の大国だけだった。イスラエルはこうした帝国に太刀打ちできる力をもたず、ときに自らの力を過信したり、外交の機微の必要を軽んじて、破滅的な状況を招くことがあった。

今日(こんにち)ではテロリズムが、イスラエルを同じ状況に追いこんでいる。この暴力行為がなぜ脅威かといえば、政権を弱体化させるからではなく、大国の注意を引くような行動をとらざるを得ない状況にイスラエルを追いこむからだ。イスラエルにとって、世界のレーダースクリーンで目立ちすぎると、ろくなことはない。

イスラエルにしてみれば、パレスチナ人の不幸や不安、それにテロリズムなら、受け入れられる。どうしても受け入れられないのは、イスラエルがパレスチナに対してとる行動に触発されて、どこかの勢力が介入してくることだ。大国――帝国――は、莫大な資源のごく一部を使って、些細な利益を満たしたり、ただ世論を鎮めたりする余裕がある。しかし大国にとってはごく一部であっても、イスラエルのような国の資源に比べれば、とてつもなく莫大だ。だからこそイスラエルは、地域のとりきめを守り、パレスチナとテロリズムには慎重に対処しなくてはならない。

今日そのような帝国は、アメリカしかない。アメリカはそのような存在として、多岐にわたるグローバルな関心をもつが、テロリズムとイスラム過激派に気をとられた隙に、一部の関心をおろそかにしてしまった。アメリカは外交政策をテロへの執着から切り離し、テロリズムだけを唯一の世界的問題とは考えない国や、多数のパレスチナ人の住む土地をイスラエルが占領することが国益にかなわないと考える国との関係を、改めて見直さなくてはならない。

その一方で、たとえばロシアやヨーロッパなど、イスラエルに莫大な影響を与えうる地域大国がいくつもある。イスラエルはこうした諸国の利益にも無関心ではいられない。テロリズムとパレスチナに対する考え方を見直さないかぎり、アメリカなど古くからの同盟国を遠ざけるおそれがある。そうなったからといってイスラエルの破滅を招くわけではないが、破滅を招く下地にはなる。

これまで見てきたように、アメリカの対イスラエル支援は、イスラム諸国に反米感情を植えつけた主要因ではなかったし、イスラエルの国内情勢が、アメリカの重要な利益を直接脅かすこともない。したがってアメリカは、イスラエルと決別したところで、ほとんど得るものはないし、イスラエルにパレスチナに対する方針を改めさせたところで、何のメリットもない。むしろ、アメリカとイスラエルの疎遠がもたらす正味の影響は、イスラエルの近隣国のパニックだけだろう。先に述べたように、パレスチナへの支援は、遠く離れた国ほど大きくなり、アラブ世界では、主に口先だけの支援にとどまっている。

レバノンでの小競り合いを別とすれば、イスラエルは安定した勢力均衡を、アメリカの力を借りずに維持している。ヨルダンとエジプトは、じつはいろいろな面でイスラエルに依存している。ほかのアラブ諸国もそうだ。イスラエルはパレスチナによって壊滅させられることはない。したがって東地中海の複雑な勢力均衡は、アメリカが何をしてもしなくても、これからも変わらないだろう。これらを考え合わせると、イスラエルとパレスチナの紛争に関するかぎり、「寝た子を起こすな」という結論になる。

アメリカ大統領がとりうる最良の選択は、方針転換を示すような行動は何もとらずに、この紛争を重大な懸念として扱うのをやめることだ。アメリカは密かにイスラエルから離反する方針をとるべきだ。表面上は、ただ現状の勢力不均衡を容認しているように映るだろう。だがこの方針の長期目的は、勢力均衡を回復し、イスラエルの存続を脅かすことなく、均衡の枠組のなかに封じ込めることにある。もっともそうなれば、イスラエルは国益を見直すことになろう。

アメリカがイスラエルから公然と距離を置けば、シリアとエジプトにチャンスを与えるだけでなく、アメリカ国内でも政治問題が起きるだろう。ユダヤ系有権者は、数は少ないが、周到に組織化され巧妙に資金を使ったロビー活動をとおして、並はずれて大きな影響力をふるっている。これに、イスラエルの利益を神学的に重要と見なす、キリスト教保守派を加えると、大統領が敵に回したくない、強力な陣営ができあがる。したがって、大統領は今後もイスラエルに特使を派遣して平和への道筋を築き、非道な行為をはたらくすべての当事者を非難しなくてはならない。またこれからもイスラエルを支持する発言を行なうべきだが、「恒久的平和」などと大それたことは考えない方がいい。この目標を実現するために行なうどんなとりくみも、かえって地域を不安定化させるからだ。

アメリカがかつてイスラエルから必要としたものは、もう存在しない。アメリカはかつてのように、ほかの地域に専念する間、エジプトとシリアの親ソ政権に対処する手段として、イスラエルを必要としているわけではない。とはいえイスラエルは、情報共有先として、またこの地域におけるアメリカの戦闘を支援する物資供給拠点として、利用価値がある。イスラエルで近いうちに大規模な通常戦争が起こる可能性は低い。一九七三年当時と違って、イスラエルは大量の戦車や航空機をいますぐ必要としていない。それにアメリカが一九七四年から与え続けている財政支援も、もはや必要ではない。イスラエル経済は堅調で、成長を続けている。

イスラエルにとっては、他国からの財政支援より、アメリカのヘッジファンドと密接な関係を結ぶ方が、ずっと意味がある。イスラエルは財政的に十分自立できる。アメリカと正式な条約を結んでいないイスラエルにとって、アメリカからの援助は、アメリカのイスラエルへの肩入れを示すしるしでしかない。イスラエルはこれを地域での切り札として、また国内世論をなだめるための切り札としている。アメリカがかつて援助の見返りに得たのは、この地域のゆるぎないパートナーだった。このパートナーは、アメリカの金なしではやっていけなかった。いまやアメリカには、援助にかかわらずパートナーがいる。マイナス面を見ると、援助を行なうことで、アメリカが――イスラエルの残忍なふるまいをはじめとする――諸悪の根源だという、イスラム原理主義者の主張に、根拠を与えてしまう。援助自体にほとんど意味がないことを考えると、この代償はあまりにも高い。援助の責務を放棄することは、じつはイスラエルのためにもなる。アメリカの反イスラエル・ロビーの最大のよりどころを排除できるからだ。

当然ながらこれらすべてが、勢力均衡の回復を促すという基本方針の隠れみのになる。冷戦後期のイスラエルは、アメリカにとって大きな価値があった。冷戦終結以来、この関係がアメリカにもたらす利益は薄れ、代償は大きくなるばかりだ。もちろん、イスラエルとの関係を断つべきだとはいわない。ただ現状に合わせて、関係を修正するのだ。イスラエルは他国の援助を必要としていないし、在来勢力から重大な危機にさらされてもいない。情報共有と武器開発では互いの協力が必要だが、これは本来水面下で行なわれるべきことだ。

ここには道徳的問題は存在しない。民主主義の同盟国を見捨てるわけでもないし、イスラエルの存続が脅かされるわけでもない。その一方で、西岸地区の入植地は、イスラエルの根本的な国益だが、アメリカには何の関心もない。イスラエルもアメリカも主権国家であり、つまり相手との関係を自ら定義している。そしてこの関係は、どんなものであれ、最も広い意味での国益にとって、どういった価値があるかという観点から検討されなくてはならない。アメリカが三五年前にイスラエルに求めたものは、今日（こんにち）のアメリカには必要ないのだ。

イスラエルからすれば、パレスチナと合意に達しなくてはならないという最大のプレッシャーは、イスラエルのパレスチナ人に対する扱いをめぐって、アメリカや、とくにヨーロッパとの関係が悪化する懸念から生じている。イスラエルにとって、経済関係は重要だが、文化的な結びつきも大切だ。国内からも圧力がかかっている。パレスチナの混乱状態を考えれば、領内からのテロ攻撃を抑制できない、または抑制しようとしないパレスチナ国家と和解するという発想には、ほとんど支持が得られない。どのような和解であっても、パレスチナに譲歩することになるが、それはイスラエルにとって不本意であり、パレスチナの弱さを考えれば、そのような譲歩をする気にはなれないだろう。

アラブ世界とイスラエルの勢力均衡は崩れている。エジプトとヨルダンが、均衡から意図的に離れたいま、イスラエルは思うままの現実を生みだすことができる。アメリカにとっては、イスラエルが、いやどこの国でも、この地域で行動の自由を得ることは望ましくない。何度もいうが、アメリカは勢力均衡を基本原則としなければならない。一方ではアラブ国家に接近し、他方ではイスラエルと距離を置くことで、地域の勢力均衡を構築し直すのだ。それでもイスラエルの存続は脅かされないため、道徳的に悩むこともない。イスラエルは衰退するおそれはまったくないし、アメリカに依存しなくても存続できる。たしかに昔はそのおそれがあったが、次の一〇年にはない。アメリカに必要なのは距離を置くことであり、今後間違いなくそうするだろう。国内では政治的抵抗が起こる一方で、支持も得られるはずだ。イスラエルを見捨てるわけではないが、両国の関係は旧態依然のまま固まっていてはいけない。

この分析における攪乱要因は、イスラム世界のその他の国、とくにイランとトルコである。前者は核保有国になるおそれがあり、後者は強大な地域勢力と化して、イスラエルとの緊密な関係を改める可能性がある。ここまで、手始めとしてイスラエルに焦点を絞ってきたが、次はもう少し視野を広げてみよう。事例研究として、帝国の勢力均衡がどのように機能するかを考えてみたい。

第6章の概要

- アメリカとイスラエルの協力関係は、アラブ世界の反米主義を生んだのではなく、逆に反米主義から生まれた
- アメリカとイスラエルが互いを必要とする時代は終わった
- 次の一〇年で、アメリカはイスラエルから密かに距離を置き、強大化したイスラエルを牽制する

第7章

戦略転換
——アメリカ、イラン、そして中東

イスラエルという特殊例を別にすれば、東地中海とヒンドゥークシュに挟まれた地域は、いまなおアメリカの政策における主眼である。先に見たように、アメリカはこの地域に三つの大きな関心をもっている。地域の勢力均衡を維持すること、石油の流れが遮断されないよう図ること、そしてこの地に結集してアメリカを脅かしているイスラム過激派グループを叩くことだ。どの目的を追求するためのどんな措置も、残りの二つの目的に配慮したものでなくてはならない。そんなわけで、たった一つの目的でさえ、実現するのがとてつもなく難しくなっている。

この難題に加えて、地域の三対の勢力を均衡させるという課題がある。アラブ対イスラエル、インド対パキスタン、そしてイラク対イランだ。いずれの均衡も崩れているが、そのうちの最も重要なイランとイラクの均衡は、二〇〇三年のアメリカによるイラク侵攻でイラクの国家と軍部が解体されたために、完全に崩壊した。インドとパキスタンの均衡も、これに

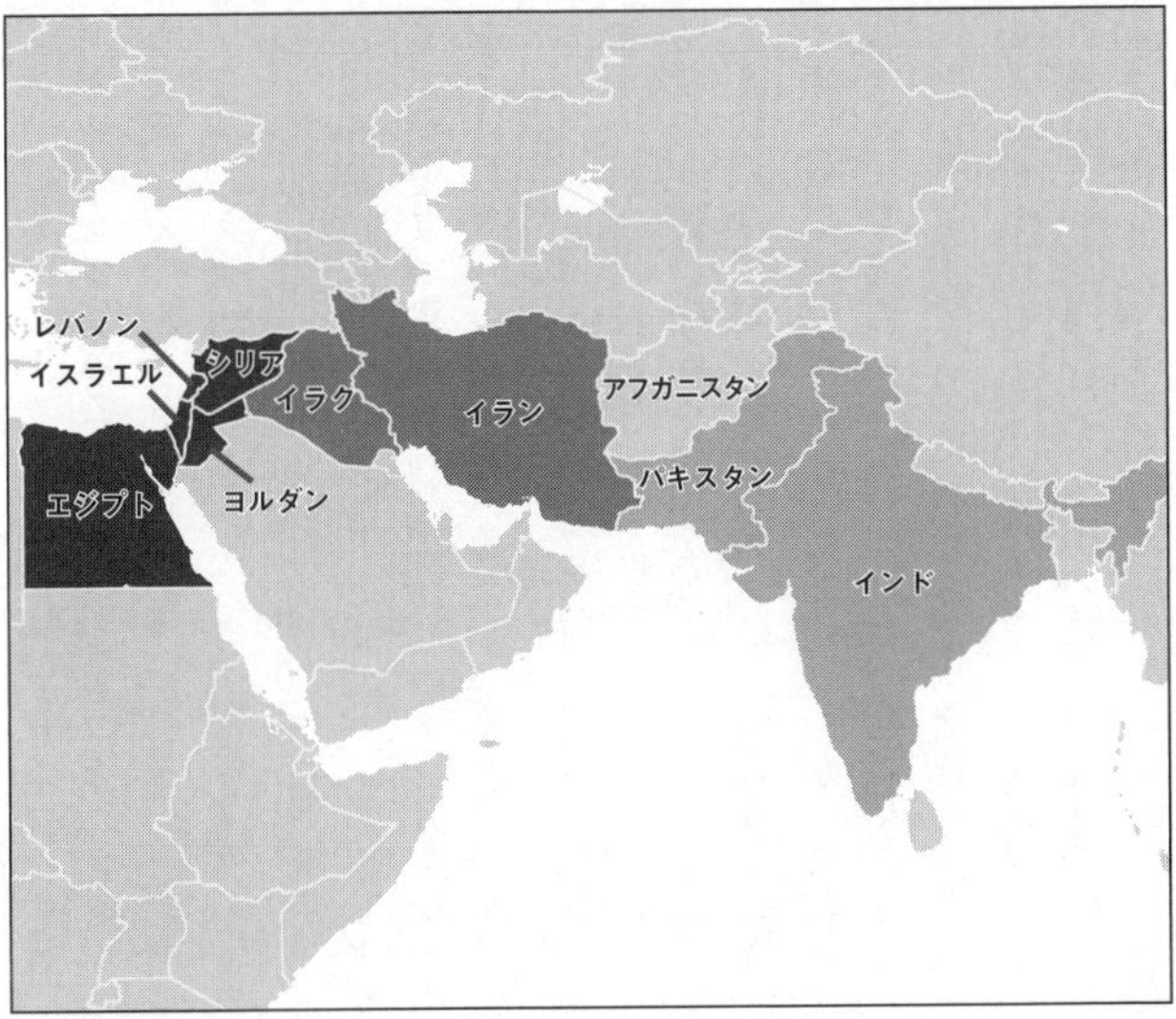

中東地域における三対の均衡

劣らず崩れている。アフガニスタンでの戦争が、パキスタンをゆるがし続けているからだ。

前章で見たように、アラブ側が弱体化したことで、イスラエルが敵の反応を気にしなくてよい状況が生まれた。今後数十年にわたって、イスラエルはこの状況を利用して新たな現実をつくりだそうとし、またアメリカは戦略バランスを追求する方針に沿って、イスラエルの動きを抑えようとするだろう。

インドとパキスタンの均衡は、アフガニスタンにおいて不安定化している。ここはアメリカ軍が、少なくとも公式表明によれば、二つの矛盾する目標を追求する、複雑な紛争地帯である。目標の一つめは、アルカイダがアフガニスタンを活動拠点に利用できないようにすること。二つめが、安定した民主主義政権をつくることだ。だがアフガニスタン内のテロリストの安全な避難所を一掃することには、ほとんど意味がない。というのも、アルカイダの方針に従う集団は（オサマ・ビン・ラディンを中心とする集団「アルカイダ・プライム」は、もはや十分な機能を果たしていない）、イエメンからオハイオ州クリーヴランドまで、どこにでも現われるからだ。このことは非常に重要な要素だ。とくに、アルカイダを混乱させるためには、アフガニスタンを不安定化させ、再建されたばかりのアフガン軍を訓練し、アフガン人を募ってつくる警察部隊をとりしきり、アフガニスタンの政治に干渉しなくてはならないことを考えれば、なおさらである。これほど侵略的な行動をとりながら、国を適切に安定化させるなど、できるわけがない。

この複雑に絡んだ事情を解きほぐすために、まずは次のことを押さえておきたい。第一にアメリカは、アフガニスタンにどのような政権が発展するかということに、大して関心をもっていない。第二に、先にも述べたが、大統領は国家戦略を構想するにあたって、テロへの報復を主な動機にしてはいけないということだ。

しかし今後一〇年にわたって均衡を維持するには、さらに根本的な事実を認識する必要がある。それは、アフガニスタンとパキスタンがじつは一体であり、さまざまな民族や部族を共有しているために、二国の政治的境界にはほとんど意味がないということだ。二国の人口を合わせると二億人を超える。この地域にたかだか一〇万人の兵力しかもたないアメリカが、自らの意志を直接押しつけ、思いどおりの秩序をうち立てることなど、できるはずがない。

さらにいえば、優先されるべき戦略的課題は、じつはアフガニスタンではなくパキスタンであり、この地域の真に重要な勢力均衡は、じつはパキスタン対インドなのだ。大英帝国の同じ部分から分割されたこの二つの国は、独立以来、不安定でときに暴力的な関係を保ってきた。どちらも核保有国で、異様なほど互いに執着している。インドの方が強力だが、パキスタンは防御に適した地形をもっている。ただしパキスタンは、心臓部をインドにさらしている。それでも二国は身動きがとれずに敵対したままで、まさにアメリカが望むとおりの状態にある。

いうまでもないことだが、この複雑なバランスを今後一〇年にわたって維持するのは、とてつもなく困難な課題である。パキスタンが、アルカイダとの戦いに力を貸し、アフガニスタンのアメリカ軍に協力してほしいというアメリカの圧力に潰されて瓦解するかぎり、インドとの膠着状態は崩れ、その結果インドがこの地域の傑出した勢力になる。アフガニスタンでの戦争は、必然的にパキスタンに波及し、それが国内紛争を誘発し、パキスタン国家を衰弱させるおそれがある。必ずそうなるというわけではないが、そうならないと片づけるには、可能性が高すぎる。ヒマラヤ山脈の向こう側に潜む中国を除けば、これといった敵がいなくなったインドは、インド洋海盆を支配するために、惜しみなく資源を投入することができる。したがって、インドは今後間違いなく海軍を増強するだろう。強大化したインドは、アメリカが求めてやまない均衡を、跡形もなく消し去ってしまう。つまりインドの問題は、じつはテロリズムやアフガニスタンの国家建設などよりも、はるかに重大な問題なのだ。

だからこそ、次の一〇年でアメリカがこの地域でとるべき基本戦略は、強力で自立したパキスタンを生みだすことでなくてはならない。この目標に向かう最も重要な一歩は、アフガニスタンでの戦争を終わらせ、パキスタンへの圧力をとり除くことだ。パキスタン政府がどのようなイデオロギーをもとうが、大した問題ではないし、どのみちアメリカは、パキスタンに考えを押しつけることはできない。

パキスタンの強化は、インドとの勢力均衡を回復するのに役立つだけでない。パキスタンをかつてのように、アフガニスタンへの盾にできるのだ。この両イスラム国は、多種多様な集団や利益を抱えており、アメリカにはその内部のとりきめをどうこうすることはできない。だがソ連崩壊後に選ばれたのと同じ戦略をとることはできる。アメリカのアフガニスタン侵攻前に存在した自然な均衡を、可能なかぎりとり戻すのだ。続いて、この状態を保つために、資源を投じてパキスタン軍を増強する。

パキスタンとアフガニスタンのテロ勢力は、再び台頭する。アメリカがアフガニスタンで泥沼にはまろうが、撤退しようが、どのみち台頭する。戦争はこの力学に、何の影響もおよぼさないのだ。パキスタン軍が、アメリカの支援に触発されて、テロリストの抑止に多少成功することも、ないとはいえないが、確実ではないし、それはつきつめればどうでもよいことだ。もう一度いうが、今後のアメリカの主眼は、インドとパキスタンの勢力均衡を保つことにある。

大統領は、イスラエルと距離を置くときと同様、アフガニスタン、パキスタン、インドについても真の戦略を明らかにしてはいけない。もちろんアメリカは勝利を収めたふりをするわけにもいかない。アフガン戦争はベトナム戦争同様、交渉による和平合意を通じて解決が図られ、その結果反乱軍が――この場合はタリバンが――支配権を握る。増強されたパキスタン軍は、タリバンを壊滅させることに興味はないが、やむなく統制はするだろう。パキスタン国家は永らえ、その結果インドとの均衡が維持され、アメリカは地域内のその他の平衡点に集中できるようになる。

地域の心臓部――イランとイラク

イランとイラクの勢力均衡は長い間保たれていたが、二〇〇三年のアメリカによる侵攻で、イラクの政府と軍部が崩壊すると、均衡も崩れた。それ以来、アメリカが中心となってイランを抑えてきた。しかしアメリカは、イラクからの軍撤退を発表した。イラクの政府と軍部の現状を考えると、今後はイランがペルシャ湾の支配的勢力になるはずだ。このことは、アメリカの戦略にも、このとてつもなく複雑な地域にも、重大な難題をつきつける。アメリカが去ったあとで、どのような同盟が結ばれるか、考えてみよう。

イラクの人口は約三〇〇〇万人、サウジアラビアは二七〇〇万人である。アラビア半島全体の人口は七〇〇〇万人ほどだが、いくつかの国に分散している。そのなかのとくに大きな国が、サウジアラビアとイエメンだ。後者は半島全体の人口の約三分の一を占め、攻撃を受けやすいアラブの油田から遠く離れている。これに対し、イランは一国で約七〇〇〇万の人口を抱える。トルコの人口も七〇〇〇万人である。大まかにいえば、これらの数字と、それらがどのように組み合わさって政治同盟に発展するかが、今後のペルシャ湾の地政学的現実を形づくる。サウジアラビアの人口——イラクの人口と組み合わされば、イランまたはトルコのいずれかと釣り合いをとることはできるが、二国に同時に対抗することはできない。一九八〇年代のイラン・イラク戦争で、イラクが多少なりとも戦果を挙げられたのは、サウジアラビアの支援があったからこそだ。

トルコは大きな人口を擁する新興国だが、勢力としてはまだ弱く、ペルシャ湾を越えて影響力をおよぼすことはない。北方のイラクとイランを脅かして、ペルシャ湾から注意をそらすことはできても、アラブの油田を守るために直接介入することはできない。さらにいえば、イラクの安定は——大した安定ではないが——イランに大きくかかっている。イランは、イラクに親イラン政権を樹立することはできないかもしれないが、イラク政府を思うままに不安定化させる力をもっているのだ。

イラクが事実上無力化され、三〇〇〇万の国民がどこかの勢力に対抗するどころか互いと戦うなか、イランは数世紀ぶりに近隣国の脅威から解き放たれた。イラン・トルコ国境は山がちで、攻撃的軍事作戦を行なうのが難しい。北方はアルメニア、アゼルバイジャン、グルジア、北東はトルクメニスタンによって、ロシアの勢力から守られている。東方のアフガニスタンとパキスタンは、どちらも混乱状態にある。そしてアメリカがイラクから撤退すれば、イランはこの巨大勢力の差し迫った脅威からも解放される。このようにイランは、少なくとも当面の間は、陸から侵略されるおそれがなく、南西方面を思うままに開拓できるという、まれに見るすばらしい状況にある。

イラクが壊滅状態にあるため、アラビア半島諸国は、たとえ一致結束したとしてもイランを抑えることができない。核兵器はこの現実とは無関係だということを、心に留めておきたい。たとえ核兵器を破壊されても、イランがペルシャ湾地域の支配的勢力だということに変わりはない。じっさい、イランの核施設への攻撃は、強烈な逆効果を生じ、イランの厳しい反撃を招くおそれが高い。イランはイラクに傀儡（かいらい）政権を置くことはできないが、挑発されれば、アメリカ軍が駐留中であっても、イラクを混乱させ、ほかの政権の誕生を阻止することができる。その場合、アメリカ軍は少ない兵力で、新たな国内紛争にとらわれることになる。

核施設への攻撃を受けたイランがとりうる究極の反撃は、ホルムズ海峡の封鎖である。世界の海上石油輸送の四五％が、この狭い航路を通過する。イランは対艦ミサイルと、そして何より対艦機雷をもっている。もしイランが海峡に機雷を敷設し、アメリカが妥当な信頼性をもってこの水路の障害をとり除くことができなければ、補給線が閉ざされてしまう。そうなれば石油価格の急騰を招き、世界の景気回復が腰折れすることは間違いない。

イランの核施設への単発的な攻撃――たとえばイスラエルが単独で攻撃を行なったような場合――は墓穴を掘るようなもので、イランをかつてないほど危険にする。民間人への付随

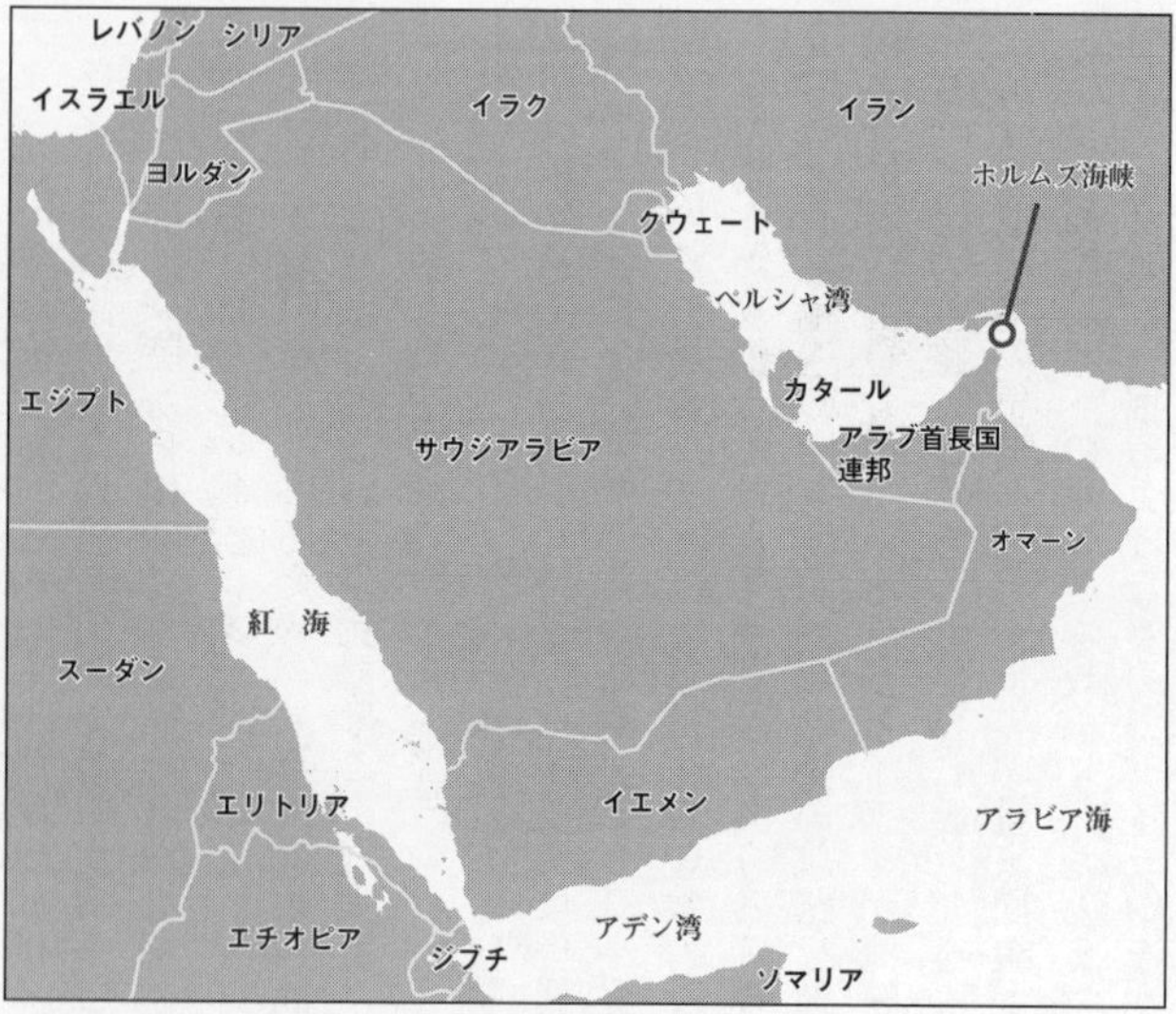

アラビア半島およびペルシャ湾

被害を出さずに核施設を無力化するには、イランの海軍力にも攻撃を加え、空軍力を駆使してイランの通常兵力を削ぐしかない。このような攻撃は（イラン軍を標的とする場合）、何カ月もかかるうえ、空中戦の例に漏れず、効果は疑わしい。

アメリカがこの地域で戦略目標を達成するには、現在イラクに配備中の兵力（すでに五万人にまで削減された）を維持せずとも、またこの地域の軍事力を増強せずとも、イランに対抗できる方法を見つけなくてはならない。イランに大規模な空爆作戦を仕掛けるのは、望ましい展開ではない。イラクが復活して対抗勢力になることも、期待できない。イランがそれを許すはずがないからだ。

アメリカがその他の戦略的利益を確保するには、イラクから撤退するしかない。だが撤退するとともに、大胆な構想を描く必要がある。

次の一〇年の、イランに関する最も望ましい選択肢は、いまはとても考えられないような措置を通じて、実行に移されるだろう。それは、ルーズヴェルトとニクソンが、不可能と思われる戦略的状況にぶつかったときに選んだ道だ。それまで戦略や道徳を脅かすと見られていた国と、同盟を結ぶのだ。ルーズヴェルトはソ連のスターリン政権と、ニクソンは中国の毛沢東政権と、それぞれ手を結んだ。より危険が大きいと思われた、第三の勢力を阻止するためだった。どちらの場合も、アメリカと新たな同盟国との間には、イデオロギーをめぐる激しい対立があり、その対立は極端で、まったく妥協の余地はないと思われていた。それでも、アメリカが受け入れがたい選択肢をつきつけられると、双方が戦略的利益を道徳的嫌悪感に優先させたのである。ルーズヴェルトの場合、この道を選ばなければ、第二次世界大戦でドイツを勝たせることになった。ニクソンの場合、ベトナム戦争でアメリカが疲弊した隙をついて、ソ連が世界の勢力バランスを変えようとしていた。

今日（こんにち）のアメリカも、現下の状況から、イランに対して同じような立場に立っている。この二国は互いに嫌悪し合っている。どちらの国も、相手を容易に壊滅させることができない。それにじつをいえば、二国には共通の利益もある。平たくいえば、アメリカ大統領は戦略目標を達成するために、イランとの和解を模索しなくてはならない。

アメリカをこの動きに駆り立てる、「不可能と思われる戦略的状況」とは、これまで見てきたように、ホルムズ海峡で石油の円滑な通過を確保する必要である。しかも、この地域の兵力を削減しなくてはならない時期に、これを達成しなくてはならないのだ。

イランが取引に応じると考えられる主な根拠は、イランがアメリカのことを、危険で何をするか予測できない国と見ていることだ。じっさい、アメリカ軍は一〇年足らずでイランの東西国境に達した。イランの最も重要な戦略的利益は、体制を維持することだ。そのため、アメリカの強烈な武力介入を回避しつつ、イラクが二度と脅威になることがないよう万全を期さなくてはならない。またイスラム世界では、イランに対抗し、ときに脅威を与える、イスラム教スンニ派への影響力を強めなくてはならない。

アメリカとイランの緊張緩和を思い描くために、両国の目標がどれほど重なり合っているかを考えてみよう。アメリカはスンニ派の一部——すべてではない——と戦争をしているが、こうしたスンニ派は、シーア派のイランにとっても敵である。イランは東西の国境沿いにアメリカ軍が駐留することを望まない。そしてじつはアメリカも駐留を望んでいない。アメリカがホルムズ海峡での石油の自由な流れを確保したいように、イランも流れを妨害せず、そこから利益を得たいと考えている。最後に、イランは自らの安全保障に大きな脅威を呈する国が、アメリカだけであることを知っている。つまり、アメリカの問題を解決しさえすれば、体制維持が保証されるのだ。イラクをイランの対抗勢力として復活させることが、短期的な選択肢になり得ないことを、アメリカは理解している、または理解すべきである。アメリカがイラクに大規模な地上軍を長期駐留させることを望まないのであれば——もちろん望んでなどいない――この地域における問題の解決策は当然、イランとの和解になる。

和解戦略がはらむ主な脅威は、イランが図に乗って、ペルシャ湾の産油国の直接占領を企てるかもしれないことだ。だがイラン軍の兵站能力の限界を考えると、これは難しい。それに、そうなった場合にアメリカが直ちに介入することを考えれば、イランがこのような攻撃的行動をとるのは無意味であり、自滅的だ。イランはすでに地域の支配的勢力であり、アメリカはイランが近隣諸国に間接的におよぼす影響を、いまさら妨害する必要はない。イランの影響は、地域のさまざまな事業への財政支援から、ＯＰＥＣ生産割当量に対する多大な発言力、アラブ諸国の国内政策への一定の影響力まで、さまざまな側面におよぶ。イランはほんの少しの自制を示すだけで、絶対的優位を手に入れ、石油輸出を伸ばすことで、経済的に有利な立場に立つことができる。おまけに、莫大な投資資金が再びイラン経済に流入し始めるだろう。

たとえアメリカと合意を結んだとしても、イランの地域支配には限界がある。イランはその他の問題に関してアメリカに同調することでこそ、影響圏を保つことができる。つまり、アメリカの直接干渉を招くような一線を越えないということだ。イランがこのような明確な合意という制約のなかで勢力を伸ばすことは、アメリカの利益にも、イランの利益にもなる。スターリンや毛沢東との合意のように、アメリカ・イラン同盟は、厭わしくも必要だが、それは一時的なものでもある。

この同盟で最も失うものが大きいのは、もちろん、サウド家を含む、アラビア半島のスンニ派だ。スンニ派はイラクなきいま、自らを防衛することができない。また石油の流れが確保され、地域全体を直接支配する単一勢力がいないかぎり、アメリカにはスンニ派と経済的、政治的関係を結ぶ長期的利益は何もない。したがってアメリカ・イラン同盟は、アメリカとサウジアラビアとの歴史的関係に見直しを迫るだろう。サウジはアメリカを自らの利益の保証人と見なしつつも、イランと何らかの政治的和解にこぎつけなくてはならない。かくしてペルシャ湾の地政学的勢力図が、一挙に塗り替わるだろう。

サウジアラビアやその他の湾岸首長国ほどではないが、イスラエルも脅かされる。ここ何年もの間、イランは過激な反イスラエル発言を繰り返してきたが、行動は慎重だった。イランは待機戦術をとっており、こうした発言は無策の隠れみのだった。やがてイスラエルは、アメリカの決定のせいで身動きがとれなくなる。イスラエルの通常兵力では、イランの核計画を阻止するのに必要な、大規模な航空作戦は行なえない。またペルシャ湾地域の地政学的勢力地図を塗り替えることも、もちろんできない。そのうえ、西側国境の安全とペルシャ湾の占領という夢をぶら下げられたイランは、非常に与(くみ)しやすくなる。イランにとっては、こうした絶好の機会に比べればイスラエルなど、些細でどうでもよい形式的な問題にすぎない。

これまでイスラエルには、イランを一方的に攻撃するという選択肢があった。イランが反撃としてホルムズ海峡を封鎖し、アメリカを紛争に引きずりこむことを狙う作戦だ。しかしアメリカとイランが和解に向かうようなことがあれば、イスラエルはアメリカの政策に、これまでのような影響力をもたなくなる。イスラエルの攻撃は、かつて期待できた連鎖反応ではなく、まったくありがたくない反応を、アメリカから引きだすかもしれない。

アメリカ・イラン同盟がもたらす最大の衝撃は、双方への政治的衝撃だ。第二次世界大戦中の米ソ間合意は、アメリカ人に深い衝撃を与えた（ソ連人にとってはそれほどのショックではなかった。スターリンが戦前にヒトラーと結んだ、独ソ不可侵条約の経験があったからだ）。ニクソンと毛沢東の歩み寄りは、当時とても考えられないと思われていたため、全当事者に衝撃を与えた。だがいったん結ばれると、十分考えられる、いやそれどころか十分対処できると見なされるようになった。

ルーズヴェルトはスターリンととりきめを交わしたとき、議会右派の攻撃を受けていた。右派のより極端な分子は、もともとルーズヴェルトを、ソ連びいきの社会主義者と見なしていた。反共右翼のニクソンは、それほど苦しい立場にはなかった。オバマ大統領は、ルーズヴェルトと同じ立場に立たされる。しかもルーズヴェルトとは違って、はるかに邪悪なもの（ルーズヴェルトの場合はナチス・ドイツ）の脅威に圧倒されているわけでもない。

オバマ大統領は、自らの政治的立場を強化するという点では、既成の価値観を覆すような取引より、空爆を行なった方が効果がある。イランとの和解は、とくにオバマにとっては受け入れがたい。和解は、非情さと狡猾さではなく、弱さの証拠と見なされるからだ。他方、イランのアフマディネジャド大統領は、このようなとりきめを国民に呑ませるのに、さほど苦労しないだろう。とはいえイランとの同盟は、それ以外の選択肢――たとえばイランの核武装化、空爆の長期化とそれに付随するさまざまな影響、複数師団規模のきわめて望ましくないイラク長期駐留――に比べれば、まったく妥当な選択に思われる。

ニクソンと毛沢東の例は、劇的な外交転換がいきなり起こりうることを教えてくれる。一般にこのような場合、長期にわたって裏ルートの交渉が行なわれ、状況の変化や巧みな交渉が、突破口を開くことが多い。

イランとの同盟を、対アルカイダ戦争を補助するものと位置づけるには、相当な政治的技量が求められる。まず、シーア派の支配するイランが、アメリカだけでなく、スンニ派とも同じように敵対していることを、はっきり示さなくてはならない。この主張は、二つの強力なロビー団体、サウジ・ロビーとイスラエル・ロビーの反発を招くだろう。イスラエルはこの策略に憤慨するが、サウジは恐怖を覚える。そしてこれこそが、この策略の大きな効果の一つなのだ。アメリカは、サウジの政策に対する影響力を強めることができる。イスラエルは、いろいろな意味で御しやすくなる。それというのも、イスラエルの軍部と諜報部はときとしてイランを、アラブの脅威に対抗する同盟国と見なしてきたという経緯があるからだ。イランが、イスラエルと戦うヒズボラを支援していたときでさえ、そうだった。これまでの三〇年間、両国は複雑な関係にあった。この動きはサウジの非難を買うが、イスラエルにとっては、アラブ世界に圧力をかけるという意味でうまみがある。とはいえ、アメリカのユダヤ人社会は、こうした事情にイスラエルほど通じてもいないし、穿（うが）った見方もしていないため、声高に反対を唱えるだろう。さらに扱いにくいのは、サウジ王国で事業を行なうアメリカ企業に支援を受けた、サウジ・ロビーだ。

アメリカにもメリットがいくつかある。第一に、この行動をとおして、アメリカがイスラエルに操られてなどいないことを、イスラエルの利益を根本的に脅かさずに示すことができる。第二に、アメリカにとってサウジアラビアだけがすべてではないことを、嫌われ者の――ワシントンに対して当たり前のように我意をとおしてきた――サウジアラビアにわからせることができる。こうして行き場を失ったサウジアラビアは、アメリカ・イラン同盟を前に、アメリカが与えてくれるどんな保証にもしがみつくはずだ。

アメリカ国民は、イランとの三〇年におよぶ対立を思い返して、憤慨するだろう。大統領は、イランをはるかにしのぐ脅威から国土を守るという論法で、主張を組み立てる必要がある。もちろん、和解できない相手との和解の成功例として、中国を引き合いに出すだろう。大統領は外交ロビーに公然と巻き起こる論争に対処し、イランとの同盟への支持を訴えなくてはならない。だがどうあっても、道徳的信念は守らなくてはならない。スターリンと毛沢東が友人でなかったように、イランもアメリカの友人でないことを、忘れてはならない。

もしだれにも知られずに秘密の合意に達する必要があるとすれば、イランとの合意が、まさにそれになる。そしてこのとりきめの大部分が、闇に包まれたままになるだろう。アメリカもイランも、会談や握手をことさらに見せつけて、国内で政治的ダメージを被りたくはない。とはいえ、アメリカはいま陥っている罠から抜けださなくてはならないし、イランはアメリカとの本当の衝突を避けなくてはならない。

イランは本来、守りの国である。アメリカにとって、地域政策の柱になるほど強力ではな立化する。

いし、重大な長期的問題になるほど強力な国でもない。イランの人口は、国境付近の山岳地帯に集中しており、中心部の大半がほとんど居住に適さない。現在のように、一定の特殊な条件が満たされていれば、影響力を投影できるが、いずれ必ず外部勢力の餌食になるか、孤立化する。

イランはアメリカとの同盟に助けられて、一時的にアラブ諸国の優位に立つが、数年もたてばアメリカは勢力均衡を回復する必要に迫られるだろう。パキスタンは、勢力を西方に拡大できない。イスラエルは、イランの対抗勢力になるにはあまりにも小さく、距離も離れている。またアラビア半島はあまりにも分裂しており、半島諸国の兵器増強を促すアメリカの魂胆があまりにも見え透いているため、やはりイランの対抗勢力にはなり得ない。より現実的な代案は、ロシアにイラン国境まで勢力を拡大させることだ。これはどのみち起きることだが、これから見ていくように、別の場所で大きな問題を引き起こすだろう。

イランに対抗する力をもち、長期的に地域大国になりうる国は、トルコをおいてほかにない。そしてトルコはアメリカがどのような行動をとろうと、今後一〇年以内にこの地位を手に入れるはずだ。トルコは現在、経済規模では世界第一七位に相当する、中東最大の経済大国である。その軍隊は地域最強を誇り、ロシアと、おそらくイギリスを除けば、ヨーロッパ最強と思われる。イスラム国の例に漏れず、現在国内は世俗勢力とイスラム原理主義勢力に分裂している。とはいえこの争いは、イスラム世界の他地域で起きているできごとに比べれば、ずっと節度がある。

アラビア半島をイランが支配することを、トルコは望まない。なぜならトルコ自身、ロシアへの石油依存を軽減する手段として、半島の石油に食指を動かしているからだ。それにトルコは、イランが自らよりも強力になることを望まない。また、イランのクルド人はそれほど多くないが、トルコは南東部に多数のクルド人人口を抱え、イランにこの勢力を利用されるおそれがある。これまで地域や世界のさまざまな大国が、クルド人勢力を支援して、イラクやトルコ、イランに圧力や混乱を与えようとしてきた。これはお決まりの手口であり、トルコはいつの時代もこの弱みに苦しめられてきた。

次の一〇年に、イランはトルコに対処するため、莫大な資源をふり向けなくてはならなくなる。他方アラブ世界は、シーア派のイランへの対抗勢力を探すことになる。アラブ世界には、オスマン帝国時代のトルコ勢力に支配された苦い歴史があるものの、スンニ派のトルコが、最善の候補となる。

次の一〇年のアメリカの課題は、トルコがアメリカの利益に敵対しないように、またイランとトルコが同盟を組んでアラブ世界を支配、分割しないように、万全を期すことだ。トルコとイランがアメリカを恐れれば恐れるほど、この可能性が高まる。イランは、アメリカとの和解によって短期的には軟化するが、これが便宜上の同盟であって、長期にわたる友好関係でないことは、百も承知だ。アメリカとより長期的に手を結ぶ用意があるのは、トルコだ。トルコはアメリカにとって、ほかの場所でも利用価値が高い。たとえばバルカン半島やコーカサスなどで、ロシアの野望を食い止める役割を果たしてくれる。

アメリカがイランとの合意の基本条件を守るかぎり、イランはトルコの脅威であり続ける。トルコは何をたくらもうと、自らを防衛する必要があり、そのためにはアラビア半島のイランの勢力と、半島北部のイラク、シリア、レバノンなどのアラブ諸国の勢力を削がなくてはならない。これにはイランを抑えるだけでなく、南方の石油に手を伸ばすという狙いもある。トルコはアラビア半島の石油を必要としており、これを利用して利益を得たいと考えている。

トルコとイランが次の一〇年にしのぎを削るなか、イスラエルとパキスタンは、地域のパワーバランスに懸念を抱くようになる。やがてトルコは、イランには抑えきれなくなる。経済成長著しいトルコは、イランより先進的な軍隊を維持することができる。より重要な点として、イランが地理的に限られた範囲にしか勢力を拡大できないのに対し、トルコはコーカサス、バルカン半島、中央アジア、そしてゆくゆくは地中海と北アフリカにまで勢力を伸ばすことができる。つまりイランには手の届かない機会や同盟国が、トルコには開かれているのだ。イランは古代の昔から強力な海軍国だったことはないし、港の立地を考えれば、今後もそうなることはない。それにひきかえトルコは、これまでたびたび地中海の支配を握っており、いつか再び支配するだろう。トルコは今後一〇年以内に、この地域で必ず隆盛し始める。トルコが主役の一人でない二一世紀など考えられないが、次の一〇年はその布石だということを忘れないでほしい。トルコは国内紛争にけりをつけ、経済を一層発展させなくてはならない。またトルコは引き続き慎重な外交政策をとるだろう。紛争に身を投じることはなく、したがって地域に影響をおよぼしはしても、地域を定義することはない。アメリカは長期的視野に立ち、トルコの発展を阻害するような圧力をかけるべきでない。

中東の複雑な問題への解決策として、アメリカ大統領はイランとの一時的な和解を選択しなくてはならない。このような和解を通じて、イランは求めるものを手に入れ、アメリカは撤退する余裕ができる。それにこの和解は、スンニ派原理主義勢力への敵意を共有する関係の土台にもなる。いいかえれば、アラビア半島をイランの勢力圏に入れる一方で、イランの直接的な支配を抑え、またとくにサウジアラビアをはじめとするその他の諸国を、きわめて不利な立場に置くのだ。

この戦略は、イランの勢力の現実と向き合い、それを方向づけようとするものだ。じっさいに方向づけられるかどうかはさておき、地域の均衡を図るという問題を長期的に解決するには、トルコを台頭させるしかない。強力なトルコは、イランとイスラエルの釣り合いをとり、アラビア半島を安定化させる。やがてトルコは反発し、イランに刃向かうようになる。このようにして主要な勢力均衡が回復し、地域が安定する。この結果、地域に新たなパワーバランスが生まれる。ただし、これは次の一〇年に起きることではない。

現状では、これが政策における望ましい選択肢の一つだ。だがさらにいえば、これは最も自然な結果でもある。これ以外の選択肢は、リスクが大きすぎるため、双方にとって受け入れがたい。そして、代替策が望ましくないときには、残った選択肢が——どれほど不合理に思われようと——最もあり得る結果となる。

この展開が、そのほかの勢力圏と勢力地図におよぼす影響について考えるために、次の重要問題である、ヨーロッパとロシアのバランスに目を向けよう。

第7章の概要

- パキスタンは、インドを抑えこむのに欠かせない存在である。そのためアメリカはアフガニスタンでの戦争を終わらせ、パキスタン軍の増強を促す
- アメリカは自らの戦略ミスにより強大化を許したイランに対処するため、次の一〇年にイランと和解する
- 長期的にイランとイスラエルの対抗勢力になるのは、トルコである

第８章 ロシアの復活

　ソビエト連邦の崩壊は、世界的勢力としてのロシアの死を告げたかに思われた。だがこの訃報は時期尚早だった。これほど巨大で、豊富な資源をもち、戦略上有利な立地を誇る国は、空中分解などしない。とはいえ一九九〇年代には、ソビエト連邦が崩壊したために、歴代のロシア皇帝（ツァーリ）が集め、共産主義者がつなぎとめていた広大な帝国が分解し、一九八九年当時の領土のごく一部しか残らなかった。ロシア政府の手に残ったのは、帝国の中心部だったかつてのモスクワ大公国（とシベリア）だけだった。だが中心部が残っているかぎり、ゲームは終わらない。ロシア連邦は痛ましいほど弱体化したが、それでも永らえた。そしてこの国は、次の一〇年にますます重大な役割を担うようになる。

　ロシアが諸地域の分離独立と経済の混乱に苦しんでいる間、アメリカは唯一の世界覇権国として台頭し、いい加減ともいえる方法で、世界を支配することができた。しかし、ソ連の崩壊がアメリカに与えた時間的猶予は、ほんのわずかだった。アメリカは旧敵が息を吹き返さないよう、心臓に杭を打ちこむべきだった。分離独立運動を支援するか、経済的圧力を加えるなどして、ロシアの体制に負荷をかけるべきだった。こうした措置を講じていれば、ロシア連邦のすべてが崩壊し、かつての従属国がその残骸をすべて吸収して、ユーラシアで新たな勢力均衡を築いた可能性が高い。

だが当時このようなとりくみは、リスクを冒すだけの価値があるとは考えられていなかった。なんといっても、ロシアはこの先何世代もの間、混乱を克服できないと思われていたのだ。ロシアの勢力の残骸は、破壊する必要もないように思われた。アメリカはNATOや同盟体制を東方に拡大することで、地域の勢力均衡を思うままに生みだすことができた。

しかしアメリカはその一方で、ソ連が保有していた核兵器のゆくえにも、大きな懸念をもっていた。その量は、アメリカの保有量を超えていた。地域の混乱が拡大すれば、数あるリスクのなかでもとくに、核兵器がテロリストや闇商人の手に渡るリスクが高まる。アメリカは旧ソ連の核兵器を、自らが監視して影響力を行使できる国に、一元的に管理させることを望んだ。そしてその国とは、ウクライナやベラルーシなどではなく、ロシアだった。このようにソ連の核兵器は、ソ連を守ることはなかったが、ロシア連邦を、少なくともアメリカの介入から守ったのである。

一九九〇年代にカザフスタンやウクライナなど、ロシア以外の旧ソ連諸国は、組織化されることを強く望んでいた。アメリカがこれらの諸国を、速やかかつ強引にNATOに統合していれば、ロシアの周辺国の力と結束を強め、ロシアと旧ソ連共和国を封じ込められたはずだ。当時のロシアに、このプロセスをとめる力はなかった。

しかしアメリカはこのとおりの計画を立てながら、十分早く動かなかった。NATOが吸収したのは、東欧諸国とバルト諸国どまりだった。だがこれは重大な戦略転換であり、次の事実を考えると、さらに重大な意味をもってくる。ソ連がまだ東ドイツを支配していた時代、NATO軍とサンクトペテルブルクは、一六〇〇キロほども離れていた。しかしバルト諸国がNATOへの加盟を認められると、両者の距離は約一六〇キロに縮まったのだ。包囲され、ないがしろにされ、侵害されたというこの意識が、ロシアの今後のふるまいを方向づけることになる。

ロシアの恐れ

NATOが目と鼻の先に迫ったことで、ロシアが警戒したのも無理はない。ロシアからしてみれば、この同盟は軍事同盟以外の何ものでもなく、当座はどれほど無害に思われても、今後どうなるかは予断を許さなかった。ロシアは気運というものがいかに変わりやすいかを、これまでいやというほど思い知らされてきた。一九三二年には混乱した、貧しい、武装もままならない国にすぎなかったドイツが、その六年後にはヨーロッパの支配的な軍事勢力になっていたという、苦い経験もある。西側がNATOを拡大するのは、いつかロシアを攻撃するためだとロシアは考えた。なんといっても、NATOがヨーロッパを侵略するはずはないのだから。

アメリカや旧ソ連衛星国をはじめとするNATO加盟国には、戦略上の理由から、この機会に乗じてNATOを拡大したいという考えもあった。だがとくにヨーロッパ諸国は、NATOについて違う考えをもつようになっていた。戦争に特化した軍事同盟ではなく、友好的で進歩的な民主国家をまとめ、安定を維持することを主な役割とする、地域の国連のような組織と見なすようになったのである。

バルト諸国の加盟時が、NATO拡大の絶頂期だった。それ以降、拡大はさまざまなできごとに妨害されるようになった。ウラジミール・プーチンが権力の座に就いてから、ロシアは一九九〇年代にボリス・エリツィンの下で存在していたものとはまったく違う姿に生まれ変わった。その間、一度も機能を停止しなかった唯一の機関が、諜報機関である。諜報機関はロシアとその帝国を数世代もの間つなぎ止め、一九九〇年代には独立国家か、犯罪組織のような機能を果たしていた。KGB（旧ソ連国家保安委員会）の訓練を受けたプーチンは、世界をイデオロギーではなく、地政学の観点からとらえていた。ロシアを安定させるには、強い国家が欠かせない、とかれは考えた。そこで二〇〇〇年に政権を握ると、直ちにロシアの筋力をとり戻す計画に着手したのである。

ロシアは一世紀以上前から、欧米に比肩する産業大国をめざしてきた。だがプーチンは、ロシアが欧米にはけっして追いつけないことを悟り、天然資源の開発、探査に重点を置く国家経済戦略への転換を図った。天然資源とは、金属、穀物、そしてとくにエネルギーである。

この戦略は、ロシアが維持できる経済、しかもロシアを維持できる経済を生みだしたという点で、称賛に値した。ガス会社のガスプロムを、国営の天然ガス独占会社にして、ロシア国家を強化した。またヨーロッパがロシアのエネルギーに依存する状況を生みだし、ヨーロッパ諸国、なかでもドイツが、ロシアとの対決を自ら求めたり他国に促したりするおそれを軽減した。

アメリカとロシアの関係が転換点を迎えたのは、二〇〇四年のことだ。ロシアはウクライナの情勢から、アメリカがロシアを破壊するか、少なくともロシアへの締めつけを強めようとしていると確信するに至った。ウクライナは、ロシアの南西国境全体と接する広大な国であり、ロシアの国家安全保障のカギを握る国である。

ウクライナとカザフスタンに挟まれたロシアの領土は、幅がわずか五〇〇キロ弱だが、ロシアのコーカサスに対する影響力と、南方へ向かうパイプライン中の莫大な石油は、すべてこの隙間を通じて流れている。隙間の中心に位置するのがヴォルゴグラード、つまり旧スターリングラードだ。第二次世界大戦中、ソ連はこの隙間を閉ざそうとするドイツを阻止するための戦いで、一〇〇万の命を犠牲にしている。

二〇〇四年に行なわれたウクライナ大統領選挙で、当初の当選者ヴィクトル・ヤヌコーヴィチは、大がかりな不正を行なったと糾弾された。不正が行なわれたことに疑いの余地はなく、当選の無効と、ヤヌコーヴィチの退陣、再選挙を求めるデモが起こった。ロシア政府はオレンジ革命と呼ばれるこの騒動を、ウクライナのＮＡＴＯ加盟を狙う、親欧米・反ロシア

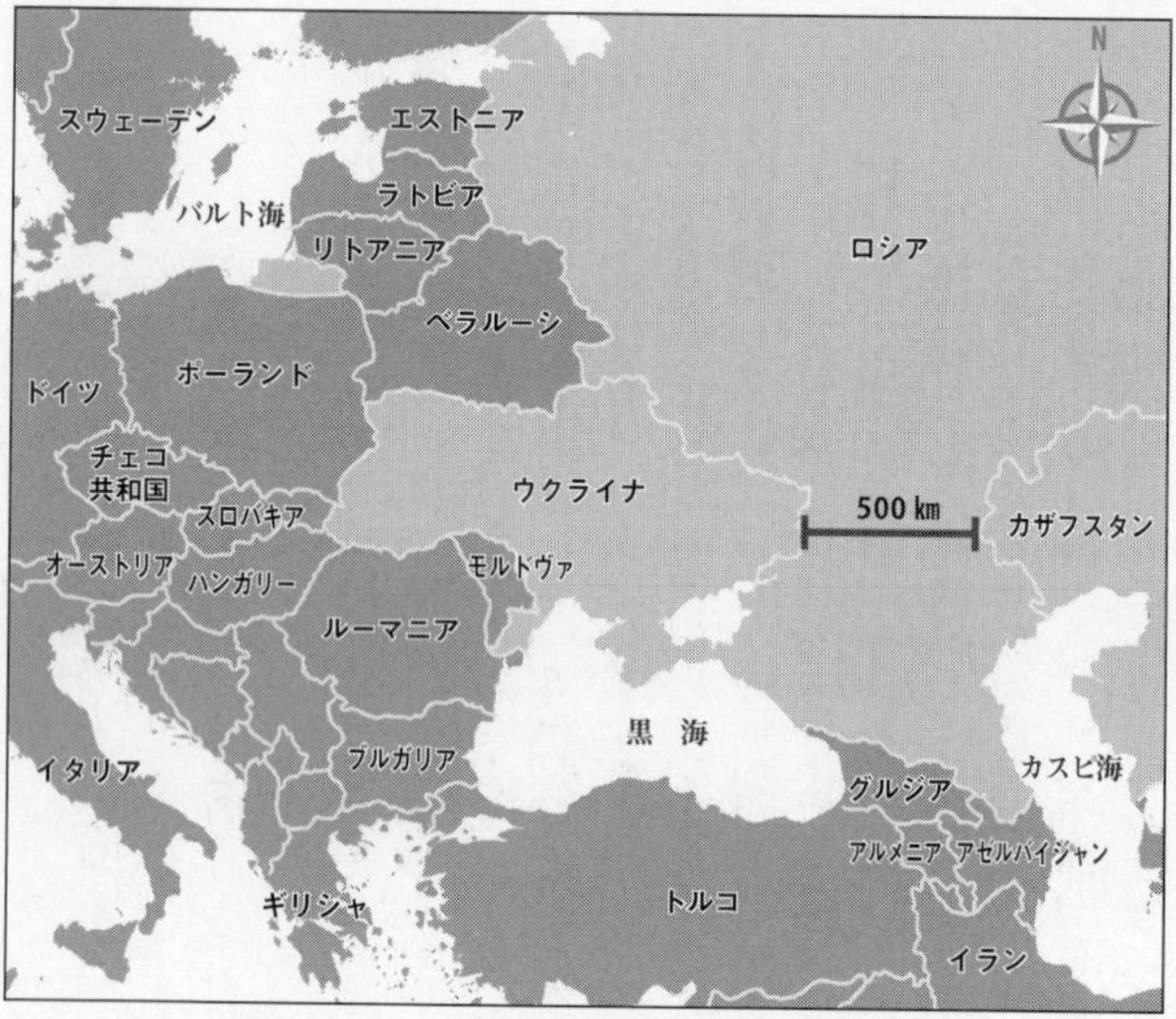

ウクライナとカザフスタンの隙間

の反乱と見なした。またロシアは、これは民衆蜂起ではなく、アメリカCIAとイギリスMI6に資金援助を受けた、注意深く仕組まれたクーデターだと非難した。ロシアにいわせれば、欧米の非政府組織（NGO）や選挙コンサルタントがウクライナに大挙して、デモを組織し、親ロシア政府を追放して、ロシアの国家安全保障を直接脅かそうとしていた。

たしかにアメリカとイギリスはこうしたNGOを支援していたし、ウクライナの何人かの親欧米派候補者の選挙運動を仕切っていたコンサルタントは、かつてアメリカでも選挙運動を指揮したことがあった。欧米のさまざまな資金源から、この国に金が流入していたのは明らかだった。だがアメリカにいわせれば、陰謀や悪意などなかった。アメリカは、民主国家を建設するために民主主義集団と協力するという、ベルリンの壁崩壊以降やってきたことをやったにすぎない。

アメリカとロシアがきっぱり袂（たもと）を分かったのは、このときである。ウクライナは親ロシア派と反ロシア派の間で分裂したが、アメリカは民主主義勢力を支援しているだけのつもりだった。アメリカが民主主義的と見なす集団が、反ロシアでもあったのは、アメリカにとっては単なる偶然だった。

ロシアにしてみれば、それは偶然などではなかった。アメリカがソ連に対して長年とっていた封じ込め政策の記憶が、まだ生々しく残っていた。今回の政策が違うのは、封じ込められる器が、以前より小さく窮屈で、はるかに危険だということだ。ロシアにとってアメリカの行動は、ロシアを防御不能にしようとする意図的な試みであり、コーカサスにおけるロシアの重要な利益を侵害する試みでもあった。しかもアメリカは、コーカサスですでにグルジアと二国間協定を結んでいた。

どれほど穏当に表現されようと、封じ込めこそが、アメリカの実際の戦略だった。勢力均衡はつねにアメリカの基本的利益である。一九九〇年代にロシア連邦を破壊し損ねたアメリカは、二〇〇四年になると地域の勢力均衡を図る動きに出た。ウクライナを基盤に据え、旧ソ連諸国のほとんどを集めてロシアの対抗勢力をつくることを、アメリカは明らかに意図していた。

アメリカの中央アジアでの行状を目の当たりにして、ロシアの恐れはさらに大きくなった。それでも、アメリカが九・一一テロ事件を受けて、アフガニスタンのタリバン政権を速やかに転覆させることを決めたとき、ロシアは二つの面で協力した。一つには、北部同盟（アフガニスタン救国・民族イスラム統一戦線）とアメリカとの間をとりもった。北部同盟とは、ソ連によるアフガニスタン占領とその後の内戦に端を発する、親ロシア勢力である。二つめの協力として、ロシアは影響力を行使して、アフガニスタンと国境を接するウズベキスタン、タジキスタン、トルクメニスタンの三国に、空軍と陸軍の拠点を確保し、アメリカが侵略軍を支援できるようにしてやった。またロシア領土上空を飛行する特権をアメリカに与えたおかげで、アメリカ西海岸からヨーロッパへの飛行がきわめて容易になった。

ロシアには、アメリカが隣接国に置いた拠点は一時的なもの、という理解があった。ところが三年が過ぎても、アメリカは去る気配を見せなかった。その間アメリカは、ロシアの反対を押し切ってイラクを侵攻し、いまやどう見ても長期占領の泥沼にはまっていた。そのうえウクライナとグルジアにも深く関与し、中央アジアには大規模な駐留軍を置いていた。こうした行動は別々に見れば、ロシア政府の利益をそれほど損なうものではなかったが、すべて足し合わせると、ロシアを抑えつけるために申し合わせてとられた行動のように思われた。

なかでもアメリカ軍のグルジア駐留は、意図的な挑発としか思われなかった。なぜならグルジアは、ロシア連邦のチェチェン共和国と隣接しているからだ。もしチェチェンがロシア連邦から分離すれば、ほかの共和国も後に続き、体制全体が崩壊するのではないかと、ロシアは恐れた。またチェチェンはコーカサスの北限の山岳地帯に位置するが、かつてこの山脈の深くにまで届いていたロシアの勢力は、すでに数百キロも後退していた。もしロシアがこれ以上後退するようなことがあれば、コーカサスから完全に締めだされ、防御不能な平地に押し戻されてしまう。そのうえ、チェチェンの首都グロズヌイを、ロシアの重要な石油パイプラインが通っていた（現在はチェチェンの妨害工作のせいで使用できなくなっている）。このパイプラインを失うようなことがあれば、ロシアのエネルギー輸出戦略に重大な支障が出る。

一九九〇年代当時ロシアは、グルジアが領内のパンキシ渓谷と呼ばれる地域を経由して、チェチェンに武器が流入するのを黙認していたと信じていた。またグルジアに特殊部隊の顧問を置いていたアメリカが、よくいっても流入を阻止する手だてを何も講じず、悪くいえば助長していたと、ロシアは確信していた。

アメリカは基本方針に沿って、この地域のとくにグルジアをはじめとする諸国と友好関係を築こうとしていたが、アメリカがもはや本格的な戦力投射を行なえないことは、だれの目にも明らかだった。海軍力と空軍力には余裕があったが、地上戦力はイラクとアフガニスタンでの戦いで枯渇していた。

ロシアにとってはこれだけでも心理的に十分大きな衝撃だったが、続くイラク戦争が与えた政治的影響も大きかった。イラク問題をめぐってアメリカ、フランス、ドイツの間に生じた亀裂と、ヨーロッパがブッシュ政権に抱いていた全般的な反感のせいで、ヨーロッパ諸国、とくにドイツでは、アメリカのNATO拡大計画やロシアとの対決を支援する気運は、著しく低下していた。そのうえ、ロシアはドイツの天然ガス需要の半分を供給することで、ドイツを依存状態に置いていたため、ドイツはロシアと対決するつもりなどなかった。このように軍事力の不均衡と外交関係の緊張が相まって、アメリカは行動の余地を大幅に狭められたが、その後も惰性から影響力を強化しようとした。

プーチンは二〇〇五年四月二五日の年次教書演説で、ソビエト連邦の崩壊は「前世紀最大の地政学的惨事」だったと言明した。ソ連崩壊がもたらした影響を多少なりとも覆したいという意向を、公式に表明したのだ。ロシアはもう世界覇権国ではないが、地域内では――アメリカなきいま――圧倒的な力を誇っていた。イラクとアフガニスタンでの戦争のせいで、アメリカはいないも同然だった。プーチンはこの状況を利用して、戦力増強に動いた。また一次産品輸出で得た収入で、政権の強化を図った。折からの商品価格上昇を考えると、幸運な決断だった。またプーチンはKGBの後身である連邦保安局（FSB）と対外情報局（SVR）の諜報能力を駆使して、旧ソ連時代の重要人物の居場所をつきとめ、利用しようとした。そのほとんどが、ソビエト体制下で活発な政治活動を行なっており、旧共産党員であるか、少なくともFSBに身元が割れていた。人間だれしもすねに傷をもっているが、プーチンは最強の手段を利用して、こうした弱みにつけこんだ。

二〇〇八年八月にグルジア政府は、まだ完全には明らかになっていない理由から、南オセチア共和国を攻撃した。この地域はかつてグルジアに属していたが、その後分離し、一九九〇年代からは事実上独立状態にあり、ロシアとは同盟関係にあった。プーチンは、あたかもこの攻撃を予期していたかのような対応をとった。わずか数時間のうちに反撃して、グルジア軍を降伏に追いこみ、グルジア領の一部を占領したのである。

　この反撃の主な狙いは、ロシアがまだ戦力を投射する力をもっていることを見せつけることにあった。ロシア軍は一九九〇年代に一度崩壊していたため、プーチンはロシア軍が力を失ったという認識を払拭する必要があった。それだけではない。かれはアメリカの友情や保証に何の意味もないことを、旧ソ連諸国に示したかったのだ。これは小さな国への小さな攻撃だったが、アメリカに非常に親しい国への猛攻でもあった。この軍事行動は、周辺地域や東欧諸国に衝撃を与えたが、アメリカからの反撃がなかったこと、またヨーロッパが無関心をきめこんだことも、同じように動揺を与えた。アメリカは外交文書を送ったほかは、何も行動を起こさなかった。このことは、アメリカが遠く離れた国であり、ロシアが非常に近い国であるという事実を、改めてつきつける結果となった。アメリカは中東に地上軍を駐留させているかぎり、これからも行動を起こすことはできない。ウクライナの親ロシア勢力は、ロシア諜報部の支援のもとに、オレンジ革命の結果を覆すプロセスを始動させた。二〇一〇年の選挙では、オレンジ革命で追放された人物が、親欧米政権にとってかわった。

　アメリカは対応が後手に回ったことで、イラクで自らの戦略均衡を失いつつあったそのときに、ロシアの均衡回復を許してしまった。ロシアの周縁部に戦力を集中投入し、封じ込め体制を強化する必要があったそのとき、アメリカ軍は別の場所におり、ヨーロッパの同盟国は弱すぎて役に立たなかった。アメリカ大統領が、このような過ちや機会の逸失を避けるには、次の一〇年に一貫性のある新しい戦略を採用しなくてはならない。

ロシアの再浮上

ロシアは長期的には弱い国である。エネルギー生産に特化するというプーチンの戦略は、短期的に景気を浮揚させるには最適の手段だが、ロシアが大規模な経済発展という、より大きな目的を達成するには、構造的な弱点に対処しなくてはならない。しかしロシアの弱点は、容易に克服しがたい地理的問題に根ざしている。

ロシアは工業国には珍しく、面積の割に人口が少なく、しかもその人口は広大な国土に分散しており、警察機構と共通の文化によって、かろうじて結びつけられている。モスクワやサンクトペテルブルクのような大都市でさえ、巨大な都市圏の中心地ではない。これらは自立型の都市であり、広大な耕地と森林によって互いから隔てられている。ロシアの人口が減少しているという事実を抜きにしても、現在の人口分布では、近代的な経済発展を遂げるのはおろか、食糧を効率的に流通させることさえ、不可能とはいわないまでも困難である。都市と農業地帯を連結するインフラも、産業と商業の中心地を結ぶインフラと同様、貧弱である。

連結性の問題は、ロシアの河川が不都合な方向に流れているために生じる。アメリカの河川は、農村地帯と食料の流通拠点となる港を結びつけているが、ロシアの河川は、障壁にしかならない。ロシア皇帝も、帝政ロシアの鉄道債も、スターリンとかれの計画的飢饉でさえ、この問題を克服するには至らなかった。それに経済活動を支える連結インフラ——広大な鉄道・道路網——を構築するには、いまも膨大な費用がかかることに変わりはない。ロシアはいつの時代も、経済力を超える軍事力をふりかざしてきた。しかし永遠にそれを続けるわけにはいかない。

ロシアは、ドイツがエネルギー供給をロシアに依存し、しかもアメリカの気が中東にそれているという、二重のチャンスがあるうちに、目下の問題に全力でとりくまなくてはいけない。それは不況下でももちこたえられる永続的な体制を、域内外に構築することだ。

域内の体制は、すでに現われつつある。ロシアはベラルーシ、カザフスタンと経済同盟を設立することで合意し、現在共通通貨の導入が検討されている。アルメニア、キルギス、タジキスタンも加盟に関心を示し、ロシアはウクライナ加盟案を提出した。この関係はEUのような、何らかの形の政治同盟に発展するかもしれない。このような連携は、旧ソ連の中心的機構を再現するのに役立つだろう。

ロシアに必要な域外の体制は、さらに重要であり厄介でもある。すべてはヨーロッパ、とくにドイツとの関係から始まる。ロシアはドイツが潤沢にもっている技術を、ドイツはロシアの天然ガスを、それぞれ必要としている。ドイツはロシアの天然資源の支配をめぐって過去に二度戦い、いずれも敗れている。資源への関心はいまも薄れていないが、軍事力ではな

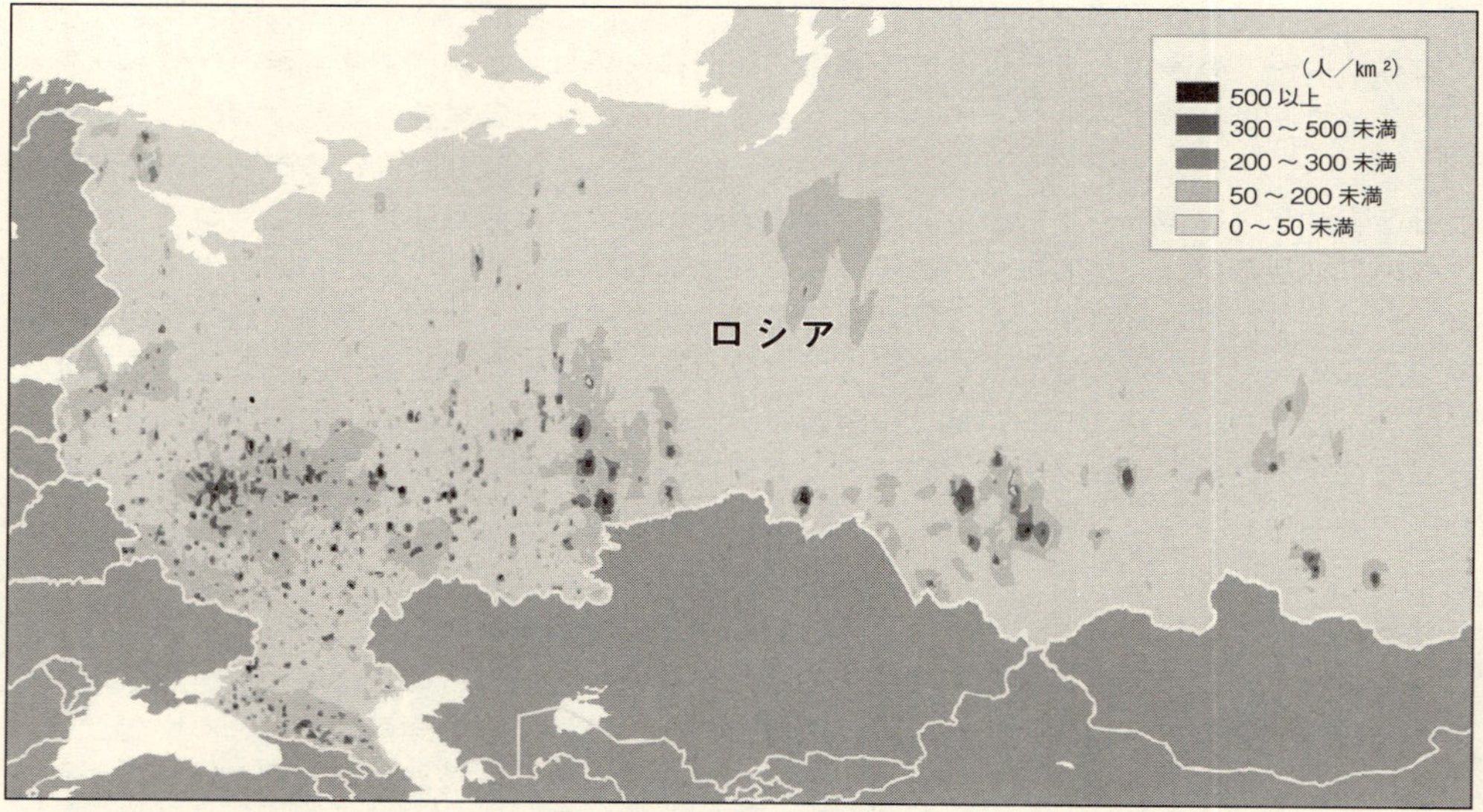

ロシアの人口密度

く外交を手段としている。ドイツとの、この互いに補完し合う関係を利用したいという目論見が、次の一〇年のロシアの戦略の中心を占めるだろう。

これから見ていくように、ドイツはEUの牽引役だが、そのEUは思いもよらぬ重荷を背負いこんでいる。ドイツは中東でのアメリカの軍事行動にほとんど関心がなく、NATOの勢力と、それとともにアメリカの勢力を、ロシア周辺まで拡大することに至っては、何の関心もない。アメリカと距離を置くことを望み、EU以外の選択肢を求めている。ロシアとの協力体制の強化は、ドイツには悪い話ではなく、ロシアにとってはまたとない話だ。プーチンは、ドイツ人がロシアに抱いている恐れと不信を理解できる程度には、ドイツ人のことを知っている。その一方で、ドイツが戦後世界の枠組に収まり切らなくなったことや、深刻な経済問題に直面していることも理解している。ロシアの資源を必要としていることも理解している。

ロシアは、自らの支配する勢力圏の再建と、ドイツとの構造的関係の構築を同時進行で行なう構想を、確実かつ早急に進めなくてはならない。なぜなら時間的余裕がないからだ。EUを混乱させたり、EUとドイツとの関係をかく乱しないよう努め、ロシアが信頼できるパートナーだということをドイツにわからせなくてはいけない。ロシアはこうした施策を永続的ではないにせよ、本物の力をちらつかせながら進めるだろう。

ロシアがここ数年の間に作戦機会を少しでも得るには、アメリカをヨーロッパと切り離す必要がある。同時に、あらゆる手を尽くして、アメリカをイラク、アフガニスタン、できればイランに縛りつけておく。ロシアにとってアメリカの対テロ戦争は、ベトナム戦争のようなものだ。なぜならこの戦争は、ロシアからアメリカ軍と対決する重荷をとり除き、アメリカが対イラン制裁といった措置について、ロシアの協力に頼らなくてはならない状況を生みだしているからだ。ロシアは反米勢力やイラン、シリアなどへの武器輸出をちらつかせてアメリカを脅し、手玉にとり続けることができる。かくしてアメリカはロシアの懐柔に奔走し、身動きがとれなくなる。だがじつのところ、ロシアが最も望んでいるのは、アメリカが戦争の泥沼にいつまでもはまっていることなのだ。

このロシアの戦略から、アメリカが対テロ戦争にのめりこんだことの代償が明らかになる。またアメリカにとって、イスラム急進派とロシアに適切に対応することが、いかに急務であるかを示している。ロシアの一挙一動の裏に、アメリカの地政学的悪夢が見え隠れしている。

アメリカの戦略

アメリカのユーラシア（一般にロシアとヨーロッパ大陸を指す）における関心は、ほかの地域と同じ、どの一つの勢力や同盟にも地域を支配させないことだ。しかしロシアとヨーロッパが統合すれば、人口、技術、工業力、天然資源で、少なくともアメリカと並ぶか、おそらくは超える勢力が誕生する。

二〇世紀にアメリカは、ユーラシアの統一をもたらしアメリカの基本的利益を脅かすおそれのある、ドイツとソ連の協商を阻止するために、三たび行動を起こした。一九一七年、ソ連はドイツと単独講和を結び、第一次世界大戦におけるイギリスとフランスの形勢を不利にした。アメリカは第二次世界大戦に介入し、イギリスと、とくにソ連に物資を供給した。ソ連はドイツ国防軍を叩き、ドイツに広大な領土を乗っとられるのを阻止した。一九四四年にアメリカは西ヨーロッパに侵攻し、ドイツだけでなくソ連をも阻止した。一九四五年から一九九一年まで、アメリカはソ連のユーラシア支配を阻止するために、莫大な資源を投じた。

ドイツ・ロシア協商に対してアメリカがとるべき策は、次の一〇年も、二〇世紀と同じでなくてはならない。アメリカは引き続き手を尽くしてこの協商を阻止し、ロシアの勢力圏がヨーロッパにおよぼす影響を抑えなければならない。軍事的に強大なロシアの存在そのものが、ヨーロッパのふるまいを変えてしまうからだ。

ドイツはヨーロッパの重心であり、ドイツが立ち位置を変えれば、ほかのヨーロッパ諸国もそれに合わせて立ち位置を変えざるを得なくなる。おそらく多くの国が動き、地域全体のバランスが傾くだろう。ロシアが再興し、旧ソ連諸国に対する掌握を強化すれば、そのほとんどを従わせることができる。この関係は、当初どれほど非公式であっても、ゆくゆくは実体を伴う関係に発展するはずだ。各部がぴったりかみ合うのだから、そうならないはずがない。この結果、アメリカとヨーロッパの関係は歴史的転換を迎える。ヨーロッパのみならず、世界全体のパワーバランスが根本的に変化し、それがどのような結果をもたらすかは、まったく予断を許さない。

ベラルーシとロシアが連合する可能性は十分ある。これが実現すれば、ロシア軍がヨーロッパの前線にやって来る。じっさい、ロシアはすでにベラルーシと軍事同盟を結んでいる。これにウクライナが加われば、ロシア軍がルーマニア、ハンガリー、スロバキア、ポーランド、そしてバルト諸国——すべて旧ソ連の衛星国である——の国境に押し寄せ、制度的形態は異なれど、ロシア帝国が復活することになる。

とはいえ、最前線の後方に控える諸国は、ロシアよりもアメリカに懸念をもっている。アメリカは、経済におけるパートナーというよりはライバルであり、ヨーロッパを望まない紛争に引きずりこもうとする、迷惑な存在でもある。それにひきかえロシアは、ヨーロッパの先進諸国と連携することで、経済的な相乗効果が期待できる。

旧ソ連衛星国は、ヨーロッパ諸国にとって、モスクワとの物理的な緩衝地帯でもある。これらの国のおかげで、ロシアと手を結んだ場合にも、地域内の安全が保障される。ヨーロッパは東欧諸国の懸念を理解しているものの、この関係のもたらす経済的恩恵と、東欧諸国がヨーロッパの他地域に経済的に依存する状況が、ロシアを抑止すると考えている。ヨーロッパには、アメリカとの関係を縮小してロシアと新たな互恵関係を築いたとしても、戦略的緩衝地帯を保険にできるという強みがある。このことは、アメリカを深刻なリスクにさらしている。したがってアメリカ大統領は、ロシアを封じ込め、ロシアが自らの長期的な固有の弱点から自壊するよう仕向けなくてはならない。対テロ戦争の終結を待っていたのでは遅すぎる。いますぐ行動を起こす必要がある。

もしドイツとロシアが今後も協調に向かうならば、アメリカにとって、またアメリカの政策にとって、バルト海と黒海に挟まれたポーランド、ハンガリー、スロバキア、ルーマニアなどの国々が、非常に重要な意味をもってくる。なかでもポーランドは最も規模が大きく、戦略的に最も重要な位置にある。それにポーランドは最も失うものが大きく、しかもその恐れをはっきりと自覚している。ポーランドは、ＥＵに加盟したが、ドイツ・ロシア協商に巻きこまれるようなことは何としても避けたい。ポーランドなど東欧諸国が恐れているのは、この二つの宿敵のどちらか、または両方の勢力圏に引き戻されることだ。

第一次世界大戦でオーストリア・ハンガリー、ロシア、オスマン、ドイツの各帝国が崩壊するまで、東欧諸国のほとんどがまだ独立しておらず、たいてい分割され、従属させられ、搾取されていた。ハンガリーなど、抑圧がそれほどひどくない国もあったが、むごい迫害を受けた国もあった。だがどの国にとっても忘れられないのが、ナチスと、のちのソ連による占領である。占領は残忍をきわめた。もちろん今日のドイツとロシアの体制は、かつてのものとは違うが、東欧の人々にとって、占領はそう遠い昔の話ではないのだ。ドイツ・ロシアの力場にとらわれた苦しみの記憶が、東欧諸国の国民気質をつくっている。そしてこの記憶が引き続き、次の一〇年東欧諸国のふるまいを方向づけるだろう。

とくにポーランドがそうだ。ポーランドはドイツ、ロシア、オーストリアに吸収された時代がある。ポーランドがこれまで繰り返し行なってきた妥協は——妥協が許された場合だが——国土の割譲である。ポーランドにとって、割譲はいまなお悪夢である。第一次世界大戦後に独立を果たしたポーランドは、ソ連の侵略を排するために戦った。この二〇年後には、ドイツとソ連が、ポーランド分割の密約〔独ソ不可侵条約秘密条項〕に基づいて、同時にポーランドを侵略した。その後の半世紀にわたる、冷戦時代の共産主義体制は、悪夢としかいいようがなかった。

ポーランドは戦略的に重要な位置を占めるがゆえに、苦しめられてきた。ドイツとロシアの両方と国境を接し、フランスの大西洋沿岸からサンクトペテルブルクに向かって、目抜き通りのように伸びる北ヨーロッパ平野の中央に位置する。ほかの東欧諸国もポーランドと見解を同じくするが、カルパチア山脈の奥に位置するため、ポーランドに比べれば地理的に安全だ。

東西が無防備なポーランドは、ドイツとロシアの決定には何であれ、従うしかない。このことは、アメリカにとって大きな痛手となる。したがって、ロシアとドイツからポーランドの独立を守ることは、アメリカの利益になる。独立を公式に保証するだけでなく、東欧諸国の模範となり牽引役となるような、自立的で強力な経済と軍を、ポーランドに構築しなくてはならない。ポーランドは、昔からドイツとロシアの喉につき刺さった小骨であり、しっかり刺さったままにしておくことは、アメリカの利益になる。ドイツと手を組めばロシアの脅威になり、ロシアと手を組めばドイツの脅威になるポーランドを、両方にとって脅威にしておかなければならない。どちらの国にも安泰だと思わせるわけにはいかないからだ。

次の一〇年に、アメリカとポーランドの関係は、二つのはたらきをする。ドイツ・ロシア協商を阻止または制限するか、それに失敗した場合には対抗勢力になる。アメリカはポーラ

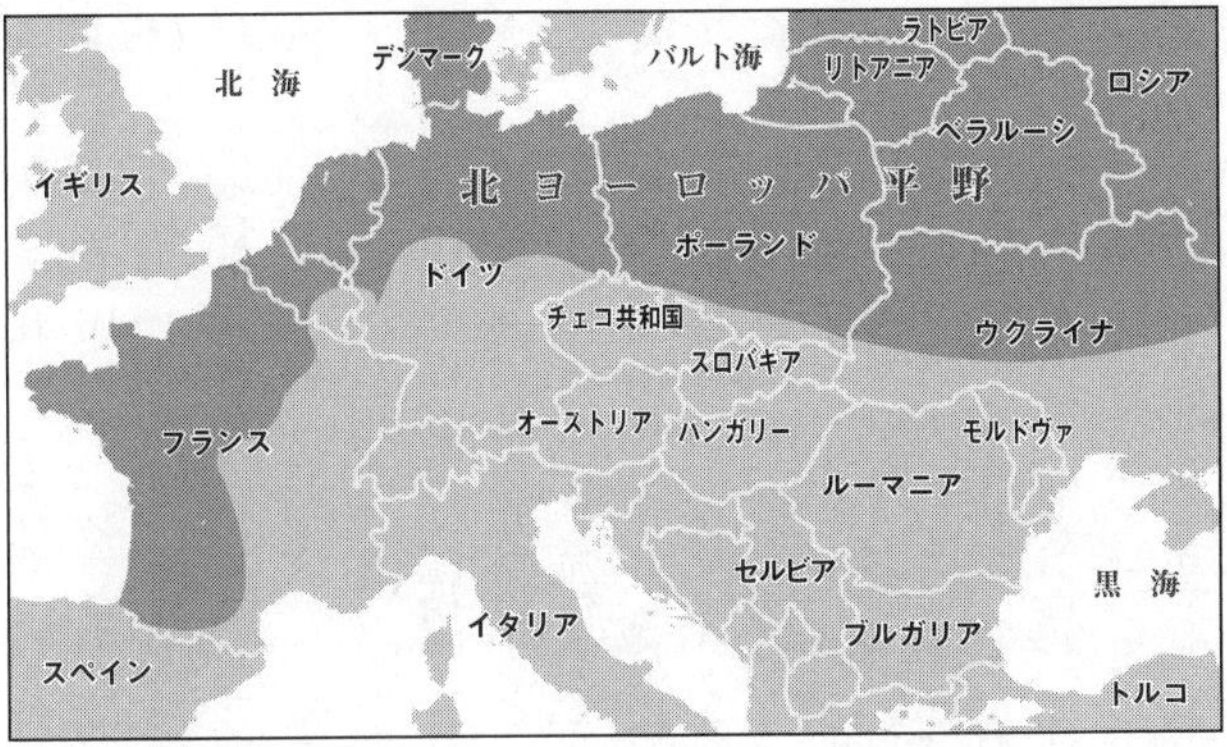

北ヨーロッパ平野

ンドをいますぐ必要としている。ドイツ・ロシア間の同盟と釣り合いをとるための戦略が、ほかにないからだ。ポーランドからすれば、アメリカとの友好関係は、隣国から身を守るのに役立つ。だがポーランドには特殊な問題がある。第二次世界大戦初期にドイツの侵攻を受けたとき、イギリスとフランスが、ドイツからポーランドを守るという約束を反故にして、軍事援助を与えなかったことが、ポーランドの国民気質に暗い影を落としているのだ。裏切りに過敏に反応しやすいポーランドは、信頼できないパートナーとの協調より、敵対勢力との和解を選ぶだろう。だからこそアメリカ大統領は、ためらいやおよび腰を見せてはならない。つまり、いろいろな意味で自らの退路を断つような戦略的決定を下すということだ。それは不安な決断になる。優れた大統領は、つねに選択の自由を確保しておきたいものだからだ。だが駆け引きの余地を残しておくことにこだわると、ポーランドの協力を得るという選択肢は、あっという間に閉ざされてしまう。

ジョージ・W・ブッシュ政権は、東欧に弾道ミサイル防衛システムを配備する計画に、逃げ道を用意した。この計画の狙いは、とくにイランなどのならず者国家が弾道ミサイルを発射した場合に迎撃するシステムを構築することだった。チェコ共和国に探知レーダーシステム、ポーランドには迎撃ミサイルを配備する計画だった。これと併せて、ポーランドにはF-16戦闘爆撃機やパトリオットミサイル〔長距離地対空ミサイル〕などの高性能兵器が供給された。システムはどこに配備してもよかった。ポーランドに配備したのは、この国がアメリカの戦略的利益に欠かせないことを明らかにし、アメリカとポーランドの協力関係を、NATOという枠組を超えて強化するという狙いがあった。ロシアはこの意図を察知し、何としてでも計画を阻止しようとした。

システムに迎撃できるのは、ごく少数のミサイルだった。それにロシアは莫大な数のミサイルを保有している。それでもロシアは、ポーランドへの配備に反対した。じつはロシアが問題視したのは、ミサイル防衛ではなく、アメリカが戦略兵器システムをポーランドの領土内に配備したことだった。戦略兵器システムを設置すれば、それを防衛する必要が生じる。そして、弾道ミサイル防衛（BMD）システムが、アメリカのポーランドへの多大な献身の始まりにすぎないことを、ロシアは察したのだった。

オバマ政権は発足後、ロシアとの関係を「リセット」したいと考えた。だがロシアは、冷戦時のような敵対関係に戻るつもりはないが、ポーランドへの配備が撤回されないかぎり、アメリカとの関係改善はないと言明した。ポーランドはすでにこのシステムを、アメリカのポーランドへの献身を示す象徴と見なすようになっていた。システムはポーランドを守るわけでもなく、かえって攻撃の標的にするおそれがあるのにである。裏切りに過敏なポーランドは、アメリカ政府との関係を切実に必要としていた。最終的にオバマ大統領がポーランドへの配備を撤回し、洋上配備を決定すると、ポーランドはアメリカがロシアと取引しようとしていると考え、パニックに陥った。アメリカはポーランドに対する姿勢をまったく変えていないのに、ポーランドは変えたと思いこんだ。

ポーランドがこれをただの交渉材料と見なせば、信頼は崩れる。次の一〇年で、アメリカがポーランドを裏切れるのは、一度きりだ。そしてそれが許されるのは、アメリカにそれ以上のメリットがある場合にかぎられる。しかしドイツとロシアの間に打ちこまれた強力なくさびを守ることが、アメリカの最大の利益であることを考えれば、それ以上のメリットがあるはずがない。

バルト諸国となると、また事情は違ってくる。バルト諸国は、ロシア第二の都市サンクトペテルブルクに銃剣をつきつけるような形で並んでおり、またリトアニアの東側国境が、ベラルーシの首都ミンスクからわずか一六〇キロほどしか離れていないことから、アメリカにとってはまたとない攻撃拠点となる。

とはいえアメリカには、ロシアを侵攻する軍事力も関心もない。またアメリカの戦略は攻撃的だが戦術は防御的であることを考えると、バルト諸国はかえって足手まといになる。長さは約五〇〇キロ、幅はどこをとっても三二〇キロを超えることのないバルト諸国は、防御しようがない。ただし、サンクトペテルブルクのロシア海軍を阻止するうえでは役に立つ。つまりバルト諸国との関係は、アメリカにとって利用価値はあるものの、維持するには費用がかかりすぎる。したがってアメリカ大統領はロシアを抑止するために、バルト諸国に完全に肩入れしているように見せかけながら、その一方でこの地域から撤退する合意とひきかえに、ロシアからできるかぎりの譲歩を引きださなくてはならない。ポーランドが神経過敏なことを考えれば、このような駆け引きはできるかぎり遅らせた方がいい。あいにくロシアはこの事情を察知して、バルト諸国にできるだけ早く圧力をかけようとするはずだ。このことが、当初の明らかな火種になるだろう。

ドイツに何が起ころうと、アメリカにとって、バルト海の出口をふさぐデンマークと緊密な二国間関係を維持することが、きわめて重要である。ノルウェーは、ノールカップ岬がムルマンスクのロシア艦隊を阻止する拠点になるという点で、利用価値がある。同じくアイスランドも、ロシアの潜水艦を探知するための絶好の拠点となる。いずれもEU加盟国ではなく、またアイスランドは二〇〇八年の金融危機に際しての経済措置をめぐって、ドイツに恨みを抱いている。したがっていずれの国も、大したエサがなくても抱きこめるだろう。

ロシアとの残りの境界はカルパチア山脈であり、その背後にはスロバキア、ハンガリー、ルーマニアが控える。アメリカにとっては、この三国と友好関係を保ち、軍事力構築を促すことが、戦略上欠かせない。ただし、カルパチア山脈は侵略の大きな障害となるため、最低限の軍事力があれば事足りる。三国はポーランドほどの危険にさらされておらず、術策の余地が大きいため、より複雑な政治的駆け引きが必要になる。だがロシアがカルパチア山脈を越えないかぎり、またドイツがこの三国を経済的に完全に従属させないかぎり、アメリカは単純な戦略で状況に対処することができる。三国の経済力と軍事力を強化し、アメリカと友好関係を保つことが有利になる状況をつくりだし、そしてひたすら待つのだ。ロシアを勢力圏内で挑発するようなことはせず、ロシアとヨーロッパ諸国の経済関係を妨害もしない。アメリカのせいで戦争に引きずりこまれるという不安を、ヨーロッパ諸国にもたせるようなことは一切行なわない。

コーカサスで、アメリカは現在グルジアと協調関係にある。グルジアはいまもロシアから圧力を受けており、長期的な政治情勢は、控えめにいっても予断を許さない。グルジアの背後に控えるアルメニアとアゼルバイジャンも、問題をはらんでいる。前者はロシアの同盟国であり、後者はトルコに近い。アルメニアはトルコに歴史的な敵意をもち、いつの時代もロシアの方に近かった。アゼルバイジャンはトルコ、イラン、ロシアのバランスを図ろうとしている。

アメリカにとって、人口四〇〇〇万のポーランドに立場を確保することは、それほど難しいことではない。しかし、人口わずか四〇〇万で、ポーランドよりはるかに発展の遅れたグルジアに肩入れを続ける方が、ずっと困難である。それにグルジアで敗北を喫すれば――つまり親ロシア政権が誕生し、アメリカの軍事顧問団や軍隊の撤退を要求するようになれば―

—ポーランドにまで不安をもたれてしまう。

コーカサスの状況を打開できる国は、トルコしかない。ロシアの国境が北方に移動したことで、古い歴史をもつアルメニア、アゼルバイジャン、グルジアの三国が姿を現わしたのに対し、トルコの国境は動いていない。アメリカにとっては、ロシアの境界線がコーカサス内のどこかにあるかぎり、どこにあるかは問題ではない。唯一起こりうる破滅的結果は、ロシアによるトルコ占領、またはロシアとトルコの同盟である。前者はあり得ないが、後者はより現実味を帯びた危険だ。

トルコとロシアは歴史的な宿敵である。二国は黒海に面する帝国として、バルカン半島とコーカサスでしのぎを削ってきた。より重要なことに、ロシアにとってボスポラス海峡は、地中海に通じる閉ざされた門である。トルコは、とくにロシアに石油を依存しているため、次の一〇年にはロシアと手を結ぶかもしれないが、いまコーカサスにある国境を南方に後退させたり、ボスポラス海峡を何らかの方法で明け渡すことは決してない。となると、トルコはただ存在するだけで、アメリカのロシアに関する利益にかなう。またアメリカは、ロシアが確実に封じ込められているかぎり、コーカサスのどこに国境があろうとまるで関心がないため、グルジアに大いに肩入れすることは、アメリカにとってほとんど無意味だ。グルジアは、ほとんどメリットがないまま、大きな負担になっている。したがってアメリカのグルジア戦略は、廃止されなくてはならない。現行戦略は、こうした立場が何のリスクもコストも伴わないとアメリカが信じていた時代の遺物なのだ。リスクもコストも上昇しているこの時ばならない。

期、グルジアが資産ではなく負債であることを認識し、リスクをより注意深く管理しなければならない。

次の一〇年で、アメリカが新たな協力体制に心理的ダメージを与えずに、グルジアとコーカサスから身を引くチャンスは、わずかながらある。だがグルジアを見捨てれば、ポーランドをはじめとする東欧諸国は間違いなく心理的不安をおぼえ、すばやく自分の立場を計算しなおすだろう。ポーランドとロシアが対決するのを待っていても、ストレスが高まるだけだ。したがって、アメリカが対グルジア戦略をできるだけ早く見直すことには、四つの利点がある。第一に、東欧諸国の心理を落ちつかせるための時間稼ぎができる。第二に、アメリカがロシアの圧力からではなく、独自の理由からこの措置をとることを示せる。第三に、アメリカが立場を変えうることをトルコに知らしめ、自信を深めているトルコに、アメリカを警戒させ、トルコの動きを牽制できる。第四に、アメリカはコーカサスでの後退とひきかえに、中央アジアでのロシアの譲歩を要求することができる。

アメリカはアフガニスタンで戦い続けるかぎり、後方支援のために、近隣諸国に制約されずに自由に行き来する必要がある。アメリカ企業も、中央アジアの油田やガス田へのアクセスを必要としている。アメリカはゆくゆくはアフガニスタンから撤退するため、地域の支配的勢力になることができない。アメリカがここを支配するのは地理的に不可能であり、ロシアにはそれがわかっている。

アメリカはかつてグルジアと交わした約束を、今後は守らないだろう。だが大きな目で見れば、この裏切りによって、ほかの約束を守れるようになる。グルジアはアメリカにとってそれほど利用価値がないが、ロシアにとっては、南側国境の安全を保障する存在として、利用価値は計りしれないほど大きい。ロシアはグルジアとひきかえに多大な代償を支払う用意があり、アメリカは自発的に即時撤退することで、多くの条件を要求できる。

ロシアの代償とは、イランに武器を供給しないこと、そしてアメリカのイランへの和解の申し入れが失敗した場合に、実効性のある制裁措置に参加することだ。イランへの申し入れが成功すれば、アメリカはこの地域、とくにシリアへの武器輸出を停止するよう、ロシアに要求できる。このような合意を、イランへの申し入れと同時にとりつけることができれば、申し入れに説得力をもたせられる。またアメリカの信頼性を高め、アメリカの選択肢も拡大できる。そのうえ、アメリカの軍事設備をポーランドに構築する時間稼ぎにもなる。

グルジアは、アメリカのコーカサスでの足がかりとしては、アゼルバイジャンに比べて、ずっと利用価値が低い。アゼルバイジャンはロシアともイランとも国境を接し、トルコと緊密な関係を維持しているばかりか、主要な産油国でもある。アルメニアはロシアの同盟国であり、グルジアは強大な経済基盤を欠いているのに対し、アゼルバイジャンは経済資源が豊富で、アメリカの軍事行動の拠点になりうる。そんなわけで次の一〇年には、撤退と再編の戦略が必要となる。どちらの戦略も必要だ。現在の戦略では用をなさない。

アメリカのグルジア撤退が、決定的ではなく、段階的な撤退で、いつでも覆せることを、ロシアにわからせることができれば、真に満足の行く譲歩を引きだし、アメリカの戦略的立場を正当化することができる。これはある意味ではったりだが、優れた大統領ははったりをかけ、裏切りを正当化できなくてはならない。

ロシアをどう扱うか

ロシアは世界におけるアメリカの地位を脅かす存在ではないが、ヨーロッパ、とくにドイツと手を結ぶ可能性があるというだけで、次の一〇年の最大の懸念になる。この脅威は、実現するとしても遠い先のことだが、つぼみのうちに摘みとらなくてはならない。ドイツには、冷戦時代のように、ソビエト帝国に対する防衛線としての役回りは期待できない。次の一〇年で、アメリカはポーランドに手を貸し、一九五〇年代のドイツのような存在にしなければならない。ただしロシアの脅威は、当時のように深刻で、強大で、均一ではない。アメリカとロシアはこの地政学的対立と並行して、ほかの地域では経済的、政治的協力を進めるだろう。われわれの父親の世代が経験した冷戦とは時代が違うのだ。両国は中央アジアや、さらにはコーカサスでも協力を進めながら、ポーランドやカルパチアでは対決するだろう。

長い目で見れば、ロシアは問題を抱えており、国際舞台で主役級を張り続けることはできない。一次産品輸出で莫大な収入を得ているが、それでは経済を築くことはできない。深刻な人口減少に見舞われており、不利な地理的構造は変わっていない。だが地政学では一〇年を長期とはいわない。ソ連崩壊だけでも、完了するのに一〇年かかった。次の一〇年に、ロシアとヨーロッパの脅威はしつこくアメリカにつきまとい、大統領はアメリカの世界戦略の均衡回復を図ろうとする間、この脅威にとらわれ続けるだろう。

第8章の概要

- アメリカはイラクとアフガニスタンに気をとられた隙に、ロシアの再興を許した
- ロシアは長期的には弱体化するが、当面は大きな脅威になる
- 次の一〇年にアメリカはロシアとドイツの接近を阻止し、対抗勢力としてポーランドの強化を図る
- またグルジアとコーカサスからの撤退とひきかえに、ロシアの譲歩を引きだすだろう

第9章

ヨーロッパ
——歴史への帰還

現代ヨーロッパは、地獄からの脱出口を探し求めている。二〇世紀前半には、第一次世界大戦のヴェルダンの戦いから第二次世界大戦のアウシュヴィッツまで、ヨーロッパ中で大量殺戮（さつりく）が繰り広げられた。後半は、米ソの核戦争がヨーロッパを舞台に行なわれるのではないかという恐怖にさらされた。流血と混乱に疲弊したヨーロッパは、すべての紛争は経済紛争に限られ、EUの官僚がそれに対処するような世界を夢に描くようになった。ヘーゲル的なイデオロギー闘争が解決する、「歴史の終わり」が来たという説までが登場した。ソ連崩壊から二〇年の間、ヨーロッパではようやくユートピアが見つかったと思われていた。しかしいま、将来はずっと不確かだと考えられている。次の一〇年を予測すると、塹壕（ざんごう）や強制収容所の時代に逆戻りするはずはないが、大陸の地政学的緊張の高まりが予想され、より深刻な対立の芽も見られるだろう。

次の一〇年にヨーロッパが経験するジレンマは、二つの問題からなる。一つは、ヨーロッパが復活したロシアとどのような関係をとり結ぶか。二つめは、ヨーロッパの最も活力ある経済国ドイツに、どのような役割を担わせるかだ。ロシアの矛盾——弱い経済と強大な軍事力——は今後も解消されず、ドイツの活力も持続するだろう。残るヨーロッパ諸国は、互いとどのような関係を結ぶかを考えるにあたり、その前提条件としてまず二大強国のそれぞれと、どのような関係を築くかを明確にしなければならない。このプロセスが緊張を強いる結果、次の一〇年にはこれまでとは毛色の違ったヨーロッパが出現し、アメリカに深刻な問題を投げかけるだろう。アメリカの政策上の課題を理解するために、まずはこの岐路に至るまでの歴史をふり返ってみよう。

ヨーロッパはいつの時代も血塗られた場所だった。一四九二年の新大陸発見が帝国の植民地拡大競争に火をつけ、ヨーロッパ大陸ではスペイン、ポルトガル、フランス、オランダ、イギリスが、世界支配を求める戦いを繰り広げた。いずれもが大西洋または北海に面する国である。オーストリア・ハンガリーとロシアは、植民地帝国をめざす競争からとり残され、ドイツとイタリアは封建的な公国の集まる、分裂した無力な国でしかなかった。

その後の二世紀にわたって、ヨーロッパは四つの地域に分かれていた。大西洋ヨーロッパ、スカンディナヴィア、南東ヨーロッパ、そしてロシアである。ヨーロッパの中心部には、デンマークからシチリア島まで、緩衝地帯が走っていた。この緩衝地帯は、小さな王国や公国に分裂した地域で、自らを防衛することはできなかったが、図らずもヨーロッパに一定の安定を与えていた。

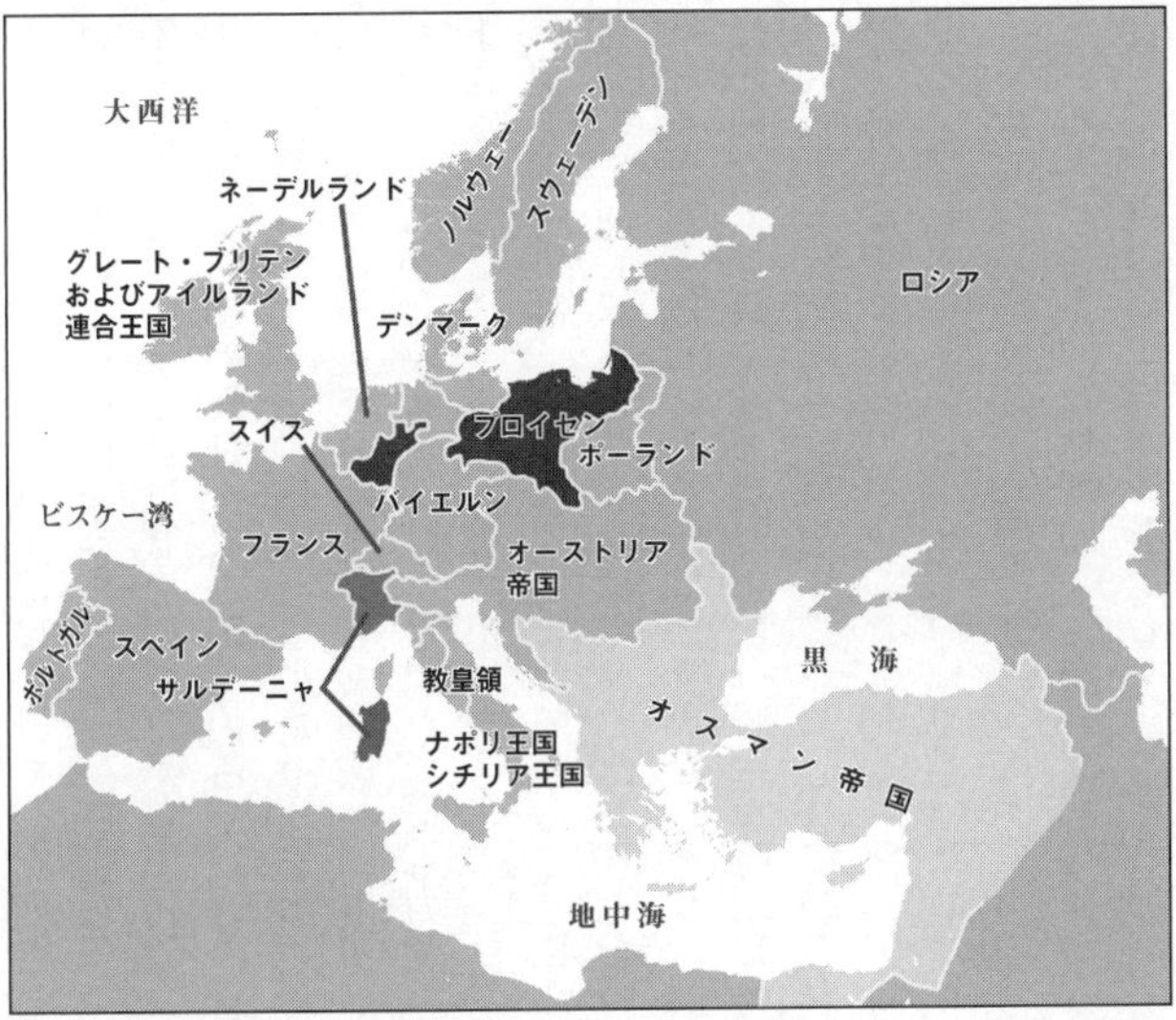

1815年当時のヨーロッパ

続いて、ナポレオンがヨーロッパをつくり替えた。ナポレオンは東はドイツ、南はイタリアまで遠征した際、この二つの新興国の間にあった、複雑な均衡を壊してしまった。ナポレオンにとってさらに都合の悪いことに、プロイセンはかれに敗れたことで奮起し、勢いに乗ってヨーロッパの主要国になってしまった。ワーテルローの戦いでのナポレオンの敗北に、どの国よりも貢献したのは、プロイセンだった。その半世紀後の一八七一年に、フランスとの戦争〔普仏戦争〕ですばやく勝利を収めたプロイセンは、残りのドイツをまとまりのある国家として統一した。イタリアの統一も、同じ頃ほぼ完了した。

こうして、北海から地中海にかけて、突如として新たな地政学的現実が出現した。ドイツはとくに問題の多い国だった。高い生産性と急激な成長、そして地理的要因から、きわめて不安定だった。ドイツは歴史のいたずらで、北ヨーロッパ平野の北に位置する。ここでは何本かの川が防御の役目を果たしているが、この新しい国民国家の最も生産性の高い地域のいくつかは、ライン川の向こう岸にあり、まったく無防備だった。西方にはフランスが、東方にはロシアが控えていた。どちらの国も、ドイツがまだ分裂して弱かった数世紀の間は安泰だった。しかしいまや、ヨーロッパで最も力強い経済と強力な軍隊をもち、強い不安感に苛まれた、恐るべき新生ドイツがいた。

他方ドイツは、隣国に恐れられていることに怯えていた。ドイツの指導層は、フランスとロシアに同時に攻撃されれば、ひとたまりもないことを知っていた。そして、いつかそのような攻撃を受けることを予期していた。それは隣国に威圧感を与えているという自覚があったからだ。フランスとロシアに、勝手な時期に勝手な場所で戦争を起こされてはかなわない。そんなわけで、ドイツは思いこみの恐怖に駆られて、同盟国とともに先制攻撃を仕掛ける戦略を練ったのである。

二〇世紀のヨーロッパを形づくっていたのは、このような恐れだった。それは、地理によって押しつけられた恐れであり、理にかなっていると同時に、逃れようのない恐れだった。もちろん、この同じ地理的条件がいまも存在する。ヨーロッパはナショナリズムを排することで、地理のおよぼす影響をとり除こうとしたが、現に兆しが見られるように、ナショナリズムはそう簡単に抑圧できないし、また地理に抗うこともできない。とくにドイツでは、こうした問題はいまも切実である。なぜならドイツは一九世紀と二〇世紀にそうであったように、いまなおヨーロッパ経済の原動力であり、強い不安感に苛まれ、潜在的に多様な利害をもつ国々に包囲されているからだ。今後問われるのは、過去に戦争をもたらした地政学の論理が、再び同じ結果を招くのか、それともヨーロッパが過去に何度となく挫折している、相互尊重の試練をクリアできるかだ。

二度の世界大戦は、いずれも同じ筋書きに沿って進んだ。地理的条件のせいで不安を抱くドイツが、またたく間にフランス全土を席捲した。いずれの場合にも、ドイツはフランスをすばやく倒してから、ロシアと対決すると対決することをめざした。しかし一九一四年、フランスはドイツの進撃を食いとめ、戦闘は長期化した。気がつくとドイツは、東と西の両国境でフランス、イギリス、ロシアと同時に戦っていた。折からのボルシェヴィキ革命が、ロシアを戦争から引き離し、ドイツを救うかに思われたそのとき、アメリカが国際舞台で初めて主要な役割を担うべく、ヨーロッパに派兵し、ドイツの野望をくじいた。

一九四〇年にドイツはフランス制圧に成功したが、やはりソ連には勝利できなかった。その理由の一つが、アメリカの二度めの劇的な登場だった。アメリカがソ連に軍事援助を与えたおかげで、ソ連は戦争を続けることができた。そして三年後の米英のフランス上陸にも助けられ、ドイツを相手に二五年間で二度めの勝利を収めた。

ドイツは敗戦の屈辱からは立ち直ったが、未曾有の蛮行に道徳的負い目を感じていた。戦

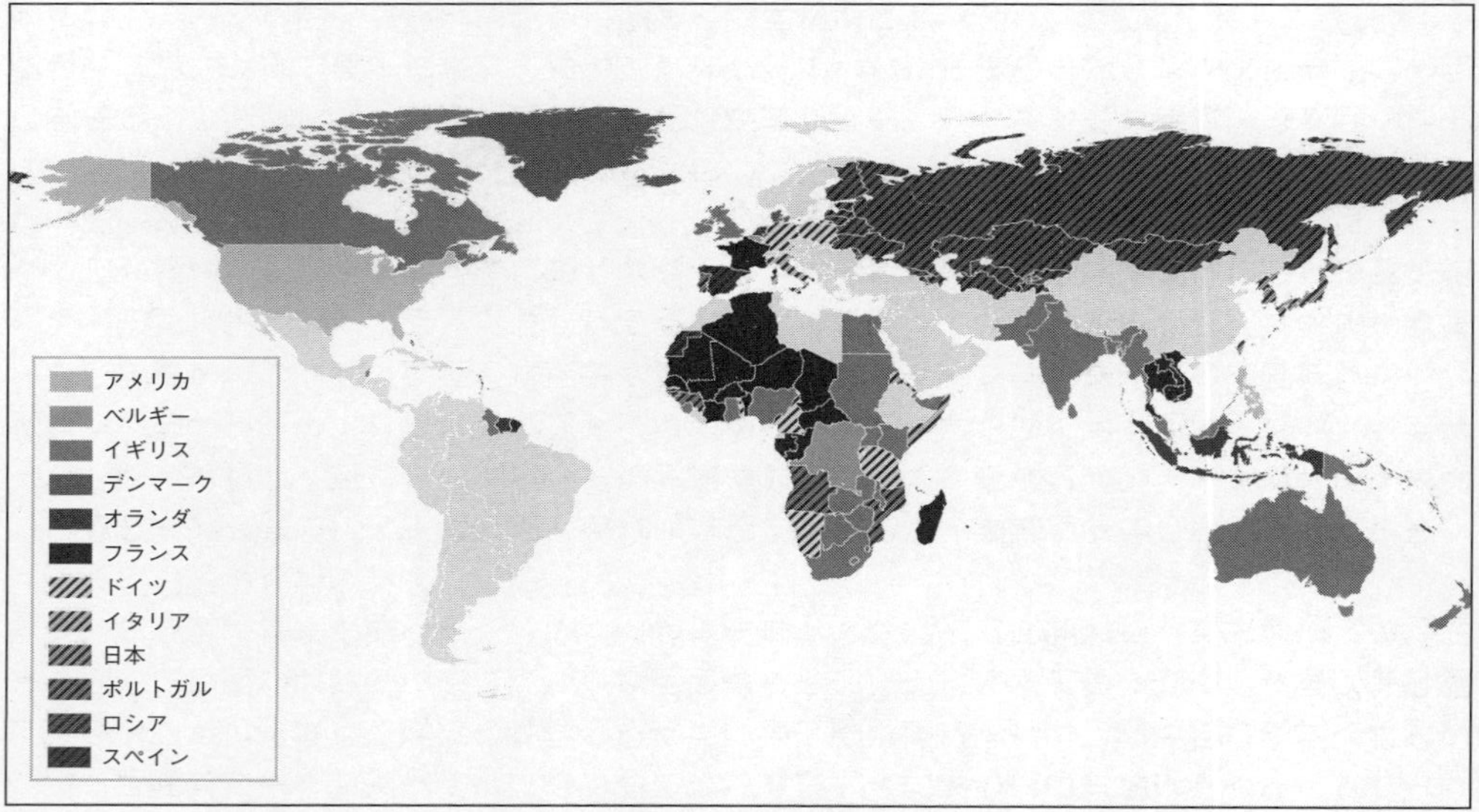
アメリカ
ベルギー
イギリス
デンマーク
オランダ
フランス
ドイツ
イタリア
日本
ポルトガル
ロシア
スペイン

1900 年当時の帝国

時中、ドイツは地政学的必要性のまったくない残虐行為に手を染めてしまった。ドイツは分割され、戦勝国に占領された。

ドイツは物理的に荒廃したが、それよりはるかに重要なものの荒廃を、自らの行動によって招いた。ヨーロッパは五〇〇年の間、世界を支配していた。一九一四年七月の第一次世界大戦開戦で自己破壊の波が押し寄せ始めるまで、ヨーロッパはアジアとアフリカの広い範囲を直接的に、その他地域の大部分を間接的に支配していた。ベルギーやオランダのような極小国が、コンゴや今日のインドネシアのような広大な地域を支配していた。

しかしドイツ帝国誕生後に行なわれた戦争が、これらの帝国を破壊した。そのうえ二度の世界大戦の大量殺戮によって数世代の労働者が失われ、莫大な社会資本が壊滅したため、ヨーロッパは疲弊した。ヨーロッパの帝国は粉砕され、その残骸を奪い合う力と意欲をもって戦後台頭した二国、アメリカとソ連が、争奪戦を繰り広げた。ただし双方とも正式な帝国支配ではなく、主に同盟体制や通商関係をとおして、帝国の残骸を支配しようとした。

かつて世界帝国の中心だったヨーロッパは、三度めの世界大戦の戦場候補地になり下がった。冷戦の核心にあったのは、ドイツの心臓部に進軍したソ連軍によって、残りの大陸もとり上げられるのではないかという恐怖だった。西ヨーロッパにとって、これは差し迫った危険だった。アメリカの最大の懸念は、ソ連の労働力と資源がヨーロッパの産業と技術と結びついて、アメリカを超えうる勢力が生まれることだった。利益を脅かされることを恐れたアメリカは、ソ連を周辺国、とくにヨーロッパから隔離して、封じ込めることに注力した。

二つの問題が結びついて、これからの一〇年に起きるできごとの下地を整えた。一つめは、ドイツがヨーロッパでどのような役割を担うべきかという問題である。一九世紀のドイツ統一以来、この問題がつねに戦争の引き金となってきた。二つめが、ヨーロッパの衰退である。一九六〇年代末のヨーロッパには、世界大国と呼べる国はソ連以外になかった。どの国も地域大国になり果て、力を結集しても、ソ連とアメリカには遠くおよばなかった。ドイツがヨーロッパで新しい立ち位置を模索しなくてはならないのなら、ヨーロッパも世界に新しい居場所を探す必要があった。

二度の世界大戦と、それがもたらした劇的な地位の低下は、ヨーロッパに深刻な心理的影響をおよぼした。ドイツは深い自己嫌悪期に入り、それ以外の国は、失われた帝国への郷愁と、帝国と真の国家主権の重荷を逃れた安堵感の間をゆれ動いているように思われた。疲弊とともに退廃がやってきたが、大国の地位の象徴もまだいくらか残っていた。その代表が、イギリスとフランスに与えられた国連安全保障理事会の常任理事国の席である。だが一部の国が核兵器を保有していることさえ、ほとんど意味がなかった。ヨーロッパは、二つの超大国の生みだした力場にとらわれていた。

ドイツが自らの地位低下に対してとった対応は、ヨーロッパがとった対応の縮図だった。ドイツは、敵対するおそれのある二大国に挟まれ、頼るべき同盟国をもっていないことが、問題の根源だと考えた。ソ連の脅威には打つ手がなかった。だがもしフランスとの関係を再構築し、それを通じて他のヨーロッパ諸国との関係を見直すことができれば、もう板挟みにならずにすむ。ドイツにとっての解決策は、他のヨーロッパ諸国、とくにフランスとの統合だった。

ヨーロッパにとって、統合は当然の結果だった。それはある意味ではソ連の脅威によって、また別の意味ではアメリカからの圧力によって強いられた結果ともいえる。アメリカの対ソ戦略は、ヨーロッパの同盟国を組織し、必要に応じて自衛させ、大陸にすでに配置したアメリカ軍によって、安全を保障してやるというものだった。アメリカはそのほか、戦争が勃発すれば軍を増派し、最終的にどうしても必要な場合に核兵器を使用することも約束していた。ただし核兵器は、アメリカの管理下に置かれることになった。通常戦力は、NATOの枠内で、統合部隊として組織された。この機構により、実質的にアメリカがコントロールする、ヨーロッパの多国間連合防衛軍が生まれた。

ヨーロッパの繁栄は、アメリカの国益にもかなった。アメリカはマーシャルプランなどのしくみを通じて、ヨーロッパの経済復興に有利な環境をつくりだすとともに、汎ヨーロッパ軍の基盤をつくった。アメリカとのつながりを通じて大きな繁栄がもたらされると、NATO加盟の魅力がますます増した。ソ連圏と西ヨーロッパの生活水準が大きくかけ離れれば離れるほど、東側情勢はますます不穏になった。アメリカは思想として、また実際的な見地からも、自由貿易を信奉していたが、それ以上にアメリカのために、また一筋縄ではいかない同盟をまとめるためにも、ヨーロッパの経済統合が進むことを望んでいた。

アメリカはヨーロッパの経済連合を、NATOの支えと見なしていた。だがヨーロッパにとって経済連合は、戦争から立ち直るための手段というだけではなかった。それは、地域勢力にまで成り下がったいま、世界のなかに居場所を見つける手段でもあった。もしヨーロッパが勢力をいくらかでも回復する望みがあるのなら、それは何らかの連合体を通じたものになるはずだ。ヨーロッパが二超大国の釣り合いをとるには、この方法しかなかった。連合体はドイツの問題も解決するはずだった。ドイツをヨーロッパに統合して、ドイツの並はずれた経済力をヨーロッパの体制に組み入れるのだ。次の一〇年のカギとなる問題の一つは、アメリカがヨーロッパ統合について、今後もヨーロッパと同じ見解をもち続けるかどうかである。

一九九二年にマーストリヒト条約によって、EUが正式に発足したが、この構想はヨーロッパの長年の悲願だった。EUの前身は、一九五〇年代初めに設立された欧州石炭鉄鋼共同体(ECSC)にまで遡る。これは限定的な組織ではあったが、首脳陣は当時からこの組織をヨーロッパ連邦の礎(いしずえ)と見なしていた。

EUの構想が生まれたのは冷戦時代だが、実際に誕生したのは冷戦終結後のことだ。このタイミングは偶然だが、きわめて重要である。西側世界では冷戦後、NATOの圧倒的な存在感と防衛・外交政策への発言力が、劇的に薄れた。東側では、ベルリンの壁とソ連が崩壊した結果、いくつもの主権国家が暗がりから姿を現わした。ヨーロッパが一度失った主権を回復したのもこのときだったが、現在のヨーロッパは主権の問題に悩まされている。

EUは二つの目的を担うものとして構想された。一つは、西ヨーロッパを限定的な連合として統合し、ドイツをフランスと結びつけることで、ドイツの問題を解消して戦争の危険を軽減すること。二つめは、東欧をヨーロッパ社会に再び組み入れるための器をつくることだ。もとは東西緊張という文脈のなかで西欧に利益を供する冷戦機構だったＥＵは、東西ヨーロッパを結びつけるための戦後機構に変わった。そのうえＥＵは、ヨーロッパが世界覇権国の地位を回復するための第一歩と見なされ、個々の国としてではなくても、集合体として、アメリカに比肩する勢力をめざした。そしてＥＵは、この野望を追求するなかで、困難に陥ったのである。

ＥＵの危機

一八世紀末、イギリスから新たに独立した一三の植民地が、経済、政治問題の実際的な解決手段を供することを目的として、北アメリカ連合を結成した。しかしこの連合――のちにアメリカ合衆国として知られるようになる――は、より高次の真理を追い求める道徳的使命でもあった。たとえば「人は生まれながらにして平等であり、すべての人は侵されることのない一定の権利を、創造主から与えられている」という真理である。また自由社会の恩恵には危険と義務がついて回るという考えもアメリカの根幹をなしている。ベンジャミン・フランクリンは、「ほんの一時的な安全のために、本質的な自由をあきらめる者は、自由も安全も享受するに値しない」と述べている。このような考え方が核をなすアメリカでは、物質的豊かさと道徳的目標という二つの課題は、つねに対をなすものとして考えられてきた。

またアメリカは、共通の言語をもつがそれ以外の点では著しく異なる、独立国とも呼ぶべき州の連合体としてつくられた。こうした違いからやがて一部の州が脱退すると、残った州のほとんどが、連合を守るために戦った。この犠牲の精神は、アメリカという国が、実際的な目標だけでなく、道徳的目標をもつ企てだという意識がなければ、生まれ得なかった。

アメリカでは南北戦争によって、連邦政府が主権を、なかでも外交問題については絶対的主権をもつことが認められた。連邦が勝利したことで、個々の州が主権を有すべきという、脱退した南部連合国の主張は退けられた。

これに対してEUでは、連合型モデルがまだ健在で、主権はそれぞれの国民国家に属する。そのようなわけでEUは、最も基本的な前提のレベルでさえ、支配権の主張と犠牲を要求する権利を、厳しく制限されている。EUにはさらに奇妙な点がある。まず、ヨーロッパのすべての国がEUに加盟しているわけではない。加盟国のなかでも、共通通貨を導入した国と、そうでない国がある。EUには共通の防衛政策もなければ、ヨーロッパ軍もない。何より加盟国のそれぞれが、独自の歴史、アイデンティティ、犠牲に対する独自の考えをもっている。世界覇権国には欠くことのできない、国を超えて行動する軍事的権限も、各国が保持している。EUはいまも加盟国の便宜のためにつくられた選択的関係であり、不都合になれば脱退することもできる。脱退に制約はない。

EUは基本的に経済同盟であり、経済は防衛とは違って、できるだけ大きな繁栄をもたらすための手段である。そのため、より高次の目標のために安全を犠牲にするのはそれ自体矛盾した考えになる。なぜならEUは道徳的目標として、安全と幸福をともに掲げているからだ。万人を奮い立たせ、EUの理想を守るための戦争と犠牲を呼びかけようにも、その根拠が見当たらない。

次の一〇年に目を向けると、ドイツを封じ込めるために維持されてきた、きわどい勢力均衡が崩れかけている。それを招いたのはドイツの意図ではなく、状況の劇的な変化である。

均衡崩壊が始まったのは、二〇〇八年の金融危機のさなかのことだった。西ヨーロッパが第二次世界大戦の荒廃から見事に立ち直った一九六〇年代からこの方、ドイツが中心となって地域経済を牽引してきた。一九八九年に共産主義が崩壊すると、豊かな西側諸国はやむなく貧しい東側諸国を吸収し、経済的重荷を担った。ドイツは痛手を被ったが、その後一〇年にわたって、貧しい片割れを吸収してもなおヨーロッパ最強の国であり続け、EUの経済、政治的とりきめに甘んじていた。ドイツはEUの主要国ではあったが、数ある主要国のうちの一つにすぎなかった。それ以上の支配権を求めもせず、必要ともしなかった。

二〇〇八年の金融危機で、ドイツも多分に漏れず痛手を被ったが、底堅い経済力によって打撃を乗り越えた。荒廃の第一波に最も深刻な影響を受けたのは、ソ連の支配から脱して間もない東欧諸国である。これらの国では、多くの金融機関が西欧の銀行によって設立または買収されていた。主にオーストリア、スウェーデン、イタリアの銀行だが、ドイツの銀行も含まれていた。たとえばチェコ共和国では、銀行資産の九六％をほかのヨーロッパ諸国の銀行が所有していた。東欧諸国の多く（チェコ共和国、ポーランド、スロバキア、ハンガリー、ルーマニア、ブルガリア、そしてバルト諸国のラトビア、リトアニア、エストニア）がEU加盟を認められたため、このことはとくに問題視されていなかった。しかしこれらの国はEUに加盟したものの、そのほとんどがまだ独自通貨を維持していた。これらの通貨はユーロより弱いだけでなく、金利も高かった。

第3章で、住宅バブルと東欧のユーロ、スイスフラン、円などの外貨建て住宅ローンがもたらした問題をとり上げた。東欧の銀行の多くが、西欧のEU加盟国の銀行によって所有されていた。西側の銀行はユーロを用い、欧州中央銀行（ECB）とEU銀行制度の監督を受けていた。東欧諸国は、自国の金融機関を他国によって所有されているという、奇妙な状況にあった。つまり東側の銀行は、自国政府の監督を受けるのではなく、他国とEUの監督下にあった。自国の金融機関を管理、監督しない国は、主権を失ったも同然だ。そしてこのことが、EUの将来の問題を暗示している。ドイツのような強力な加盟国が、金融危機のさなかにも主権を維持、強化したのに対し、弱国の主権は弱まった。この不均衡は、次の一〇年に対処されなくてはならない。

EUが単一の経済主体であること、また東欧諸国は資金が乏しく、自国の銀行を限られた範囲でしか管理できなかったことから、より健全な加盟国が東欧の銀行を当然救済するものと期待された。東欧諸国だけでなく、そこに投資していたほかのヨーロッパ諸国もそう期待した。最も強力な経済と金融機関をもつドイツが、先導的役割を担って当然と考えられた。

しかしドイツは渋った。東欧諸国を救済するにはあまりにも莫大な金額が必要で、ドイツはその重荷を担うのはごめんだった。そこでドイツは国際通貨基金（ＩＭＦ）に救済を求めるよう、東欧諸国に促した。アメリカをはじめとするＩＭＦ加盟国の拠出金によって、ドイツとヨーロッパの負担と責任を軽減しようという腹だった。

二〇〇八年の危機がもたらしたこの余波は、ヨーロッパが単一国家とはかけ離れていることを浮き彫りにしたばかりか、ヨーロッパの意思決定がドイツ主導で行なわれていることに注目を集めた。ドイツが望めば、ヨーロッパは救済に動いたはずだった。

しかし金融危機の起こしたさざ波は、それで終わらなかった。景気後退の波がヨーロッパに押し寄せると、税収が落ちこみ、社会保障費を賄うための借入が増えた。国内の政治的圧力により問題がさらにこじれ、一部の国は深刻な経済苦境に陥った。だがユーロ圏諸国は、こうした問題に対処する基本的手段をもたなかった。たとえば自国通貨が下落すると輸入品価格は上昇するが、輸出品価格は下落するため、輸出競争力が高まる。このことは需要側に打撃を与えるが、雇用創出と税収増をもたらす。このように、自国通貨の価値を上げ下げすることは、景気後退に対処するための重要なしくみだが、債務危機に陥ったギリシャなどの国は、自国通貨を管理するどころか、自国通貨すらもっていなかった。この力の偏りが、ＥＵを闘いの場に変えたのである。ドイツは弱国を救済する責任を負いたくなかったが、弱国は自国経済をまともに管理できないがゆえに、自国の運命を決められなかった。とくにヨーロッパの歴史を考えると、ＥＵが分裂に向かう力に耐えられるかどうかが、今後大きな問題になる。その答えは、ドイツがどのような行動を選択するかにもかかっている。

ユーロ圏は、発展段階も景気循環の局面も異なる、多様な国からなる。ある国にとって有利な通貨水準が、別の国にも有利とはかぎらない。当然のことだが、ECBは弱国よりもドイツの経済状態に神経を払っており、そのことが通貨政策の判断にも影響をおよぼしている。

EUは一九九三年の創設から二〇〇八年までの間、未曾有の繁栄期を謳歌し、しばらくの間はこの繁栄が、十分に解決されていないすべての問題をかすませていた。政治組織の真価は、逆境への対応に表われる。二〇〇八年の金融危機を機に、未解決の問題が一気に吹きだすとともに、EUが葬り去ろうとしていたナショナリズムまでが噴出した。ときにナショナリズムは、政治に大きな影響をおよぼした。ドイツ人の大半が、ギリシャの救済に反対した。ギリシャ人の大多数が、EUの条件——ギリシャ人からすればドイツの条件だった——を呑むくらいなら、破綻した方がましと考えた。金融危機が和らぐと事態は収拾したが、二〇一〇年には、ヨーロッパの冷静な仮面の下で泡立ちわき起こっている、さまざまな力が垣間見られたのである。

EUが消滅することはないし、少なくとも次の一〇年に消滅することは絶対にない。EUは自由貿易圏として創設され、今後もそうあり続けるだろう。だがEUが国際舞台の主要勢力になりうる、多国民国家に発展することはない。EU加盟国には、軍事力の共有を促すほどの共通の利益がない。そして統一軍をもたないヨーロッパには、いわゆる「底深い力」がない。ヨーロッパは国家主権と、経済危機への統一的な対応の板挟みになった。財政問題がヨーロッパの結束につきつけた挑戦が、軍事統合をさらに激しく阻んでいる。結局のところ、ヨーロッパの官僚機構はあっても、ヨーロッパ国家なるものは存在しないのだ。

その一方で、EUが現在手にしている経済統制手段の多くを、次の一〇年ももち続けるかどうかはわからない。大国が牛耳る体制に管理されている弱国は、こうした統制手段のせいでひどく不利な立場に置かれることを、身をもって経験した。大国は大国で、苦境に陥った国を救うための政治的連携に、国民の賛同を得るのに苦慮している。それよりも通貨を切り下げ、輸出品を安く、輸入品を高くして、景気回復を図る方がずっと楽だ。しかし先に述べたとおり、自国通貨をもたないギリシャなどの国に、この選択肢はなかった。

EUは今後数年にわたって、引き続き厳しい経済的制約を受ける。この苦境は、前例がないわけでも、手に負えないほどでもないが、今後も一要因として、多くの国にさまざまな問題をつきつけるだろう。経済的緊張が加盟国間にくさびを打ちこみ、単一通貨のメリットに重大な疑問を投げかけることは間違いない。EUが存続することに疑いの余地はないが、おそらく一部の国がユーロ圏から離脱し、残りの国はブリュッセルの官僚機構への権限委譲に条件をつけるだろう。

ヨーロッパ統合の最高潮については、これまで見てきたとおりだ。だが次の一〇年で潮が引くなか、何より露(あら)わになるのは、ドイツの力である。

ドイツの再浮上

ドイツはフランスとの戦争から生まれ、フランスを侵攻して二度とも壊滅させられている。終戦後ドイツは、フランスとの経済面での緊密な協力のもとに、ヨーロッパの新しい軸になることを誓った。ただし、ドイツが軍事的衝動を捨て去ったように見えても、力関係の問題は解決されないままだ。フランスとドイツが結束するなら、二国が引き続きヨーロッパの重心になる。だが万一衝突すれば、ヨーロッパの屋台骨は崩れ、連邦諸国は分裂して何らかの新しい機構として再編されるだろう。

この構図からイギリスを除外するのは、歴史的、地理的、経済的理由あってのことだ。英仏海峡のおかげで、イギリスはいつの時代も一歩引いたところに身を置き、ヨーロッパを必要に応じて利用することができた。だがこの地理的現実を別にしても、イギリスはスペインの無敵艦隊からドイツの電撃戦に至るまで、大陸の強国を自らの存続を脅かす存在と見なし、孤高を守ってきた。イギリスの帝国主義を駆り立てたのは、ヨーロッパへの全面的依存を避けたいという思いでもあった。平時にはヨーロッパとの間に壁はつくらなかったが、関わりを限定した。これができたのは、地理的条件のおかげだった。

ヨーロッパは全体でみればいまもイギリスの最大の貿易先だが、国単位でみると、イギリスの最大の輸出相手国はアメリカである。イギリスがときとしてヨーロッパに深く巻きこまれるのは、経済よりは戦争が原因であることが多い。イギリスは国家安全保障のために、つねにヨーロッパの統一を阻止する戦略をとってきた。とくに、ヨーロッパがフランスとドイツに軍事支配される事態は容認できない。イギリスにとって、そのような連合の格下の同盟国になるのは、賢明なことでもなければ必要なことでもない。

以上の理由から、イギリスの国家戦略は、ヨーロッパへの全面的な献身とは相容れない。むしろイギリスは、アメリカと軍事協力を進める戦略をとっている。イギリスは単独でソ連を食い止めるほどの影響力をもったことがないし、ヨーロッパ情勢をコントロールすることもできない。しかしアメリカと手を組めば、この帝国主義勢力を比較的低いコストで動かすことができる。次の一〇年にイギリスは、フランスとドイツがアングロ・サクソン陣営やアングロ・サクソン文化と呼ぶものに引き続き傾斜して、あらゆる危険を分散しようとするだろう。

フランスとドイツの協調も、それなりの問題をはらんでいる。現在フランスとドイツの間には緊張要因が二つあり、その一つは経済的なものだ。ドイツはフランスに比べ、はるかに厳しい財政規律を維持している。つまり金融協力に関するかぎり、二国の歩調が合うことはまずない。二つめの緊張要因は、防衛をめぐる問題だ。フランスのとくにド・ゴール派は、統一ヨーロッパをアメリカに対抗するための手段と見なしてきた。そのためには、ヨーロッパの防衛統合を進め、ゆくゆくは軍隊をフランスとドイツの管理下に置く必要がある。

ドイツはもちろん、フランスやヨーロッパとの統合の価値を認めているが、だからといってフランスの経済問題や、アメリカと対決するためのヨーロッパ軍の創設まで引き受ける気はさらさらない。前者の潜在的負担も、後者のリスクも願い下げにしたいのだ。

ドイツが抱えるもう一つの問題は、先に述べたとおり、主に金融危機とイラク戦争のせいでアメリカとの結びつきが弱まったことだ。ドイツは輸出国であり、ヨーロッパ以外ではアメリカを主な輸出先としている。オバマ政権は不況脱出のために景気刺激策をとったが、ドイツはそうした対策を一切講じず、ドイツ製品への需要喚起をアメリカの対策に頼った。いうなれば、アメリカは借金をして景気浮揚策をとり、ドイツは（少なくともアメリカからすれば）それにただ乗りをしたということになる。それにドイツは、アメリカがＩＭＦを通じてヨーロッパの救済に加わるべきだと考えた。しかし両国の間には、こうした経済面での深刻な不一致だけでなく、真の地政学的対立がある。アメリカは、ロシアとの間に重大な問題を抱えているが、ドイツはロシアを封じ込めようとするアメリカのとりくみに、一切関わろうとしない。ドイツは、新たな冷戦を招くようなことはしたくない。だがそれ以外にも、ロシアにエネルギー需要の大半を依存している。じっさい、ロシアがドイツの経済力を必要とする以上に、ドイツはロシアのエネルギーを必要としているのだ。

アメリカのロシア、ドイツとの関係は、次の一〇年のうちに変化するが、おそらく根本的な転換が起きるだろう。どのようなムードのなかであれ、ロシアがヨーロッパ大陸の東方で存在感を増していることは、アメリカの利益を脅かしている。他方、アメリカがグローバルな関心から、アフガニスタンのような場所で戦争に深く巻きこまれるほど、ドイツはこの冷戦時代の同盟国からますます距離を置くようになるだろう。アメリカがロシアを警戒すればするほど、ドイツとの距離は遠くなる。第二次世界大戦の終結とともに始まり、六五年間続いた関係は、このままの状態では次の一〇年を乗り切ることはできない。

ドイツは、アメリカから距離を置く余裕がある。一つには、東西からの締めつけという昔からの問題が解消し、いまやフランスと緊密な友好関係を保っているからだ。ドイツはもうロシアと国境を接しておらず、ポーランドという緩衝地帯がある。ドイツが大量に必要とする天然ガスをロシアはふんだんにもっており、ドイツはロシアが必要とする技術と専門知識には事欠かない。

それだけではない。やがて深刻な人口減少が、ドイツの工場に打撃を与える。人口高齢化と労働力不足が組み合わされば、経済は間違いなく崩壊する。ロシア自身も人口減少に見舞われているが、それでもまだ余剰労働力を抱えている。ドイツはロシアから労働力を招くほか、ロシアに生産拠点を移すことで、これを活用できる。人口減少を相殺するには、移民を奨励するしかないが、ヨーロッパでは移民は国家アイデンティティを脅かすと考えられている。

ドイツは国内の工場にロシアの労働力を受け入れたくないなら、労働者のいる場所に工場を移せばよい。ロシアも人口が大きく減少しているが、一次産品に特化したきわめて脆弱な経済であるため、失業者や不完全雇用者の余剰労働力が存在する。今後ロシアがエネルギーと穀物の輸出から脱却し、近代的な産業経済の発展をめざすなら、技術と資本が必要になる。

そしてドイツにはこの両方がある。他方ドイツは、工場を動かす労働力と、経済を動かす天然資源を必要としている。規模を問わず、多くのドイツ企業がすでにロシアに進出している。このようなことが積み重なって、いまではモスクワとベルリンの関係に、新しい現実が加わっている。この関係は、やがてヨーロッパで中心的な役割を果たすようになり、両国がほかのどの国と結んでいる関係と少なくとも同じくらい重要で、活力に満ちた関係になるだろう。

ドイツがフランスの後ろ盾を得ている、つまりフランスと経済的利益によって結びついているおかげで、ロシアはヨーロッパの中核に近づき、EUの力関係を塗り替えることができる。中心国と周辺国の緊張は、すでにあちこちで見られる。中心国とは、ヨーロッパの先進産業の中心地である、ドイツ、フランス、オランダ、ベルギーを指す。周辺国とは、アイルランド、スペイン、ポルトガル、イタリア、ギリシャ、そして東欧諸国をいう。これらの弱国はまだ経済発展の初期段階にあるため、近隣の先進国よりも緩和的な金融政策を必要とし、景気の浮き沈みが激しいため混乱に弱い。

他方、フランスは危険を分散するために、北ヨーロッパの大国であるにとどまらず、地中海の大国を自任し、EUと並行して地中海連合を構想している。フランスとしては、南欧と北アフリカの諸国、イスラエル、トルコを連合に含めたい。この構想は抽象論としては魅力的だが、現実にはリビアとイタリアの発展段階は、ドイツとギリシャの違い以上にかけ離れている。それでもフランスは、北でドイツの従属的パートナーに甘んじていることの埋め合わせとして、地中海に触手を伸ばすだろう。

ドイツは、二〇〇八年から二〇一〇年にかけての危機で押しつけられた役割を、疎ましく思っている。ドイツがEU周辺国での利益を見直す一方、周辺国もドイツと統合することの経済的利益に疑問を感じている。周辺国がとくに憤慨しているのは、自力で危機に立ち向かうことを要求される一方で、銀行部門を含む、経済の広い範囲を管理する手段を奪われたことだ。周辺国は、中心国の利益を第一とする金融政策をとおして、自国経済を支えなくてはならないという矛盾が、双方への圧力に拍車をかけている。

ギリシャからアイルランドまでのかつての周辺国は、経済に注力している。新たな周辺国である東欧諸国、とくにポーランドは、ロシアに深い懸念を抱いている。これまで見てきたように、ポーランドはとりわけドイツとロシアの中立緩衝地帯になっていることに、激しい不安を覚えている。歴史的にこの役回りは、ポーランドによい結果をもたらしたことがない。

ドイツとロシアの協調には、イギリスも警戒感をもっている。パリ・ベルリン枢軸なら、アメリカという対抗勢力があるかぎり、イギリスは中間の平衡点となって対処できる。しかしこれにモスクワが加われば、ヨーロッパ本土のバランスが傾き、イギリスの商業上、戦略上の利益が脅かされるだろう。

次の一〇年が進むにつれて、ドイツは北ヨーロッパ平野での地位を回復するが、今回同盟を結ぶ相手は、宿敵のフランスとロシアである。イギリスは、さらにアメリカに接近する。かつての周辺国は、複雑な状況に自力で対処することを求められる。だが今後台風の目になるのは新しい周辺国、つまり東欧諸国だ。EUとユーロは機能し続けても、あまりにも多くの遠心力が作用していることを考えると、ＥＵがヨーロッパで今後も中心的な役割を果たすのは難しい。

アメリカの戦略

共産主義の崩壊以来、アメリカはヨーロッパに対してこれといった戦略をもたないという、とんでもない政策ミスを犯してきた。しかし、やがてそれではたちゆかなくなる。一九九〇年代のアメリカは、ヨーロッパとは利益が一致していると決めてかかっていた。この大前提は、過去一〇年の平穏な世の中で、一度も検証されることがなかった。アメリカはＥＵの出現を問題視したことはなく、何の支障もない自然な流れと受けとめていた。アメリカはかつて惰性で行動していたが、次の一〇年には徹底的な関係の見直しと計画が必要になる。

九・一一テロ事件へのアメリカの対応は、フランス・ドイツ連合とのはじめての重大な亀裂を生みだす一方で、ヨーロッパ内の深刻な分裂を浮き彫りにした。アメリカはヨーロッパに対し、アフガニスタンではより直接的な軍事援助を要請し、イラク戦争では最低でも政治的な隠れみのを求めた。ＮＡＴＯ会議では、イラク戦争でアメリカ軍を支援するトルコへの防衛支援をアメリカが要請した際、圧倒的多数の国が要請を黙認したが、ドイツ、フランス、ベルギー、ルクセンブルクの四カ国だけは支援に反対した。ＮＡＴＯの行動には、全会一致が必要なことに留意してほしい。とはいえ、決議を支持した国の多くが、イラクに少なくとも名目的な部隊を派遣し、イギリスは多大な貢献をした。

アメリカを支持する国の地理的分布が、きわめて重要である。ヨーロッパの心臓部に位置する国は、オランダを除き、すべてアメリカに反対した。周辺部では、ほとんどの国——とくに東欧諸国——が、少なくとも当初は支持していた。そしてアメリカに同調した国のほとんどが、アメリカの行動を純粋に支持したわけではなく、フランス・ドイツ連合への懸念から支持を与えた。周辺国はヨーロッパのただの従属的な一員でいることを望まず、アメリカを、フランスとドイツに対する重要な対抗勢力と見なした。フランス大統領ジャック・シラクと、東欧諸国の指導者の間に、とくに興味深い対立が見られた。東欧諸国はフランスとドイツの意見を排し、アメリカを支持する書簡に署名した。この書簡が明るみに出たとき、シラクは「下賤」という言葉を使って、東欧諸国を罵倒したのだ。この時点で、東欧諸国とフランス——そしてついでにいうならドイツ——の間の亀裂は、このうえなく深まった。イラク戦争をめぐるヨーロッパの分裂は、ヨーロッパの戦略上の不一致を示す大まかな枠組になり、またこの分裂のせいで、今後一〇年にわたりアメリカとヨーロッパ諸国の同盟関係が組み替えられるだろう。

アメリカとフランスの緊張は時代とともに変化してきたが、ドイツはバラク・オバマが就任してからも、イスラムとの対決という問題に関して意見を変えていない。ドイツはこの問題に対するオバマの対応が、ブッシュの対応と同様気に入らず、巻きこまれることを望んでいない。もうおわかりのように、アメリカとフランス・ドイツ連合の利益は、まるで異なるのだ。

今後アメリカがもとの関係に戻ろうとドイツを説得したり、逆にドイツがロシアの台頭を気にしなくていいとアメリカを諭すようなことは、到底考えられない。アメリカから見た、次の一〇年の理想の解決策は、フランス・ドイツ連合を分裂させることだ。じっさいアメリカ大統領は、二国間にできるだけ大きなくさびを打ちこむために手を尽くさなくてはいけない。とはいえ、これは戦略の基礎にはならない。アメリカがフランスに提供できるものは少ないのに対し、フランスはアメリカとドイツの関係から、安全保障と経済的利益の両方を得ることができる。

アメリカは中心国の力を抑えることに集中しつつ、同時にロシア・ドイツ協商を全力を挙げて阻止しなければならない。つまり、イギリスがやったように、勢力均衡の原則をヨーロッパに適用するのだ。皮肉なことに、この戦略の第一段階として、イギリスとの現在の関係を維持することになる。アメリカとイギリスは経済的利害が一致し、またどちらも大西洋に依存する海洋国家である。イギリスに恩恵をもたらした地理的位置を、今度はアメリカが活用することで、イギリスに恩恵を与え続けることができる。この見返りに、イギリスはEU内のアメリカの同盟国となって、イギリスと貿易や政治を通じて緊密な関係にある、スカンディナヴィア半島からイベリア半島までの大西洋沿岸諸国に勢力をおよぼすための基盤を与えることができる。たとえばスウェーデン、デンマーク、オランダなどの国だ。今後一〇年間のアメリカとイギリスの国家戦略は、かなりの部分重なり合うだろう。

アメリカはヨーロッパの勢力均衡を図るために、トルコとの関係を深めなくてはならない。中東の章で論じたように、トルコとの強力な同盟は、アメリカに黒海への影響力を与え、フランスが構想する地中海戦略への対抗策となる。この同盟の追い風となるのが、ヨーロッパの移民政策だ。トルコからの移民流入を恐れるヨーロッパは、トルコのＥＵ加盟を今後も阻止するだろう。トルコは次の一〇年に確実に勢力を増すが、まだ単独で行動する態勢にはない。トルコは周辺地域が非常に不安定で、ロシアとコーカサスからの脅威にさらされているため、アメリカとの強力な関係を維持するしかない。トルコにとっては不本意かもしれないが、選択肢の余地はほとんどない。

アメリカがヨーロッパ周辺部で何を画策しようと、多くの国にとってはドイツをめぐる問題こそが主要課題であり、今後数年にわたって外交政策の中心を占めるだろう。アメリカはドイツと敵対しているとか、ヨーロッパに無関心だという印象を与えてはいけない。ＮＡＴＯが役に立たなくても、見切りをつけるべきでない。どんな多国間組織にも敬意を払い、すべてのヨーロッパ諸国を重要な大国として扱わねばならない。要するに、周辺国がフランス・ドイツ連合に走らないよう、ヨーロッパに正常感を生みだすのだ。ＥＵ諸国間の関係をあまりに早く危機に追いこんでも、ドイツの支配力を強めるのがオチだ。現在のドイツ（つまりドイツとフランス）とその他ヨーロッパ諸国の間の避けがたい緊張は、自ずと熟する。焦る必要はない。追いつめられているのはドイツであって、アメリカではないのだ。

これと並行して、この比較的友好的な環境のなかで、ドイツ・ロシア協商の芽を摘むために必要な手だてをとる。まずヨーロッパのカギを握るいくつかの国と、二国間関係を築く。これは、通常の多国間関係の枠組の外で行なう必要がある。模範とすべきはイギリスだ。イギリスはNATOとEUに加盟しながら、単独でアメリカとたしかな関係を築いている。今後数年で、アメリカはNATOに口先では敬意を示しつつ、その裏ではNATOを飛び越えてヨーロッパ周辺諸国との二国間関係に力を入れなければならない。

どの国と二国間関係をもつかについては、選択の余地が多少ある。主な狙いは、アメリカが無害であり、ドイツのなすことには何であれ満足しているという印象を強めることにあるのだから。とはいえ、アメリカの利益にとって真に重要な国がいくつかある。デンマークは、ロシアの大西洋への出入り口を支配する一方、アメリカにバルト海への出入り口を提供している。イタリアは、経済規模が大きいだけでなく、地中海の戦略的に重要な位置にある。ノルウェーはつねにヨーロッパよりもイギリスと親密で、軍事拠点のほか、ノルウェー石油産業との共同開発の可能性まで、アメリカにとって戦略的な利用価値が高い。そしてもちろんトルコとの関係は、バルカン半島、コーカサス、中央アジア、イラン、アラブ世界での選択肢を広げてくれる。しかしアメリカは、役に立つ国だけに目を向けるのではなく、多様な国に手をさしのべなくてはならない。なかには役に立つどころか、かえって足手まといになる国もあるだろう。ドイツもフランスも、アメリカをがさつな国と見下している。次の一〇年で、これを逆手にとって、気まぐれに思える行動に隠れて、意味のある行動を起こすのだ。何としてもドイツやフランスに、アメリカの行動は気まぐれだという印象を与えなくてはならない。

こうした関係は、それ自体が目的ではない。ロシアを封じ込めるための地理的環境を与えてくれる、ポーランド、スロバキア、ハンガリー、ルーマニアという、最も重要な諸国との関係の隠れみのになるのだ。そしてここでも、故意に誤った認識を与える戦略をとらなくてはならない。アメリカは向こうからすり寄ってきた国に近づいているだけで、それがたまたまポーランドなどの東欧諸国とバルト海諸国だったと、ヨーロッパに思わせるのだ。アメリカがドイツを直接妨害しようとしている、またはドイツとロシアの間に危機を起こそうとしているという気配を少しでも見せれば、ヨーロッパの猛反発を招き、周辺国は中心国のもとに戻ってしまう。ヨーロッパは全体としては、対立に巻きこまれることを望まない。だがその一方で、パリ・ベルリン・モスクワ枢軸にかわる選択肢を求める声は根強い。もし代償がわずかですむなら、周辺国はその選択肢として、アメリカまたはイギリスに魅力を感じるだろう。アメリカはロシアとヨーロッパ大陸の地理的融合を、何が何でも阻止しなければならない。さもなければ、アメリカの力をもってしても容易に封じ込められない、強大な勢力が生まれてしまう。

大事なのは信頼を築くことである。とくにポーランドとの関係がそうだ。アメリカは二段論法を使って、ポーランドの古傷を癒(いや)してやらなくてはならない。まず一九三九年にポーランドが、フランスとイギリスがドイツから守ってくれると思っていたのは、誤解だったと指摘する。それは地理的に不可能なことだった。次に、ポーランドが、他国が救援に向かえるほど長く抵抗しなかったという、不愉快な事実を思いださせる。ポーランドは、ドイツがわずか六週間で完了した侵略の、一週めに陥落したのだ。ポーランドであれ、他のヨーロッパ諸国であれ、自らを助けないものを助けることはできない。

これが、二〇一〇年代初めのアメリカ大統領の試練である。モスクワとベルリンが懸念を抱き、アメリカが両国を抑えつけるしくみをつくる前に、互いとの結びつきを深めてしまうことのないよう、両国を欺く作戦をとらなくてはならない。その一方で、ポーランドなどに対しては、アメリカが自分たちの利益を真剣に考えてくれていると、思いこませる必要がある。これは行なうのは簡単だが、巧妙に行なうには、ロナルド・レーガンの計算された野暮ったさや、フランクリン・ルーズヴェルトの無邪気な欺瞞が大統領に求められる。あまり聡明でないと思わせて、もっともらしい嘘をつくのだ。この茶番劇を見せつける相手は、将来の味方ではなく、潜在的な敵だ。時間稼ぎをする必要がある。

アメリカの理想の戦略は、こうした諸国に援助を与え、自前の軍事力を増強させることだ。そうすれば攻撃を抑止するか、せめて救援が来るまでもちこたえられるようになる。また援助をとおして経済基盤を強化し、アメリカ市場への参入を促すことで、経済成長の環境を整えてやる。アメリカは冷戦中、とくに西ドイツ、日本、韓国を、この方法で支援し、危険を冒して共産主義勢力に対抗するよう仕向けた。

アメリカがここ数年で、どのようにポーランドを説得しようとも、アメリカの目的に貢献する意欲と能力を、ポーランドにもたせられるかどうかは、次の三点にかかっている。第一に、ポーランドに経済、技術援助を与え、自国軍の増強を促す。第二に、軍事技術供与をとおしてポーランドの産業基盤を強化する。技術供与は国防にも、民間転用にも役立つ。第三に、ポーランドに十分な軍を送り、ポーランドに対する思い入れにまったく偽りがないことをわからせる。

この関係では、ポーランドに重点を置かなくてはならないが、その他の東欧諸国、とくにハンガリーとルーマニアについても同じである。この二国はカルパチア戦線を維持するうえで欠かせず、しかもアメリカが提供するインセンティブを有効に活用できる。バルト海諸国は、また事情が異なる。これらの国は防御しようがないが、もし戦争を回避できるなら、ロシアの喉につき刺す骨として使いでがある。

こうした駆け引きにおいてまず何より重要なのは、戦争を回避することであり、次いで、今後数十年のうちにロシアとドイツが関係を深め、アメリカの覇権に挑戦しうる勢力になるのを阻止することである。現在ロシアとドイツが目論んでいるのはこれよりずっと控えめなことだが、アメリカ大統領は、いま予想されることではなく、今後状況が変わったときに予想されることに、目を向けなくてはならないのだ。

第9章の概要

- 二〇〇八年の金融危機を機に、ＥＵに亀裂が入り、ナショナリズムが噴出した
- 九・一一テロ事件後のアメリカへの軍事協力についても、ＮＡＴＯ内で利益が相反し、分裂が露呈した
- 次の一〇年でドイツはＥＵに見切りをつけ、ロシアに接近するだろう
- アメリカはイギリスやトルコをはじめ、カギとなる国との関係を利用して、均衡を図る。何より、ポーランドを自立させることが重要になる

第10章　西太平洋地域に向き合う

西太平洋地域は、アメリカに差し迫った危機を呈してはいないが、このような平穏な状況は、いつまでも続くものではない。アジアは二〇世紀の大半を通じて、世界の主要な紛争地域だった。比較的平穏だったここ三〇年は、あくまで例外である。だからこそアメリカ大統領は次の一〇年で、やがて迫り来る避けがたい危機に備え、注意深く、ゆっくり時間をかけて準備しなくてはならない。

近年インドと中国のパワーバランスに懸念が高まっているが、インドと中国はヒマラヤ山脈という壁で隔てられており、長期の紛争や大量の陸上輸送が事実上不可能である。両国の交流は経済関係が主で、海路を通じて行なわれている。この地域の最大にして長年にわたる敵対関係は、じつは中国と日本の関係である。この二国は、世界第二の経済大国を争う、ほぼ互角の経済力を有し、熾烈（しれつ）な経済競争を繰り広げている。経済がパワーバランスを左右するのは、地理的条件によりそれ以外の形での競争が可能な場合に限られる。それ以外の地域大国は、自立した有力な経済大国である韓国を含め、すべて日本、アメリカ、中国のバランスという枠組のなかに位置づけられる。アメリカは次の一〇年にわたって、このバランスを維持、操作するという観点から、政策を決定することになる。

中国と日本ほどかけ離れた二つの国はまずない。両国は、最初の近代戦争を戦った一八九五年から現在に至るまで、経済摩擦から敵対している。この戦争では、日本が中国の海軍を破った。日本は海洋工業国家であり、原材料の輸入にその存立を完全に依存している。他方、莫大な人口と広大な国土を抱える中国は、陸地に押しこめられている。日本は工業化を開始した当初から、中国に市場、原材料、労働力を求め、しかも有利な条件で手に入れようとした。中国は外国の資本と技術を必要としたが、日本の支配下に入ることを望まなかった。この両経済大国の身構えた相互依存は、一九三〇年代と四〇年代の残虐な戦争を招き、その間日本は中国本土の大部分を占領していた。両国の関係は、この戦争から完全に回復していない。敵意と不信が抑えられているのは、アメリカの存在に負うところが大きい。

冷戦中、アメリカは日本と中国のそれぞれと複雑な関係を保っていた。アメリカは朝鮮戦争以降の戦争に物資を補給するために日本の工業力を、またソ連艦隊を太平洋から締めだすために日本の地理的位置を必要とし、日本は喜んで両方を提供した。アメリカはこの見返りに、日本の工業製品に市場を開放し、アメリカが世界各地で繰り広げる軍事行動に軍事的関与を求めなかった。

この同じ時代、アメリカは三〇年にわたって共産中国と激しく敵対していた。その後ベトナムで覇権力を使い果たしたアメリカは、ソ連への対抗勢力が必要になると、中国に頼った。ソ連に脅えていた中国は、アメリカを安全の保証人と見なし、申し入れを受けた。

中国も日本も、アメリカが相手の国と結ぶ関係を心地よく思っていたわけではない。だがアメリカはこの三角関係に難なく対処することができた。どちらの国も、より重要な問題にかかりきりだったからだ。中国の懸念は、地政学的なもので、主にソ連への恐れである。日本の場合は経済問題、つまり戦後の経済発展だった。どちらの国も、それぞれの事情からアメリカを必要とした。

冷戦が終結すると、均衡は本質的な変化を遂げた。日本の高度成長が失速した時期に、日本にならって経済に重点を置いた中国は、長い好況期を迎えていた。経済規模ではまだ日本が上だったが、世界で最も活力に満ちた経済大国は、いまや中国だった。アメリカは、この状況に十分満足していた。経済問題にとらわれ、純粋に地政学的な見地から二国をとらえようとしなかったのだ。一口にいうと、アジアは財務省や通商関係担当者の管轄であって、国防省が関心を払うような対象ではなかった。

かつてアジアが、インドシナ半島やインドネシア、中国など全域にわたって、世界で最も不安定で最も将来性に欠ける地域と見なされ、一九六〇年代と七〇年代を通じて戦争や内戦が絶えず、総じて不安定だったことを考えれば、一九八〇年代以降の西太平洋と東南アジアの安定は、なおさら注目に値する。

アジアがおそろしく変わりやすい地域であり、次の一〇年には、いま永久不変と考えられ

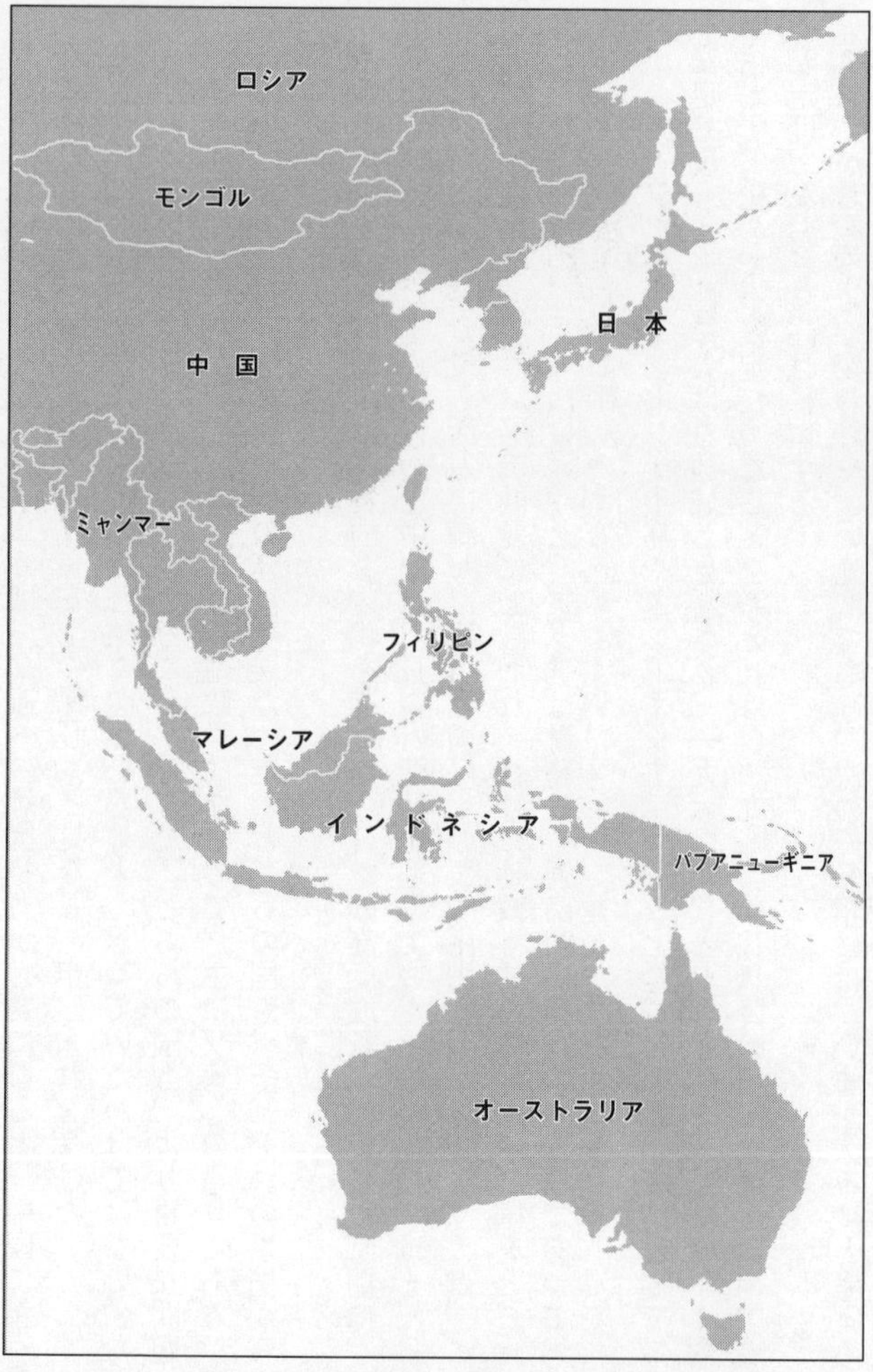

西太平洋地域

るものごとのなかにも、確実に激変するものがあることを、アメリカ大統領は心に留めておかねばならない。たとえば、中国経済が今後厳しい試練にさらされる一方、日本は失敗から立ち直り始める。一九七〇年には、アジアは本質的に暴力的で不安定な地域というのが大方の見方だったが、いまや平和で安定した場所と思われている。アジアが次の一〇年でどのように変わるか、日中関係の力学がどのように展開するか、そしてアメリカの対アジア政策がどうあるべきかを考えることがいかに難しいかを、この矛盾する二つの見方は物語っている。

中国、日本、そして西太平洋

一般に「東アジア」という用語が表わしているのは、じつは千島列島からインドネシアまで連なる島々のことであり、島同士や島と大陸との関係である。大陸という場合、中国を指すことがほとんどだ。

中国は東西に約四〇〇〇キロの広がりをもち、一四の国と国境を接している。海に面しているのは一方向だけで、北、西、南方を、事実上進入不可能な障壁によって隔離された、太平洋の縁にはりつく細長い島と考えるとイメージしやすい。

中国の人口のほとんどが、東部の沿岸から七〇〇キロ以内の地域に集中していることを考えると、島のイメージは的を射ている。人口がこれほどまでに集中しているのは、水が手に入りにくいからだ。次のページの地図を二分する線と海岸線に挟まれた部分は、年間降水量

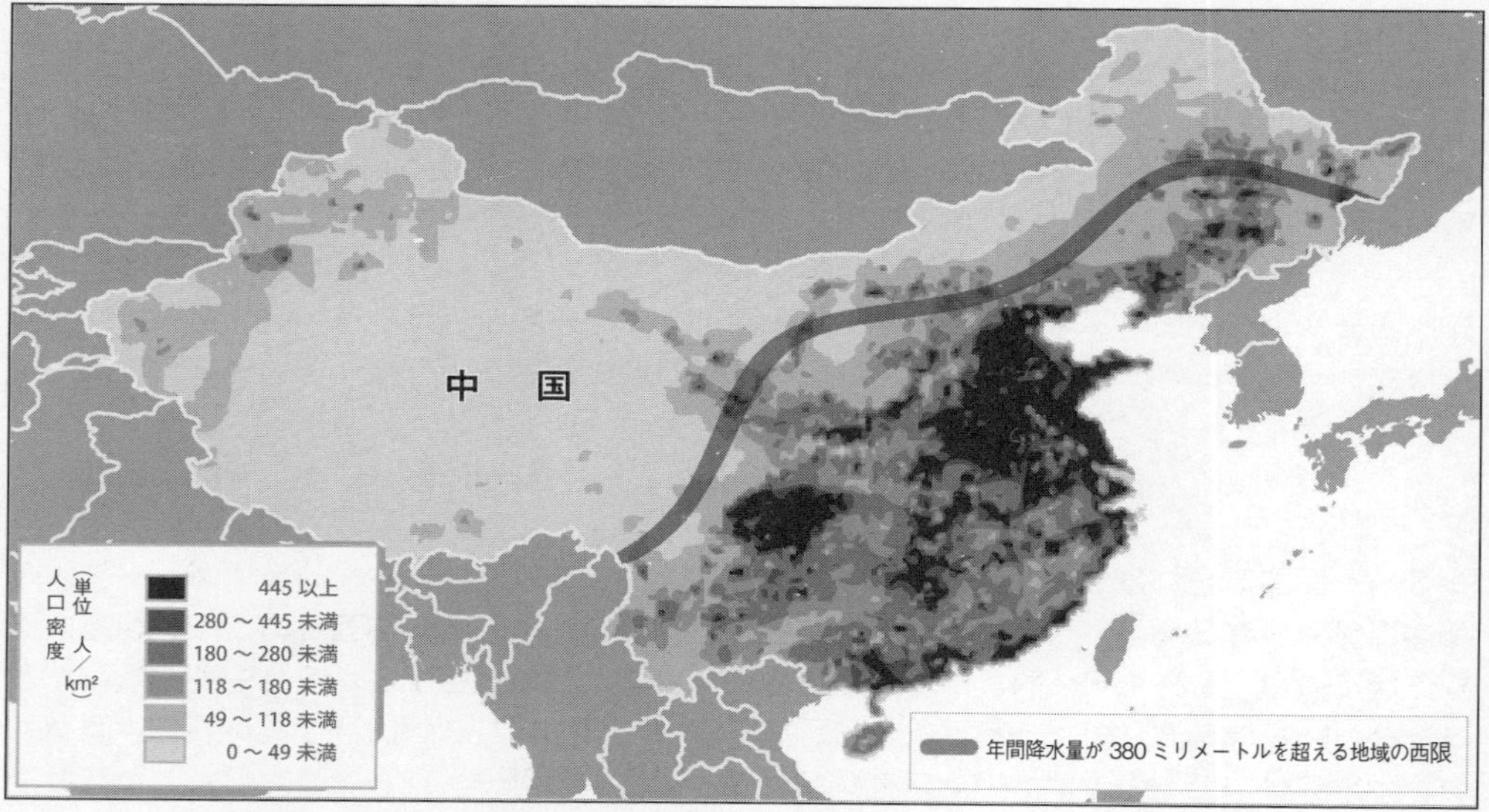

中国の降水量と人口密度

が三八〇ミリメートルを超える地域である。これは多くの人口を維持するために必要な最低限の降水量だ。西部は乾燥していて多くの人口を支えられない。そのため一〇億を超える人口が、アメリカでいえばニューイングランドを除くミシシッピ川以東の地域に押しこめられているようなものだ。ここは中国、漢民族の本拠地にあたる。

中国西部は、広大でほとんど人の住まない、砂漠に似た地域で、四つの緩衝地域に囲まれている。チベット、新疆（しんきょう）、内モンゴル、満州の異民族国家で、これらが中国の地理的境界を固定している。南西部のヒマラヤ山脈は、かろうじて通行可能だが、軍隊はもちろん、いかなる規模の隊商も通過することはできない。北方に横たわるシベリアは、南北を縦断する交通機関のない、広大な荒れ地だ。南方にはミャンマーから太平洋まで、密林や起伏の激しい丘陵が広がり、中国を東南アジアから隔離している。

日本の地形はずっと単純で、四つの大きな島と、それよりずっと小さな島々が、南北に連なっている。列島である日本は、必然的に海洋国家だ。そのうえ工業生産に必要な鉱物資源をほとんど産出しないという特異な地質学的条件が、これに拍車をかけている。日本の工業生産は、資源の輸入と切り離して考えることができない。とくに重要なのが石油で、そのほとんどをペルシャ湾地域から運んでいる。つまり日本は本質的に、世界中に幅広い利益をもつと同時に、脆弱性を抱えているのだ。中国は原材料を輸入しているが、自前で賄うことができる。それにひきかえ日本は、輸入が止まれば数カ月のうちに立ちゆかなくなる。

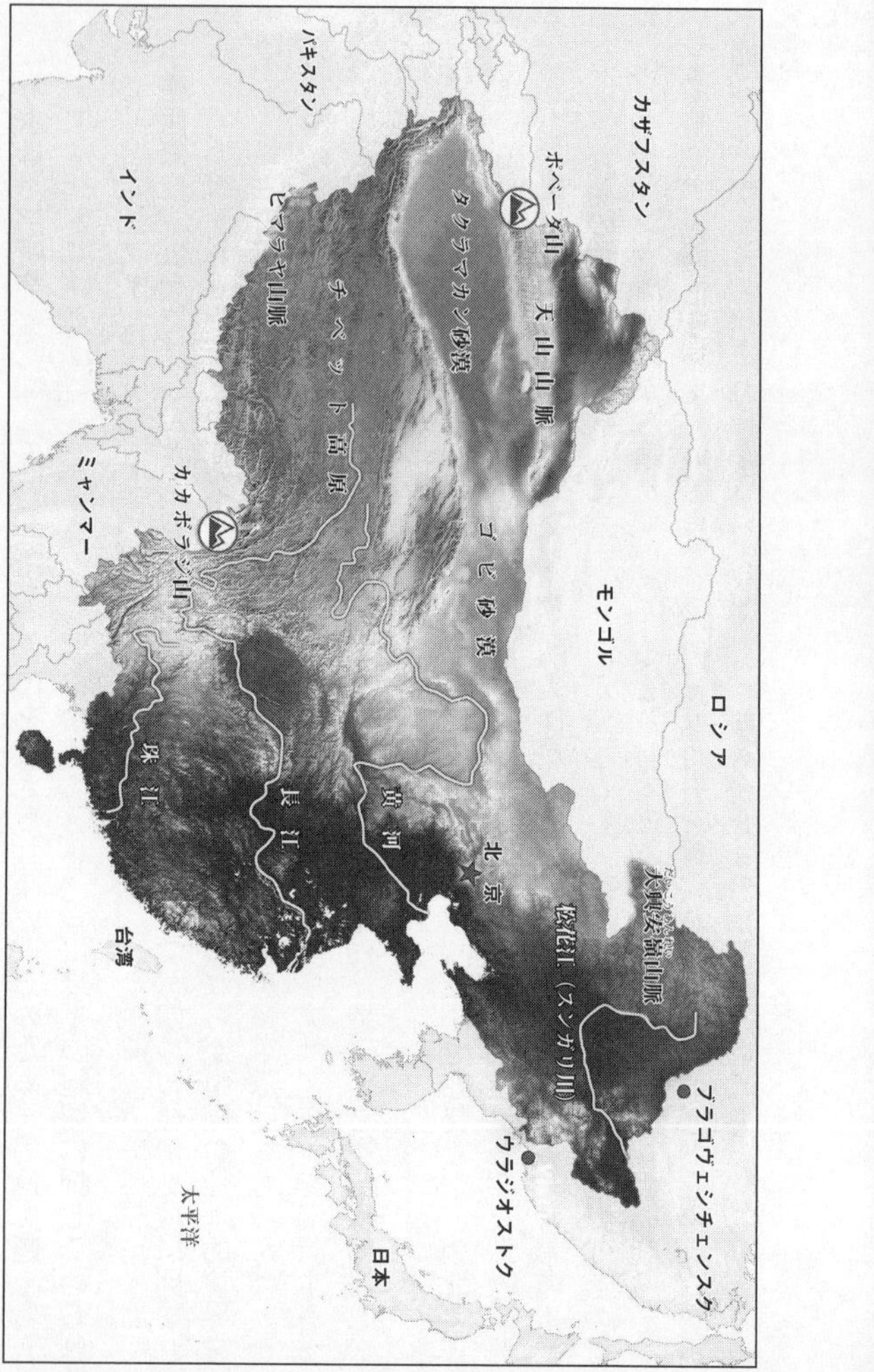
カザフスタン
パキスタン
インド
ポベーダ山
タクラマカン砂漠
天山山脈
チベット高原
ヒマラヤ山脈
ミャンマー
カカボラジ山
ゴビ砂漠
モンゴル
ロシア
黄河
長江
珠江
北京
台湾
大興安嶺山脈
松花江（スンガリ川）
ブラゴヴェシチェンスク
ウラジオストク
日本
太平洋

中国の地形

日本は地理的に孤立していることや、一九世紀に工業化を急速に進めたことにも助けられて、中国のようにヨーロッパ列強に食い物にされずにすんだ。ヨーロッパ列強は、日本に産業技術と軍事教育という形で援助を与えた。日本の海軍はイギリス、陸軍はドイツの方式を模範としている。このようにして日本は、短期間でヨーロッパ列強に挑戦しうる勢力に成長し、一九〇五年にはロシアを破っている。

日本の突然の台頭に最も危機感を抱いたのは、太平洋地域のもう一つの工業大国、アメリカだった。第二次世界大戦まで、日本は原材料のほとんどを東南アジアと東インドから得ていた。原材料を安定確保するために、日本は強大な軍事力、とくに海軍を必要とした。一九世紀末に強大な海軍国になったばかりのアメリカは、やがて海軍力を増強した日本によって、太平洋から締めだされるおそれがあると考えた。日本はただ工業国、海軍国になっただけで、アメリカの安全保障を脅かすように思われた。他方アメリカは、日本に対する防衛手段として海軍力を拡充することで、日本の安全保障を脅かしていた。

この相互威嚇の帰結が、太平洋戦争だった。アメリカの日本に対する勝因は、原子爆弾と島づたい作戦だけでなく、潜水艦によって南方資源地帯からの補給路を断ち、日本の戦争遂行能力を奪ったことにもあった。日本は抵抗を続けたが、アメリカの潜水艦による補給路遮断作戦で供給を断たれると、勝ちめはなくなった。

今日（こんにち）の日本も、一九三〇年代と四〇年代と変わらず、海上貿易のおかげで成り立っている。いまも原油は一〇〇％近くを輸入に頼っており、しかもアメリカの支配する海域を経由して輸入している。つまり日本の工業国としての存立は、アメリカがシーレーンの安全を確保してくれるかどうかにかかっている。またアメリカが日本の補給線で——とくにホルムズ海峡内で——危険を冒さないかどうかにもかかっている。

かくして日本は、アメリカとの従属的な関係にとらわれている。何をおいてもまず自国の補給線を確保できる軍事力を構築しないかぎり、アメリカから距離を置くことはできない。しかしこれは、日本が次の一〇年に計画しているよりも、はるかに野心的で犠牲の大きい企てである。それでも日本が、輸入頼みゆえの本質的な不安と、アメリカの予測不能性に追いつめられて、今後はアメリカへの依存と露出を軽減しようとするのは間違いない。

日本と同様中国も、アメリカと距離を置くことができない。中国がアメリカに依存しているのは、原材料の輸送というよりは(ただし中国の船舶も、アメリカの支配する海域を通る)、中国製品の輸出先としてである。中国は日本に続いて、主要な対米輸出国になり、いまやアメリカの購買力と購買意欲が、ヨーロッパ市場とともに、中国経済を支える柱の一つになっているほどだ。中国はこの両方の市場へのアクセスを何としても確保しなくてはならない。次の一〇年で、中国は日本と同じように、貿易相手国アメリカとの最悪の事態に備えようと努めるだろう。その事態とは、中国製品のアメリカ市場への参入を制限する政治的決定が下されることだ。

この地域の均衡が続くとすれば、それは日中関係のおかげではなく、アジア各国がアメリカと結んでいる関係のおかげである。中国と日本はともに強大化するうちに、いやおうなく相手の台頭に気づき、懸念を抱くようになる。

ほかの条件がすべて一定なら、日本とアメリカは今後も安定した関係を保つだろう。しかし中国の場合は、話が違う。輸出は中国の経済と社会を安定させるが、それだけでは内需を生みだすことはできない。輸出をとおして、自国の繁栄を築くことも大切なのだ。対米輸出が必要を満たさなくなれば、中国はアメリカとの関係に関心を失い、依存からの脱却をめざすだろう。今後一〇年で、中国経済の自立化が進むなか（ただし繁栄するとはかぎらない）、日本はさまざまな権益を中国から守るうえでアメリカに依存するか、場合によっては中国に対する姿勢も変えなくてはならなくなる。このように、米中関係頼みの均衡は、中国経済の今後数年の動向に左右されるだろう。

中国と日本

中国が一九八〇年代に強烈な経済成長を遂げることができたのは、一つにはそれまで毛沢東が経済成長を強烈に抑制していたからでもあった。毛沢東が死去し、やがて鄧小平が政権を握ると、中国は改革開放路線への思想転換によって解き放たれ、潜在需要の顕在化と、中国人の生来の才能や能力にも助けられて、すさまじい勢いで成長を遂げた。

歴史をふり返ってみると、中国は極から極へふり子のようにふれてきた。一方の極には相対的な貧困と孤立化、もう一方の極には社会不安と経済開放がある。イギリスが中国を開国させた一八四〇年代から、共産主義が席捲した一九四七年までの間、中国は開放され、少なくとも一部の地域は繁栄し、暴力的に分割された。毛沢東は長征を行ない、農民軍を指揮して西洋人を追放すると、再び鎖国を敷き、国民の生活水準を押し下げた。しかしこうすることで、中国に一世紀ぶりに安定と結束をもたらしたのである。

このように中国が開放と不安定、鎖国と結束の間をふれるのは、中国の主要な経済資源である、安価な労働力がもつ性質のせいでもある。対中投資が開放されると、外部勢力は中国の豊富な人的資源を活用できるような工場や事業所を、中国に建設する。だがこうした工場の本来の目的は、中国での製品販売ではなく、他国で販売する製品の製造である。したがって、主に大きな港の近くや、港への交通の便がよい場所に投資が行なわれる。人口が沿岸部に集中しているため、内陸部にインフラを建設すべき理由はほとんどない。じっさい中国ではほとんどの工場が、沿岸から二〇〇キロ以内に位置する。中国が繁栄し、工場が中国人の所有になっても、このパターンは変わらなかった。

中国人民銀行の調べによると、六〇〇〇万人の中国人が、世帯年収二万ドル以上の中流層に属する。これはヨーロッパの大国に相当する人口だ。だが総人口一三億人に対し、六〇〇〇万人の中流市民は五%にも満たず、その圧倒的多数が沿岸部または北京に暮らしている。

中国には世帯年収一〇〇〇ドル未満の人口が、六億人もいる。これは一家族が一日三ドル未満で暮らしている計算になる。さらに四億四〇〇〇万人が、世帯年収一〇〇〇ドル以上二〇〇〇ドル未満、つまり一家族あたり一日三ドル以上六ドル未満で生計を立てている。いいかえれば中国人の八〇%が、サハラ以南のアフリカと変わらぬ貧困のうちに暮らしているのだ。人口の一五%（産業労働者）が集中する、沿岸から二〇〇キロ以内のベルト地帯でさえ、とてつもなく貧しいのである。このように中国では狭い繁栄圏が、社会的、地理的な裂け目をつくっている。港の周辺地域は貿易で潤うのに対し、それ以外の地域は恩恵を受けない。じっさい沿岸部は、中国のその他地域や中央政府よりも、貿易相手国との方が、利害が一致する。

一九世紀の中国は、この断層線に沿って分裂した。そして中国がこの先分裂するのも、この線に沿ってである。中国政府は、貧しい大多数と豊かな少数とを天秤にかけるだろう。海外利権の後ろ盾を得た沿岸部の中国人は、中央政府に抵抗する。中央政府は富の移転を図ろうとする結果、弱体化するか、独裁化を余儀なくされる。清王朝は、イギリスの侵略を受けて衰退した。一九四〇年代と五〇年代に毛沢東が打ちだした解決策は、大規模な抑圧、外国人の追放、そして富の剝奪と貧しい内陸部への再分配だった。

適度な繁栄と成長が見られる時期には、中央政府がこの問題に対処できる。不平等が拡大しても、ほとんどの中国人の絶対的な生活水準が向上する。どれほどわずかであろうと、この向上が、不満を抑えるのに大いに役立つのだ。しかし経済が衰退し、生活水準が全体的に低下したら、どうなるだろう？　中流以上の人々にとって、これは不都合なことかもしれない。だが一〇億人を超える、絶対的貧困に暮らす中国人にとっては、生活水準のわずかな低下が命取りになりかねない。中国が近い将来迎えるのは、この事態だ。成長率のわずかな下落が、経済、社会に大きな波紋を生じ、それが中央政府への抵抗を生むだろう。

中国の生産経済の規模が、消費経済に比べて不釣り合いに大きいことを考えると、この問題を避けてとおることはできない。中国で製造されるｉＰｏｄや衣料品は、現地の貧しい大衆に販売されるのではない。それでいて中国は、人件費ではもうパキスタンやフィリピンなどに勝てなくなっている。半熟練労働者の不足から（未熟練の農民工は無尽蔵に存在する）、人件費が上昇している。そのため競争圧力から価格引き下げを余儀なくされ、輸出品の利益率は低下している。今後中国では、競争の激化と輸出相手国の景気低迷から、競争力が損なわれ、企業の返済能力が低下し、金融システム全体がますます大きな負荷にさらされるだろう。

現実は厳しく、中国は大量の失業者を支えることはできない。中国では多くの小作農が職を求めて都市に移り住んでいる。こうした労働者が職を失えば、都市に残って社会不安を招くか、農村に帰って地方をますます貧困に陥れることになる。本来倒産すべき企業への融資を銀行に促したり、輸出に補助金を与え、国営企業をつくるなどして、雇用を保つことはできても、経済の空洞化を招く。

中国は次の一〇年で、国内治安を強化するしかない。人民解放軍はいまもすでに巨大である。国を最終的に一つにまとめるのは人民解放軍だが、その大前提として、社会の最貧層から集めたこの軍が、まとまりと忠誠を保っていなければならない。中国政府は階級的反感を鎮めるために、沿岸部と六〇〇〇万人の富裕層に課税し、人民解放軍や小作農に分配する必要がある。課税される側は抵抗し、政府が恩恵を与えようとする側にとっては不十分な税収しか得られないが、少なくとも軍の忠誠をつなぎとめることはできるだろう。

今後一〇年のうちに答えが出る長期的な問題は、中国が毛沢東方式で、つまり国を閉ざし、沿岸部の労働者を弾圧し、海外権益を追放する形で問題解決を図ろうとするのか、それとも一九世紀末から二〇世紀前半にかけて見られた、地方分権主義と不安定のパターンをたどるのかということだ。ただ一つ確実なのは、中国政府が国内問題にとらわれ、競合勢力を注意深く均衡させようとすること、そして日本とアメリカの意図にますます神経をとがらせるということだ。

日本は一九九〇年代に、中国でいままさに始まっているような衰退を経験した。日本には、傍目から見るよりずっと強い非公式な社会統制がはたらいており、その一方ではケイレツと呼ばれる巨大な企業連合が、非常に大きな自由度を与えられている。日本は第二次世界大戦後に急成長を遂げたが、適切な資本市場体制を構築することができなかったために、当然の結果として金融危機に屈した。日本経済を動かしているのは、企業連合と政府の非公式な協力関係である。このような協力関係は、敗者を出さないためのしくみであり、そこに致命的な欠陥がある。

日本にまともな退職年金制度がないことが、資本の問題に拍車をかけた。国民は貯蓄に励み、政府の運営する郵便貯金になけなしの金利で預けるほかなかった。こうして集められた資金は政府〔日本銀行〕から企業連合に属する巨大な「都市銀行」に貸し出された。この制度のおかげで、アメリカの金利が二ケタ台だった一九七〇年代と八〇年代に、日本企業は五%にも満たない金利で融資を受けることができ、このことが日本に圧倒的な優位を与えていたのである。だが資金は、本質的に収益性の高い事業に融資されたのではなく、ほとんどの利益は、低利の資金調達で浮いた金利分がもたらしたものだった。また国民は多額の老後資金を貯める必要から消費を控え、内需は低迷した。このように、今日の中国経済と同様、当時の日本経済のカギを握っていたのは輸出、とくに対米輸出だったのである。

アジア諸国との競争が激化すると、日本企業は値下げ攻勢をかけ、それが利益を圧迫した。収益が低下したために、企業は成長資金を借入に依存し、その結果ますます返済が困難になった。ついに日本は経済危機に陥ったが、欧米のメディアは何年もの間それに気づきもしなかった。

中国と同じで、日本も失業を回避する必要があったが、理由は違った。日本企業が事業縮小に後ろ向きだったのは、社員が一つの会社を定年まで勤め上げ、会社はその貢献に報いるという、一種の社会契約があったからだ。日本はこの伝統を尊重し、ゼロ成長に甘んじようとも、完全雇用をほぼ維持した。

欧米のエコノミストは、日本経済が停滞に陥った二〇年を称して、「失われた二〇年」と呼ぶが、これは日本の意図を正しくとらえておらず、日本の価値観に欧米の考え方を押しつけている。結束の固い日本社会は、成長を犠牲にして完全雇用を維持したことで、一〇年を無駄にするどころか、国の中核的利益を守りとおしたのである。

この時期、日本人女性一人あたりの出生率は、人口を維持するために必要な二・一人を大きく下回った。若年人口が先細りするなか、いまや経済は退職者を支えられなくなっている。このように、債務と人口動態が、日本に重大な危機をもたらしている。

次の一〇年には、公的、民間部門の債務を際限なく増やして、完全雇用を維持する方法はとれなくなる。日本も中国同様、経済モデルの転換を迫られている。しかし日本には、中国にはない圧倒的な強みが一つある。それは、貧困にあえぐ一〇億の国民がいないことだ。日本は中国とは違って、必要とあれば社会不安を起こさずに、乏しきに耐えることができるのだ。

いまも日本の根本的な弱点は、石油から天然ゴム、鉄鉱石に至るまで、産業に必要なすべての天然資源が不足していることだ。日本は工業大国であり続けるために、国際貿易を行なうしかない。そして万一シーレーンを利用できなくなれば、日本はすべてを失う。資源調達に問題が生じれば、国内で賄うという選択肢をもたない日本が、ふたたび強硬姿勢をとる可能性は高い。

日中のパワーバランス

ここ三〇年来、日本と中国はアメリカとの関係を重視し、互いとの関係を二の次にしてきた。アメリカはそれぞれの国と互恵的関係を保つことで勢力均衡を維持してきたが、次の一る。第一に、中国は国内の経済問題から世界との関係を見直すとともに国と国内の体制変革を迫られ、国内問題が生じ、それに対処するうちに、国としてのあり方が変わっていく。

日本は世界市場へのアクセスを他国に依存して受け身の状態にあっても、つねに世界に深く組みこまれている。中国も同じだが、日本ほど決定的に組みこまれてはいない。中国は原材料を輸入できなくても、日本のように存亡の危機にさらされることはない。また中国は輸出に依存しているものの、必要があれば、苦痛を伴うが経済体制を組み替えることができる。したがって中国は、強硬姿勢をとることも望まないし、そうする能力にも乏しい。中国は主に海路によって世界と交易しているが、地理的環境のわりに、またアメリカ海軍に比べると、それほど強力な海軍をもたない。海軍力の構築には数世代を要する。必要な技術を開発し、またそれ以上に、培われた経験を伝え、優れた司令官を育てるには、時間がかかるのだ。中国がアメリカや日本と海上で対決できるようになるのは、まだまだ先のことだ。ここへ来て中国の海軍増強が注目を集めている。大幅な増強が行なわれているのは間違いないが、現在行なわれているとりくみと、アメリカ海軍と——たとえ中国近海であっても——対決するために必要なとりくみの間には、大きな隔たりがある。最近の最も重要な進展は、地対艦ミサイルの配備だが、中国の海軍艦艇がアメリカ艦隊を破る力をつけるのは、遠い先の話だ。対艦ミサイルでさえ、アメリカの空爆やミサイル攻撃に対してきわめて脆弱である。今後一〇年以内に中国海軍が、アメリカを周辺海域から締めだすことはあり得ない。

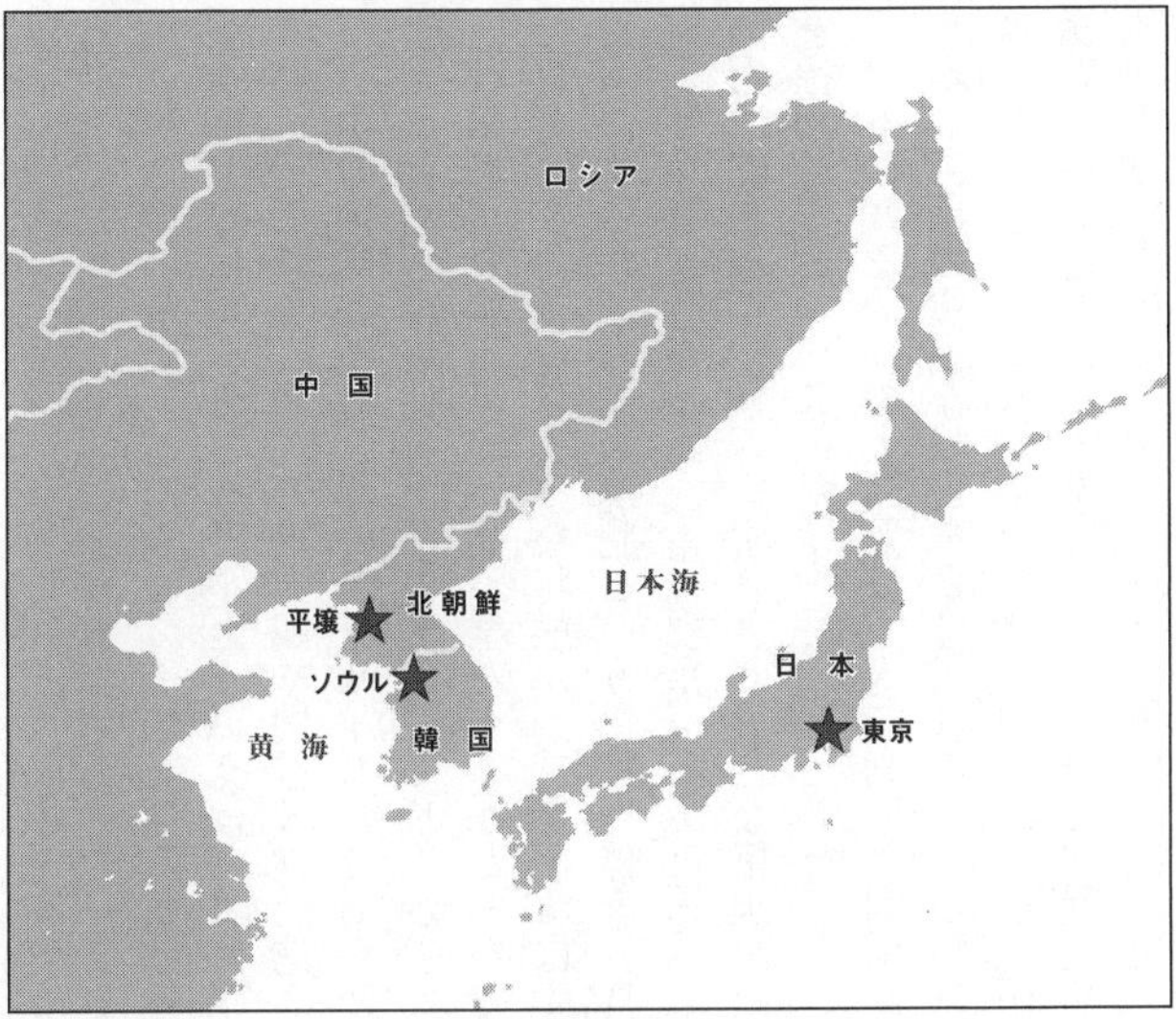

北東アジア

今日の日本は、表向きは平和主義勢力であり、日本国憲法第九条によって攻撃的軍事力をもつことを禁じられている。それでも憲法は、西太平洋地域で最も有能な海軍をもつことや、強大な陸空軍を保持することの妨げにはなっていない。ただし日本は軍事力行使を避け、かわりに海外権益の保護、とくに天然資源へのアクセスを、アメリカに依存している。

戦後アメリカに服従したことは、日本の有利にはたらいた。アメリカは冷戦で日本の支援が必要になり、日本の強化に努めたからだ。しかしいま、事情は微妙に変化している。アメリカはいまも日本のシーレーンを支配しており、日本にアクセスを保証する用意がある。だがアメリカが自らこのアクセスを危険にさらしているせいで、日本は潜在的に危険な立場に置かれているのだ。これまでのところアメリカは対テロ戦争で、日本の生命線ともいえるホルムズ海峡を通る石油輸送ルートを脅かさないよう注意しているが、誤算はつねにつきまとう。平たくいえば、アメリカが耐えられるリスクに、日本は耐えられない。そのため、両国の世界観や国益は食い違う。

日本の国内問題は、この景気サイクルであらゆる経済対策を講じ、手づまりになってしまったことだ。今後は耐乏と失業に甘んじるか、景気を過熱に導くしかない。日本の最大の弱点は依然、資本市場の機能不全だが、かといって中央政府が有効な経済計画を推進しているわけでもない。このような状態が長続きするはずがない。資本市場自由化は、長期的に問題を解決するが、目先の混乱という犠牲を伴う。真の市場経済を受け入れられない日本は、政府主導で効率化を進め（市場経済ほどではないが、現状よりは効率性が高まる）、企業連合の力は弱まるだろう。つまりより大きな権限を政府に集中し、金融に関してより大きな役割を担わせるということだ。

日本の残る一つの大問題は、人口動態と関係がある。高齢化が進めば労働力が不足するが、日本社会は大規模な移民を受け入れることができない。移民の流れによって、日本文化が大切にしてきた一体性が損なわれるからだ。したがって、日本の工場に労働者を招くより、労働者のいる場所に工場を建設することで、問題解決を図ることになる。日本は次の一〇年に、他国の労働市場をいままで以上に積極的に活用するだろう。現地情勢次第だが、その筆頭が中国である。

今後何が起ころうと、日本はアメリカとのきわめて重要な戦略的関係を維持しようとするだろう。とくにシーレーンの確保をアメリカに依存する状態は変わらない。日本にとっては自立するよりもこの方が費用効率が高く、危険もはるかに少ないからだ。

アメリカの戦略——時間稼ぎ

アメリカは、すべての地域で同時に勢力均衡を図るだけの資源にも、政策の弾力性にも欠けている。今後はロシアと中東で手一杯になり、西太平洋地域に対処する資源は残らない。したがってこの地域では必然的に、「時間を稼ぎ、関心をそらす」戦略をとらざるを得ない。アメリカは現在進行中のさまざまな動向をコントロールすることはできず、多少影響をおよぼすことができるにすぎない。さいわいこの地域では、現状を見るかぎりどの国も、アメリカに無害な軌道を歩んでいる。したがってアメリカは、時間稼ぎをしながら、今後起こることに備えて地ならしをする方針をとるだろう。

アメリカにとっての危険は、日本と中国が同盟を結ぶことではない。日本と中国は、あまりにも多くの面で争い、あまりにも深刻な相違を抱えているため、緊密に協力することができないからだ。日本は今回の景気循環で万策尽きれば、二〇年の間身にまとっていた、静かで控えめな巨人の姿をかなぐり捨てるだろう。他方中国は、経済大国から凋落（ちょうらく）する。アメリカの難題は、発展段階の異なる、西太平洋の二大強国のそれぞれと、適切な関係を築くことだ。それとともに、中心から一歩身を引いて、アジアの二大強国がより直接的な関係を築き、本来の均衡点を見出すよう、見守らなくてはならない。

中国と日本が、次の一〇年に地域覇権国として台頭することはない。中国の経済的「奇跡」は、経済成長の例に漏れず、やがて必ず鈍化する。そのため中国は、急成長に頼らずに安定を維持することにとりくむだろう。日本は構造改革を進めながら、外交政策をグローバルな関心と折り合わせようとする。しかしアメリカが本当に目を光らせなくてはならないのは、日本の動向である。

日本は力をつけるにつれて、必然的に海軍力を増強する。アメリカの基本方針は、海軍国の台頭を阻止することだが、もちろん一九四一年にやったような方法で、二〇一五年や二〇二〇年に日本と戦争を始めることはない。とはいえ、自己主張を増した日本に対処するための戦略を考えなくてはならない。

アメリカの対日戦略における第一歩は、中国が分裂しないよう、万全の手を打つことだ。中国が弱体化すれば、日本は思うまま力を誇示できるようになる。そこで中国の重圧をできるかぎりとり除くために、中国製品の対米輸出を促進する。もちろんこれは従来の政策からの一八〇度転換であり、当然ながら政治的問題を招くだろう。大統領は、国内の失業率が高い時期に、中国に寛大な政策をとるべき理由を、国民に巧妙に説明しなくてはならない。だがほんのわずかでも日本を抑止できるものは、何であれ、アメリカにとって価値がある。

中国は国内が安定していなければ、対内投資を統制することができない。中国の工場と労働者を狙う日本のたくらみをかわすにも、安定と統制を保たなくてはならない。日本の対外拡張を妨げれば、日本の国内問題への対応を遅らせることができる。日本経済の復活を遅らせるものは、時間稼ぎになるという点で、何であれアメリカの役に立つのだ。

アメリカは対日戦略の第二段階として、日本とできるかぎり友好的な関係を保たなくてはならない。日本は天然資源へのアクセスが安泰だと思えば、海軍力を増強する意欲を失うからだ。力の不均衡をつねに痛感している日本は、アメリカとの礼儀正しい関係を、一般に思われているほど心地よく感じてはいない。かといって、莫大なコストとリスクを負って、それに代わるものを生みだす気もない。

日本ほどの経済規模をもち、それでいて脆弱な国は、いつか必ず利益を自衛する方法を探さなくてはならなくなる。だがその時期が、次の一〇年に来るとはかぎらない。アメリカのとるべき戦略は、日本の依存状態をできるかぎり長く引き延ばすことだ。日本が依存し続けるかぎり、アメリカは日本の政策にますます大きな発言力をもち、思うままに方向づけることができる。日本は追いつめられれば針路を変更して、一九三〇年代の破滅的な政策に回帰するおそれがある。当時の日本は経済統制を敷き、国防に邁進していた。日本を追いつめないよう、気をつけなくてはならない。

アメリカ国内では二つの要因のせいで、対アジア戦略への理解が得やすくなるだろう。第一に、国民はほかの問題に気をとられる。第二に、アメリカは西太平洋でいきなり行動を起こすのではなく、徐々に行動を起こす。そのため大統領は政策変更を宣言する必要がないし、一つひとつの行動は決定的な影響をおよぼさない。中国と日本にとって、アメリカは重要だが中心的な存在ではないからだ。

その一方でアメリカは、歴史の新たな段階をにらんで、両国との関係を構築しなければならない。ロシアやその他の勢力の脅威に対抗するために、日本、中国またはその両方に協力を要請することもあり得る。しかしどちらの国も、リスク許容度があまり高くない。何の見返りもなく無理強いしても無駄だということを、アメリカはわきまえなくてはならない。

ここで、韓国が重要な役割を演じる。韓国は日中両国にとって、いまも目の上のたんこぶだが、とくに日本にとって厄介な存在だ。韓国は歴史的理由から、日本に嫌悪感を、中国に不信感をもっている。ついでにいうなら、アメリカのこともとくに快く思ってはいないが、少なくとも地理的要因からアメリカに依存せざるを得ない。

日本が力をつけ、中国が弱体化するなか、韓国はこれまで以上にアメリカを必要とし、アメリカは日中両国に対処するための選択肢を韓国に求めるだろう。さいわい、韓国とはすでに関係を結んでいる。したがって関係を深めても、日本と中国にさほど懸念をもたれることはない。

韓国は先端科学技術の重要な中心地になる。とくに中国は、韓国の技術を喉から手が出るほど欲しがるだろう。アメリカは、この技術移転のペースを何らかの方法で左右できれば、中国への影響力を強めることができる。韓国は、とくに朝鮮半島がやがて必然的に再統一されれば、北朝鮮の厄介な問題に対処するために、アメリカの財政支援が必要になる。統一後の韓国は、アメリカに貿易面での特別な措置を求めるだろう。たとえ韓国にほかに頼れる国がなくても、アメリカ大統領は韓国を優遇しなくてはならない。次の一〇年で、アメリカにとっては韓国との関係が、西太平洋で最も重要な関係になるからだ。しかし再統一は大きな問題ではない。北朝鮮はどれほどはったりをかまそうと、破綻した国であり、その核施設は他国が容認するかぎりにおいて存在するからだ。北朝鮮は核計画で国際社会からの圧力をかわし、時間稼ぎをしている。だが核計画では、いつまでも国を安定させることはできない。これに対して韓国は、自立した活力あふれる強国であり、北で何が起ころうと、それは変わらない。

アメリカにとってこの地域で二番目に重要なのは、オーストラリアとの関係だ。ヨーロッパの支配下に落ちた最後の陸塊の一つであるオーストラリアは、地理的に文字どおり世界の果てにあり、人口のほとんどが、南東部の比較的狭い面積にとどまっている。

オーストラリアは地政学的に誤ったイメージをもたれているうえに、そのイメージを自ら信じている。一見孤立していて安全に思えるが、孤立は幻想にすぎず、じつは脆弱なのだ。たとえば最も近い隣国のインドネシアは、多くの群島に分かれた弱国で、オーストラリアとは約五〇〇キロの海で隔てられている。第二次世界大戦時、インドネシアとその東隣のニューギニアは、オーストラリアにとって重要な戦略的機能を担っていた。これらの地域によって日本の攻撃を吸収することで戦力を枯渇させ、南進を断念させたのである。皮肉にも、第二次世界大戦とこの北方の緩衝島は、インドシナ難民が押し寄せる事態を招いたにもかかわらず、オーストラリアの安心感を高めたのだった。

オーストラリアは一見自立した安泰な国のようだが、じつは経済を維持するために、国際貿易に大きく依存しており、とくに食料品や、鉄鉱石をはじめとする鉱物資源の輸出に頼っている。商品は海上輸送されるが、オーストラリアはシーレーンの安全を、他国に全面的に委ねている。つまりオーストラリアはいうなれば、動脈と静脈が体の表面にむきだしで、つねに危険にさらされている生きもののようだ。

オーストラリアは脆弱性に対処するために、西太平洋の支配的な海軍国と同盟を結ぶ戦略をとってきた。かつてはイギリス、いまはアメリカである。どんな同盟にも代償はつきものだが、イギリスとアメリカは同じ見返りを要求した。自らの起こした戦争への参戦だ。オーストラリアはボーア戦争と両世界大戦、朝鮮戦争、ベトナム戦争で、多大な犠牲を払った。一九七〇年から一九九〇年までは、軍事パートナーの役割から遠ざかり、参戦を要求されることもほとんどなかった。だが一九九一年の「砂漠の嵐」作戦では、軍事行動を支援する戦略に立ち返り、その後はアフガニスタンにもイラクにも派兵している。

オーストラリアの安泰は、シーレーンの安全確保だけでなく、国際貿易体制に妥当な条件で参加できるかどうかにもかかっている。オーストラリアは米英の「いとこ」たちを助ける戦略をとおして、超大国と肩を並べ、貿易にかかわる影響力と安全を確保した。これはオーストラリア単独ではなし得なかったことだ。

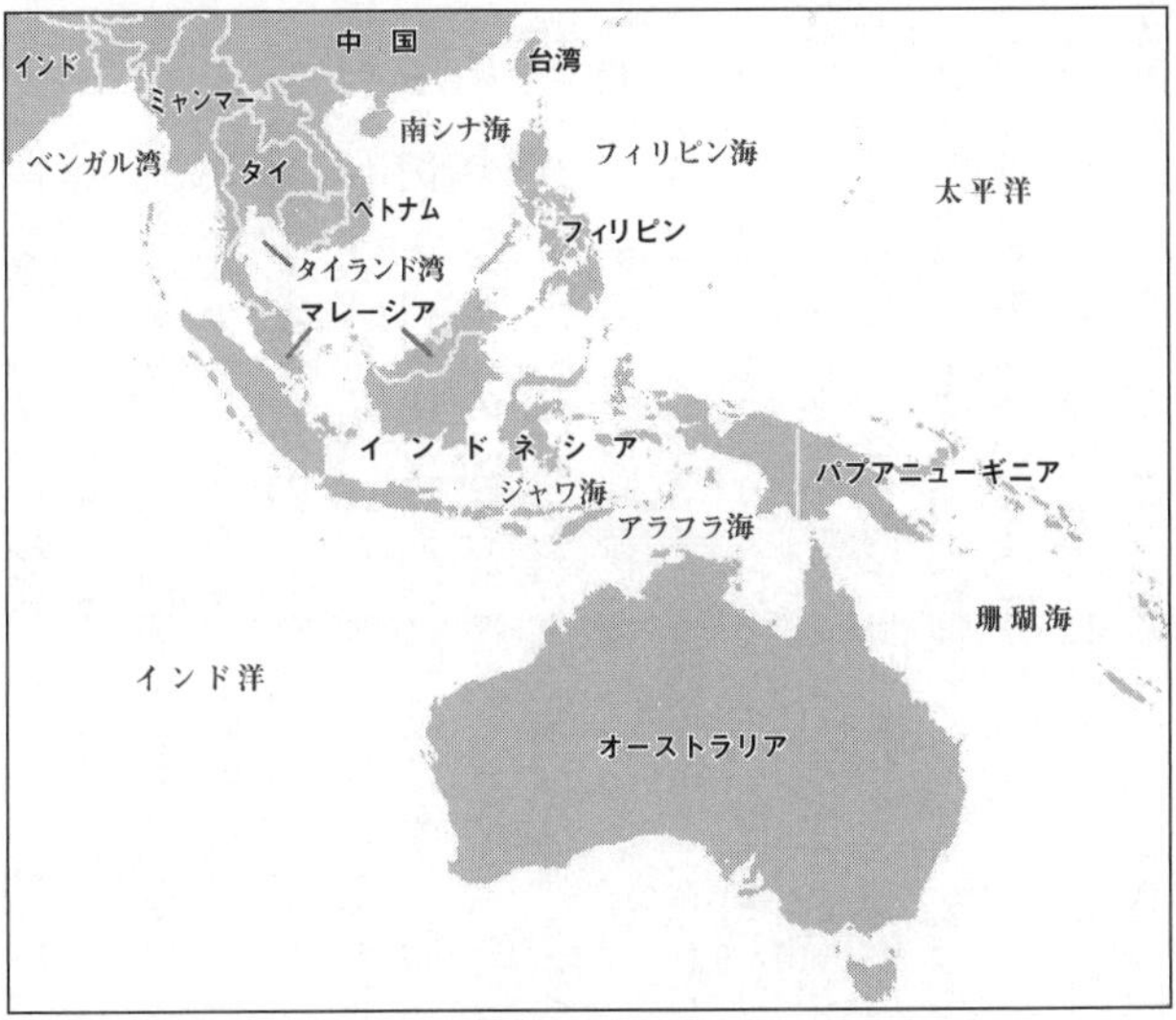

東南アジア

第二次世界大戦中は、イギリスのために北アフリカに派兵したほか、太平洋戦域のアメリカ軍の増強を、物資補給拠点として支援した。もちろんオーストラリア軍も戦ったが、オーストラリアはたとえ軍事協力を行なわなくても、インドネシアとニューギニアの地理的な盾に隠れているというその位置に、計り知れない価値がある。今後西太平洋にどんな強国が現われてアメリカに挑戦しようとも、オーストラリアはアメリカの太平洋戦略の重要な基盤になる。ただし、第二次世界大戦中には、後方補給拠点の基盤づくりに数年を要したが、将来のどんな紛争でも、これほど長い準備期間は許されない。

アメリカにとって、オーストラリ

アとの関係を維持するのは難しいことではない。オーストラリアの戦略には、選択肢が二つしかない。一つは、何もしなくても利益が守られるという判断のもとに、同盟の責務から身を引くこと。もう一つは、同盟に加わり、アメリカからより正式な約束を引き出すことだ。前者は代償は小さくリスクは大きいのに対し、後者は代償は大きいがより確実だ。

今後何か大きな脅威が生じれば、オーストラリアは間違いなくアメリカ陣営につくだろう。ただし、西太平洋の強国が突如シーレーンを掌握するようなことがあれば、オーストラリアがその国と取引をする可能性はつねにある。強国に恭順することで、アメリカとともに戦うより、少ないリスクで目的を達成できるという打算がある場合だ。したがって、事前にオーストラリアと公約を交わし、軍事施設を置くことは、オーストラリアの選択肢を狭めるという意味で、アメリカの利益になる。

オーストラリアは、アメリカの保護から逃れられないとはいえ、戦略的重要性が高いため、アメリカはオーストラリアにとって、できるだけ寛大で魅力的な存在であるよう努めなくてはならない。オーストラリアの当座の軍事的負担を軽減することは、別の意味でも理にかなっている。なぜなら将来的には今より多くの幅広い支援が必要になる可能性があるからだ。

オーストラリアと戦略的に同じくらい重要なのが、都市国家シンガポールである。この国は、マラッカ海峡を押さえるための拠点として、イギリスによってマレー半島の先端に築かれた。この狭い水路は、とくにペルシャ湾から中国や日本に石油を輸送する際、インド洋と太平洋を結ぶ重要な航路である。ペルシャ湾に向かうアメリカの軍艦も、この海峡を通過し

インドネシアのシーレーン

なくてはならない。マラッカ海峡はジブラルタルとスエズ運河と並ぶ、交通の隘路（あいろ）であり、この海峡を支配する者は、思うがままに貿易を遮断し、通過を保証することができる。

現在のシンガポールは独立した都市国家であり、地理的条件に恵まれ、先端技術産業にも助けられて、繁栄を謳歌している。シンガポールにとってアメリカは製品の輸出先として、また主権の守護者としてなくてはならない存在である。一九五七年にマラヤ連邦〔マレーシアの前身〕がイギリスから独立した後、中華系が人口の大半を占めるシンガポールが、イスラム教徒の多いマレーシアから分離独立した。二国の関係は時代とともに変化しているが、マレーシアへの併合の脅威が高まることはなかった。しかしシンガポールは、二つの地政学的現実を心得ている。金持ちで弱いことほど、最悪なことはない。そして、絶対確実な安全などない、ということだ。マレーシアやインドネシアの今後数十年の動きは、まるで予測がつかない。韓国やアメリカはシンガポールをまったく制御できないため、協力関係を築く必要がある。韓国やオーストラリアとのつきあいと同様、必要以上の寛容を示し、同盟を確実なものにしなくてはならない。小さなコストで重大な利害を左右することができるのだ。

インド

インドについては、西太平洋地域との関わりで考察しなくてはならない。インドは規模が巨大で、経済成長が著しく、次の中国になるといわれ続けているが、次の一〇年で底深い力をもつ重要な強国になるとは考えられない。インドは多くの意味で、巨大なオーストラリアのようなものだ。どちらも、規模は違うが強大な経済力をもっている。その意味で、どちらの国も軽く見てはならない。

オーストラリアと同様、インドは地理的に孤立した亜大陸である。ただし、オーストラリアの方がぱっと見たところ何千キロもの海で隔てられているため、ずっと孤立しているように見える。だがインドも、おそらく海よりも越えにくい陸の障壁に囲まれているという点で、それなりに島のようなものといえる。ヒマラヤ山脈が北方からの、険しい密林が東方からの出入りを阻んでいる。南方はインド洋に囲まれ、その海はアメリカ海軍が支配している。

インドの最大の問題は、西方の砂漠とパキスタンにある。イスラム国のパキスタンは、ヒンズー教徒が支配するインドと、何度となく戦を交えており、両国は冷え切った関係と激しい敵対関係の間をつねにふりこのようにゆれ動いてきた。アフガニスタンについての考察でも触れたが、パキスタンとインドのパワーバランスが、この亜大陸を大きく特徴づけている。アメリカにとっては、この均衡を保つことが、次の一〇年の重大な目標である。

インドは民主的な中国と呼ばれ、もしこれが正しいとすれば、そのことがインドの勢力に足かせをはめている。インドには中央政府があるものの、国を構成する各州が独自の法律をもっており、その一部が経済発展の妨げになっている。インドはめざましい経済成長を遂げているが、こうした事情が成長を大きく制約しているのだ。それぞれの州が互いから油断なく権益を守り、指導層は特権にしがみついている。各地方はさまざまなかたちで結びついているが、結束を最終的に保証するのは、軍隊である。

インドの軍隊は強大で、三つの機能を果たしている。パキスタンとの勢力均衡を保つこと。北部国境を中国の侵略から守ること（ただし地形を考えるとほぼ不可能である）。そして最も重要なことに、インド軍は中国軍と同様、国内の治安を維持している。深く分裂した諸地方を抱えるこの多様な国にとって、治安は深刻な問題なのだ。現在も東部では毛沢東主義派の大きな反乱が続いているが、この種の問題を阻止、鎮圧するのが軍の役目である。

インドは海上に関しては、シーレーンを守り、戦力を投影し、インド洋の主要勢力になり

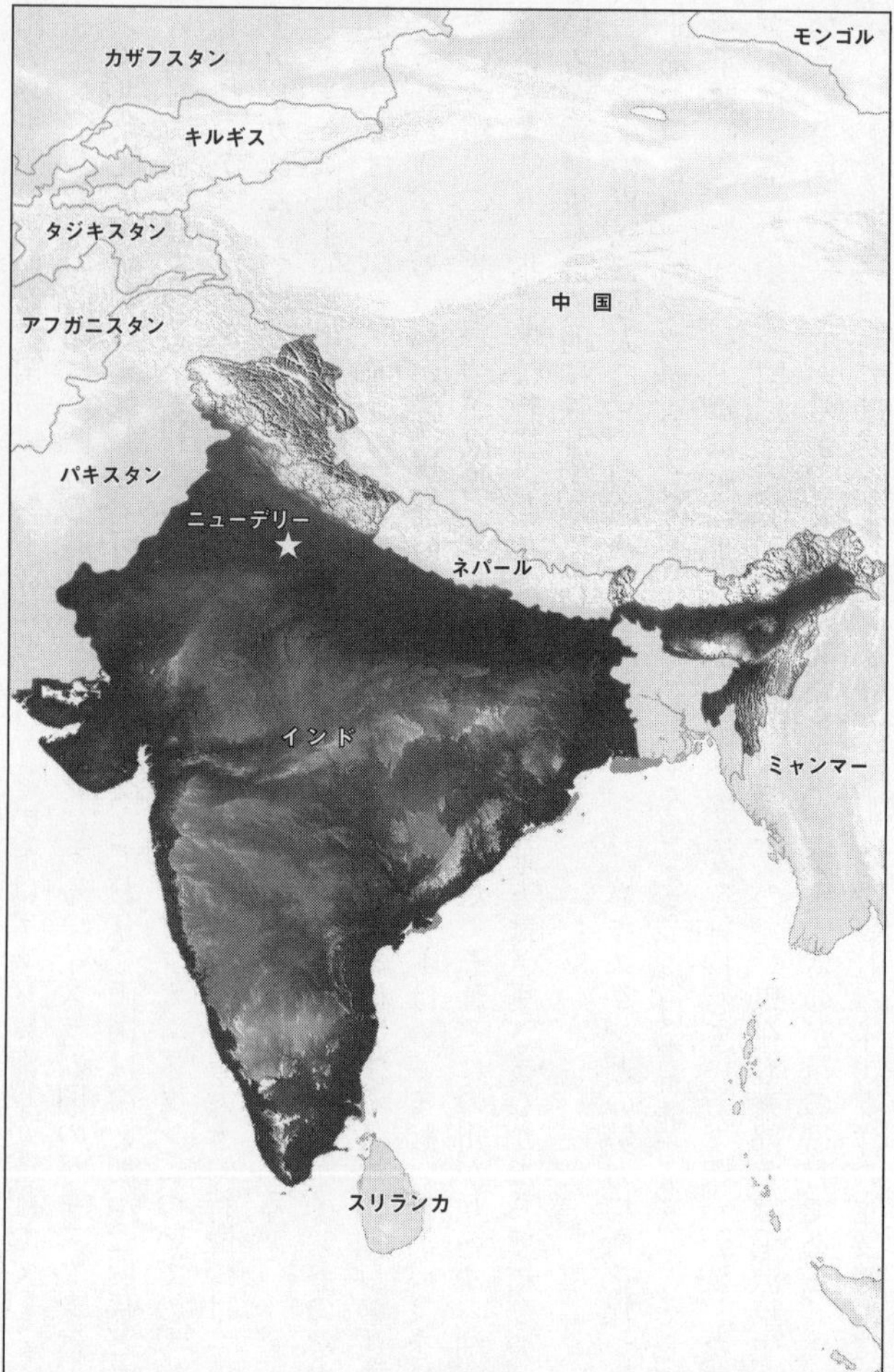
モンゴル
カザフスタン
キルギス
タジキスタン
中　国
アフガニスタン
パキスタン
ニューデリー
ネパール
インド
ミャンマー
スリランカ

インドの地勢

得るような海軍を構築することに関心がある。だがアメリカは、インドがこのような方向に足を踏みだすことを望まない。インド洋は、ペルシャ湾から太平洋に向かう石油の通路であり、アメリカは陸上でのプレゼンスをどれほど縮小しようと、インド洋には強大な戦力を配置し続けるはずだ。

インドの海軍力増強を、アメリカの利益を脅かさない程度にとどめるには、インドの国防支出を、海軍ではなく陸軍や戦術航空軍に向けなくてはならない。アメリカにとって、最も金をかけずにこれを行ない、将来顕在化するかもしれない問題の芽を摘む方法が、パキスタンの軍備増強を支援することだ。そうすればインドの安全保障計画を、海でなく陸に集中させることができる。

そのうえインドは、アメリカとパキスタンの関係を阻害するか、せめてアメリカ軍をアフガニスタンにとどめてパキスタンを不安定化させたいと考えている。もしこれに失敗した場合、冷戦中にソ連に接近したように、別の国にはたらきかけるかもしれない。パキスタンは、あり得ない話だが、たとえ核兵器の撃ち合いになったとしても、インドの存亡を脅かすことはない。それでも簡単に崩壊するような国ではないため、今後も根深い問題として、インドの戦略方針の中心に据えられるだろう。

インドは経済発展では中国に後れをとっており、それゆえ中国が抱えている困難とはまだ無縁である。次の一〇年で急激な経済成長を遂げるが、経済力だけでは国家の安全は保障できない。それに経済力があるからといって、インド洋を支配する力が手に入るわけでもない。

インドを安心させすぎることは、アメリカの利益にならない。したがって、たとえアメリカがアフガニスタンを去り、貿易関係が続いても、次の一〇年でアメリカとインドの関係は悪化するだろう。

アジアのゲーム

次の一〇年には、アメリカがほかの問題に気をとられるため、アジアの二大強国、中国と日本は、外部勢力の影響をほとんど受けず、独自の道筋を歩むだろう。変化が比較的緩やかであることを考えると、アメリカは日中関係にかかずらうべきでない。中国の安定と日本との関係維持に、可能な範囲でとりくめばよい。

とはいえ、西太平洋地域の平和は永遠には続かない。アメリカは韓国、オーストラリア、シンガポールの三つの主要勢力との関係強化に努めなくてはならない。

この三国は、アメリカが西太平洋諸国、とくに日本と戦争になった場合に、重要な同盟国になる。準備は早いに越したことはない。韓国海軍を増強し、オーストラリアに軍事施設を設置し、シンガポールの軍を近代化しても、さほど大きな懸念を招かない。次の一〇年でこうした措置をとれば、将来起こりうるどんな紛争にも対処できる枠組ができる。

第10章の概要

- 次の一〇年に、中国は国内問題に足をとられ、弱体化し始める
- 日本は長期的には軍事力を増強するが、次の一〇年は国内の経済、人口問題にとらわれる
- アメリカの最大の懸念は、日本の動向である。日本の依存をできるかぎり引き延ばし、追いつめないことが重要となる

第11章 安泰なアメリカ大陸

　アメリカとラテンアメリカ、カナダは、同じ新大陸にあり、少なからぬ歴史を共有してきた。このことから、アメリカにとって南北アメリカ大陸は、並はずれて重要な存在だと思う人がいるかもしれない。じっさい多くのラテンアメリカ人は、アメリカがラテンアメリカを支配すること、少なくともその資源を獲得することにとりつかれていると思っている。しかし少数の例外——主にメキシコとキューバの動向——を除けば、ラテンアメリカでのできごとは、アメリカにとって大して重要ではないし、この地域がアメリカ人の思考のなかで大きな位置を占めたことはほとんどない。これには距離も関係している。ワシントンにとってリオデジャネイロは、パリより一六〇〇キロも遠い。それにアメリカはパナマ以南のラテンアメリカ諸国とは、ヨーロッパやアジアの強国とのように、大規模な戦争をしたことがない。もちろん、相互不信や敵意がないわけではないが、つきつめれば——やはりメキシコとキューバを例外として——アメリカの基本的利益は、ラテンアメリカの利益とまったく重ならない。

アメリカがラテンアメリカに限られた関心しかもたないのは、一つにはこの地域が寸断されているため、南米大陸を横断する勢力が育ちにくいからだ。南アメリカは一つの地理的実体のように見えるが、じつはこの大陸は大きな地形障壁によって分断されている。南北に走るアンデス山脈は、ロッキー山脈やアルプス山脈よりはるかに高く、容易に横断できる道がほとんどない。大陸の中央部には、同じくらい侵入不能な広大なアマゾンのジャングルという障壁がある。

南アメリカは三つの地域に分かれており、それぞれの地域が、基本的な陸上交易が困難で政治的統合が不可能なために、残りの地域から遮断されている。ブラジルは大西洋に弧のように張りだしており、内陸部には人を寄せつけないアマゾン川が流れている。ブラジルの南方には、アルゼンチン、ウルグアイ、パラグアイからなる、大西洋に面した別の地域が広がる。パラグアイは内陸国だが、このグループに属する。西方には、チリ、ボリビア、ペルー、エクアドル、コロンビア、ベネズエラの、アンデス諸国がある。本土から離れた場所にあり、完全にラテン系ではない地域が、カリブ諸島である。この地域は重要な足場にはなるが、それ自体は力をもたない。

ブラジルと南方の諸国をつなぐ架け橋は、ウルグアイを通るごく狭い地峡だけだ。アンデス諸国がまとまっているというのは、通過不能な地形を共有しているという意味でしかない。大西洋沿岸南部の地域は統合が可能だが、主要国はアルゼンチン一国しかない。そのうえ南北アメリカは、中央アメリカの密林地帯で分断され、通過可能な地峡がない。たとえ地峡があったとしても、それを利用できるのはコロンビアと、おそらくベネズエラだけだ。

アメリカの対ラテンアメリカ政策の根底には、二つの要素が組み合わさらないかぎり、この地域には懸念をもつにはおよばない、という考え方がつねにある。その要素とは、戦略的要衝（この地域には少ししかない）が、その場所を利用できる強国の手に落ちることであり、その場合にのみ、アメリカに脅威がおよぶということだ。モンロー主義は、アメリカが容認できない唯一の地政学的展開が、このような不測の事態だということを、はっきりと打ちだすために宣言されたのである。

第二次世界大戦中、南アメリカにドイツの工作員や共鳴者（シンパ）がいることが、アメリカ政府の戦略担当者にとっては深刻な懸念だった。ドイツ軍はセネガルのダカールから大西洋を渡ってブラジルに上陸するおそれがあった。同様にアメリカは冷戦中、ソ連がこの地域に勢力を伸ばすことをひどく恐れ、妨害するために介入したこともあった。しかしドイツもソ連も、本気で南アメリカを支配しようとしていたわけではない。なぜなら、この大陸がアメリカの利益とほとんど関係がないことを知っていたからだ。むしろ単にアメリカ政府をいらだたせ、アメリカの軍事資源を分散させることを狙っていた。

外部勢力の関与が重大な脅威と見なされた唯一の場所は、キューバである。キューバが並はずれて重要なのは、その並はずれた戦略的立地のせいだ。

一九世紀初頭のアメリカの繁栄は、河川系に負うところが大きかった。ルイジアナ領土や

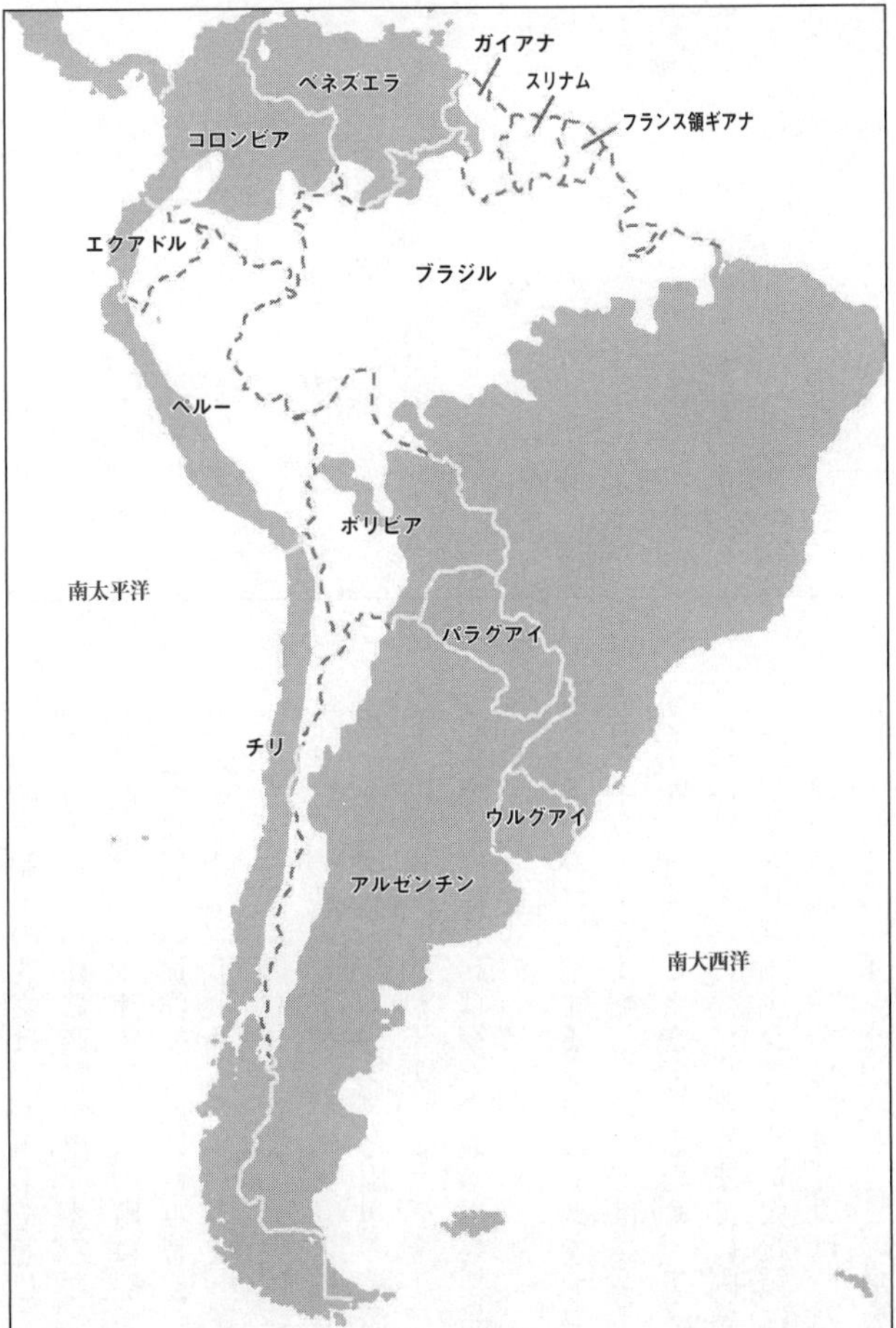
ガイアナ
ベネズエラ
スリナム
フランス領ギアナ
コロンビア
エクアドル
ブラジル
ペルー
ボリビア
南太平洋
パラグアイ
チリ
ウルグアイ
アルゼンチン
南大西洋

南アメリカの地形障壁

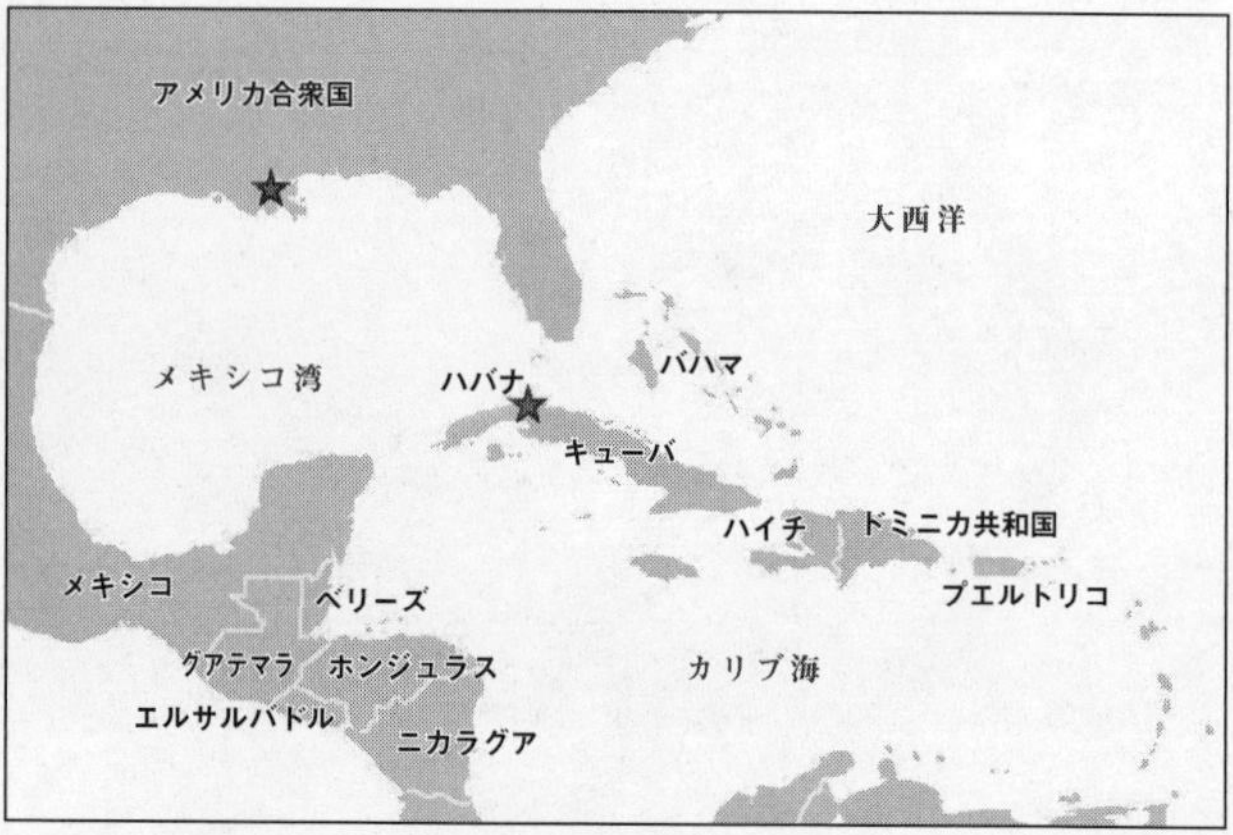

キューバとカリブ海

オハイオ領土の農家は、河川系を通じて、東海岸とヨーロッパに農産物を出荷することができた。商品はニューオーリンズの町に船で運ばれ、そこで荷船から遠洋航行船に積み替えられた。アメリカはニューオーリンズの安全を守るために、まず一八一四年〔米英戦争末期〕にニューオーリンズの戦いを、続いてテキサス独立戦争を戦った。ニューオーリンズと周辺の港湾は、いまも取扱貨物量でアメリカ最大を誇り、中西部の穀物を出荷し、鉄鋼その他の工業製品を入荷している。

キューバに駐留する海軍は、メキシコ湾を通るシーレーンを支配し、ひいてはニューオーリンズを掌握することができるため、アメリカはいつの時代もこの島に異常なまでに固執してきた。アンドリュー・ジャクソン大統領はキューバ侵略を検討し、のちにアメリカは一八九八年に介入してスペインを追放し、この島を支配下においた〔米西戦争〕。この半世紀後にフィデル・カストロの親ソ政権が誕生すると、キューバはアメリカの戦略の最重要課題になった。ソ連の後ろ盾のない、ただの反米キューバは、とるに足りない問題だが、ソ連のミサイル基地がある反米キューバは、重大な脅威だった。

今後一〇年に関していえば、キューバには大国のパトロンがついていないため、アメリカ大統領はアメリカの政治世論に合った対キューバ政策を策定すればよい。ただし、アメリカに対抗する世界的勢力が出現した場合、その敵国がキューバを利用すればアメリカに最大の圧力をかけられることを、大統領は忘れてはならない。だからこそ、キューバは敵国の狙う獲物になるのだ。

キューバを再びアメリカの影響下に置くことは、長い目で見れば理にかなった予防的政策であり、世界的な対抗勢力が出現して、賭け金と賞金をつり上げる前にそれを行なうことが、きわめて望ましい。フィデルとラウルのカストロ兄弟は、この一〇年の間に生涯を終えるだろうし、またこの島を支配する政界、諜報界のエリートたちは、建国世代よりも若く冷静である。かれらは建国者たちの死後も政権にとどまれるかどうかに賭けるより、キューバの外交政策への発言力をアメリカに与える見返りに、今の地位を維持するという取引に応じる可能性が高い。政権移行期は、取引をもちかける絶好の機会だ。カストロ陣営は、権力の座を去る前に、従来路線を継承することを条件に、アメリカの影響下に入るかもしれない。これが失敗したとしても、移行期の不安定は、後継者に接近する絶好のチャンスとなる。アメリカの利益は単純明快で、人権擁護や体制変革などとは何の関係もない。将来どんな問題が起きても、キューバが外部勢力の拠点にならない保証を得ることが、アメリカの利益なのだ。これがかなえられれば、十分な成果といえる。

ベネズエラも、アメリカを深刻に脅かすふりをして注意を引くことに成功している、ラテンアメリカの一国だが、じつは脅威ではない。第一に、ベネズエラ経済は石油輸出に依存しており、地理的条件と物流の事情から、アメリカを石油の輸出先とせざるを得ない。第二に、ベネズエラは他地域から物理的に隔離されている。南方にはアマゾン川が、北方にはアメリカ海軍の支配するカリブ海、東方には山地と密林、そして西方にはベネズエラと敵対する安定国家のコロンビアが控えている。このため、たとえイスラム過激派のテロリストがやってきて、現在のアメリカとの不和を利用しようとしたとしても、まったく脅威にならない。新しい世界的対抗勢力がベネズエラと手を組み、そこを拠点に悪さをしようとしても、この地理的位置では大した空軍、海軍基地にならない。もちろん、二〇三〇年代頃までにベネズエラに戦略方針を変更させることが望ましいが、それはアメリカの利益に必要不可欠というわけではない。

アメリカは対ベネズエラ外交政策に関しては、イデオロギーやいらだちにとらわれないよう自らを律し、戦略に集中しなくてはならない。大統領ウゴ・チャベスは自ら樹立した政権のなかで権力を失うだろう。じっさい、アメリカが適切なタイミングでキューバと取引するとすれば、その取引にはチャベスへの支援をキューバに撤回させる条件が、おそらく含まれるだろう。しかし、たとえチャベスが権力の座にとどまろうと、かれが脅威をおよぼす相手は自国民だけである。

対ブラジル、アルゼンチン戦略

ラテンアメリカには、単独でアメリカの対抗勢力になる力を秘めた国は、一国しかない。それはブラジルだ。ブラジルは、ラテンアメリカ史上初の自立した経済大国かつ潜在的な世界覇権国であり、これまで巧妙な駆け引きを通じて地歩を固めてきた。

ブラジルは世界第八位の経済規模を誇り、面積と人口では世界で五番目に大きい国である。発展途上国の例に漏れず、輸出志向が非常に強いが、その内訳を見るとバランスがとれている。一次産品（農業、鉱業産品）が三分の二を占め、残りが工業製品である。輸出先の地理的分布も申し分なく、ほぼ同額がラテンアメリカ、EU、アジアに向かっている。アメリカにも、相対的に見れば少ないが、無視できない額を輸出している。このバランスのとれた輸出構造から、ブラジルが特定分野に特化した経済に比べて、地域の景気動向に左右されにくいことが見てとれる。

現在のブラジルはアメリカにとって、とくに脅威を呈するわけでも重要なわけでもないし、アメリカもブラジルにとって厄介な存在ではない。経済摩擦もほとんどなく、地理的条件のせいで、ブラジルがアメリカを攻めるのは容易ではない。ブラジルが北進しても割に合わない。北方の地形は越えるのが極端に難しいうえ、北方にはブラジルが必要とするものは何も

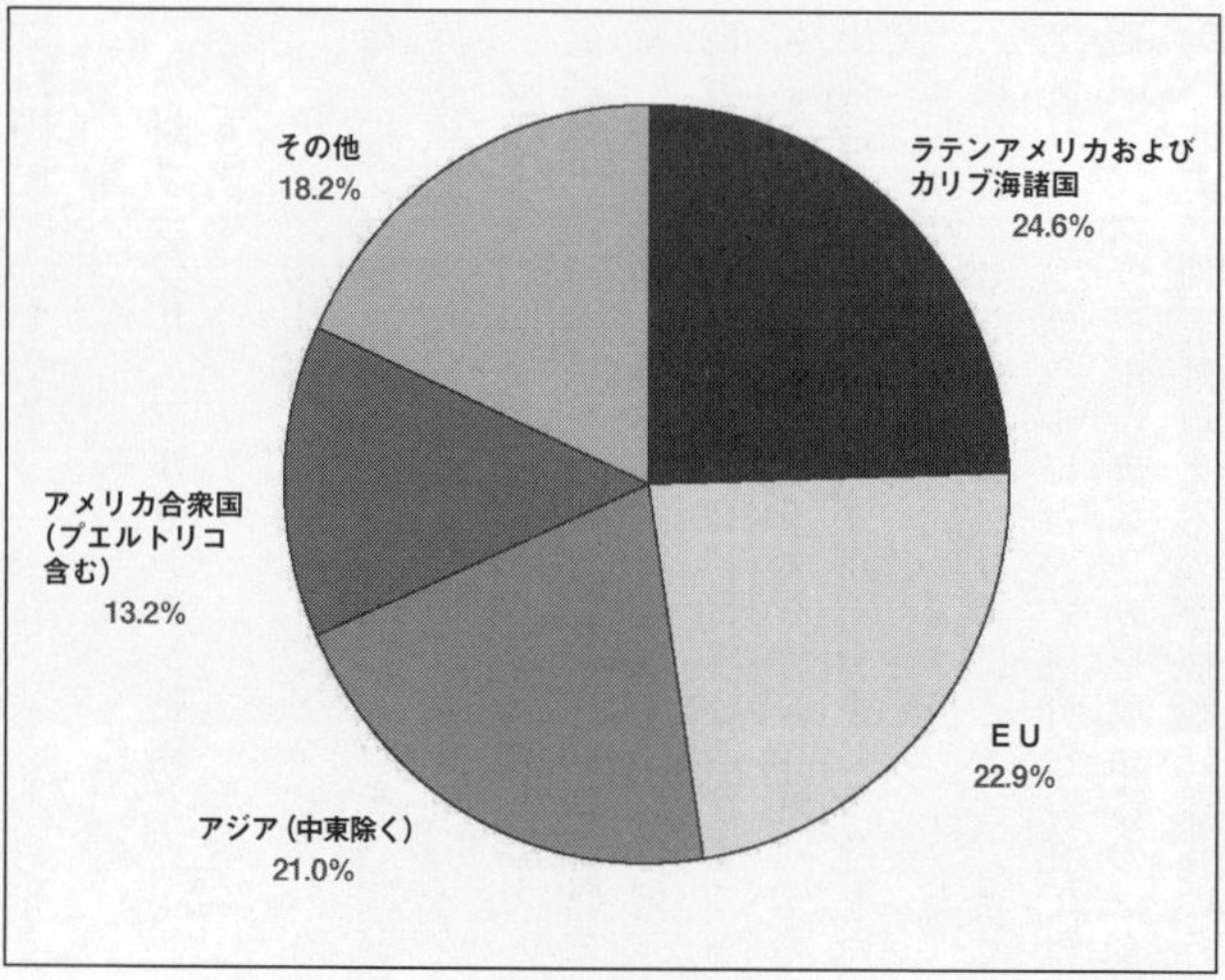

ブラジルの貿易内訳

ないからだ。たとえばベネズエラの石油は、地勢のためにブラジルに輸送するのが難しく、そもそもブラジルの石油供給は十分ある。

ブラジルがアメリカにつきつける唯一の挑戦は、このまま経済発展を続け、ブラジル沿岸部と西アフリカに挟まれた大西洋の海域を支配できる空海軍力をもつようになることだ。この海域は、インド洋や南シナ海とは違って、アメリカに厳重に監視されていない。次の一〇年には起こらないが、今後ブラジルの人件費が上昇すれば、地理的要因から、ラテンアメリカ諸国よりアフリカに投資した方が、輸送コストが安上がりになるかもしれない。したがってサハラ砂漠以南のアフリカ諸国と良好な関係を築くことは、ブラジルの利益になる。とくにアンゴラはブラジルと同様、ポルトガル語を母国語としている。このようにして、ブラジルが南大西洋を支配するだけでなく、海軍基地を自国とアフリカの沿岸部に配置することもあり得る。

ブラジルはまだいかなる意味でも、アメリカの利益を脅かす存在ではない。しかしアメリカは、すべての地域で勢力均衡を生みだし、維持するという基本戦略に沿って、いまからブラジルの対抗勢力をつくることにとりかからなくてはいけない。急いで戦略を完了する必要はないが、いますぐとりくみ始めることには、メリットが一つある。

アメリカは次の一〇年で、ブラジルと良好な関係を維持しつつも、これに対抗しうる唯一の国、アルゼンチンを強化させるために手を尽くすべきだ。二〇世紀初頭のアルゼンチンが、ラテンアメリカ屈指の強国だったことを忘れてはならない。いまこの国が弱いのは必然ではない。アメリカは、包括的なラテンアメリカ開発計画の一環として、アルゼンチンとの特別な関係構築に努めるべきだ。この計画では、ウルグアイとパラグアイにも資源を投じるものとする。

この地域は、いまわずかな金額を投資すれば、後に大きな利益を生む。アルゼンチンの地理的条件は、開発に適している。十分な人口を擁し、さらに大きな人口を抱える余裕がある。農業基盤がしっかりしており、産業基盤を拡充できる労働力がある。ブラジルを除けば、いかなる侵略からも守られているため、アメリカの望むとおりの役割を演じる動機がある。

アルゼンチンで厄介なのは政治である。この国の中央政府は歴史的に、社会問題の解決に気をとられ、それが経済成長を阻害してきた。平たくいえば、政治家が人気とりのために、ない袖を振っているのだ。他方、軍などの独裁体制下では、国民は耐乏を強いられてきた。こうしたふりこのような体制変換は、ブラジルを含むほかのラテンアメリカ諸国と基本的に変わらない。

ブラジルは、アメリカの対アルゼンチン支援が、長い目で見れば脅威になることを察知するが、うまくすれば自国の開発と、それがもたらすひずみに気をとられるだろう。そうはいってもアメリカは、ブラジルがアルゼンチンに経済的見返りを与え、両国の経済を密接に結びつける可能性に目を光らせなくてはならない。それでも、二つの要因がアメリカの有利に働くだろう。第一に、ブラジルはまだ国内経済に資本を投下する必要がある。第二に、アルゼンチンはブラジルによる支配を長年恐れてきたため、ブラジルとアメリカのどちらかを選ぶとなれば、後者を選ぶはずだ。

アメリカの目標は、ブラジルが今後二、三〇年でアメリカを脅かしうる存在になったとき、アルゼンチンがそれに匹敵する強国になっているように、時間をかけて政治・経済力を強化してやることだ。このために、アメリカ企業の対アルゼンチン投資を促す優遇措置を設けるのが得策だ。とくに、すでに十分な投資が行なわれている農産物以外の分野でこれを行なう。またアメリカ軍とアルゼンチン軍の緊密な連携が欠かせないが、アメリカが国内政治勢力として軍部を支援しているという懸念を招かないよう、文民政権を通じて連携を図る。

アメリカ大統領はこのとき、真意を見せてはいけないし、また焦って事を急ぐことのないよう、気をつけなくてはならない。アルゼンチンだけの特別な計画を進めれば、ブラジルが時期尚早に反発するかもしれない。そのためブラジルが望めば、どんな計画にも参加させる。場合によっては、この善意のとりくみ全体を、ベネズエラのウゴ・チャベス大統領の封じ込めを狙う試みとして売りこんでもいい。どれにも代償は伴うが、二〇三〇年代か四〇年代に、南大西洋の支配をめぐってブラジルと対決することを考えれば、大した代償ではない。

メキシコ

メキシコはキューバ同様、アメリカの対外関係における例外的な存在である。理由はもちろん、テキサスからカリフォルニアまでの長い国境を、アメリカと接しているからだ。それにメキシコは、アメリカの北の隣国カナダとは、社会の発展段階がかけ離れているため、アメリカとの関わり方がまったく異なる。テキサス州エル・パソの南と西に広がる砂漠の境界ほど、国内政治と地政学が直接的、暴力的に交差する場所はない。

アメリカとメキシコは歴史をとおして、複雑で暴力的な関係にあった。もしも一八〇〇年に分別のある人に、二〇〇年後に北米を支配している国はどこかと尋ねたなら、メキシコという答えが当然返ってきただろう。当時メキシコは、アメリカよりはるかに発展した、先進的な国だった（軍事力も強かった）。しかしアメリカは、一八〇三年のルイジアナ買収を通じて領土を大きく広げたあと、メキシコを現在の国境まで追いやった。まずテキサスを奪い、それからアメリカ・メキシコ戦争を仕掛けて、北は今日のデンヴァーやサンフランシスコまで広がっていた領土からメキシコ人を追放したのだ。

アメリカがこのように西部の土地を獲得できたのは、つきつめれば地理的な理由からだった。現在もメキシコの北部は、メキシコ・シティ周辺地域に比べて人口がまばらだが、一九世紀にはこの傾向がさらに強かった。なぜなら、国境周辺地域は、北のアメリカ側も南のメキシコ側も、著しく乾燥した荒れ地で、とくにメキシコ側は居住に適さないからだ。つまりメキシコの砂漠の北方は、人口を支えるのが難しく、軍を北進させるのはそれに輪をかけて大変だった。テキサスのアメリカ人移住者が起こした反乱では、メキシコ大統領であり軍事指導者でもあったサンタ・アナが農民軍を指揮し、砂漠をとおってサン・アントニオまで北進した。兵士は南部のジャングルの出身で、靴も履かず、寒さにやられる者が多かった。サンタ・アナ軍は、到着したときすでに疲弊しており、アラモの守護隊を破りはしたが、現在のヒューストン近くのサンジャシントで敗北した。テキサス反乱軍は、たった二つの強みをいかして勝利をあげた。彼らは疲弊しておらず、靴を履いていたのだ。

アメリカ・メキシコ間に新しい国境が敷かれたことで、新たな現実が生まれた。国境の両側の住民は、経済機会を求めて自由に移住し、国境の向こう側で違法とされるあらゆるものの密輸に関わっている。このような無法の国境地帯は、政治的境界と文化的境界が一致しない、世界中のすべての国の間にある。通常こうした事態が生じるのは、アメリカ・メキシコ国境もそうだが、国境が移動した場合だ。ドイツとフランスの例のように、国境地帯の問題が戦争を引き起こすような緊迫した国境もあれば、アメリカとカナダのように、ほとんど意味をなさない国境もある。次の一〇年のメキシコ・アメリカ国境は、この両極の間のどこかに位置づけられるだろう。

メキシコは一億の人口を抱え、そのほとんどがアメリカから数百キロメートル以内の地域に暮らしている。現在経済規模では世界第一四位――合法的な貿易だけを勘定に入れた場合――であり、GDPは一兆ドルを超える。年間の対米輸出額は約一三〇〇億ドル、輸入額は一八〇〇億ドルで、アメリカにとってカナダに次ぐ第二位の貿易相手国だ。アメリカは当然ながら、メキシコと距離を置くことはできない。少なくとも今後二、三〇年以内には不可能だし、アメリカはそれを望んでもいない。

しかしアメリカは、メキシコの不法移民と麻薬の不正輸出という、二つの問題に直面している。どちらの問題も、根底にあるのは、アメリカの経済システムがそれを求めているという事実だ。そもそも需要がなければ、輸出は成り立たない。需要があるからこそ――とくに薬物は、違法であるからこそ――輸出はメキシコ人にとって、またメキシコ全体にとって、うまみがあるのだ。

ここで、メキシコの移民がほかの国、たとえば中国やポーランドなどからの移民とは根本的に異質だということを、理解しておく必要がある。後者の場合、移民は何千キロも離れた故郷との結びつきを断つことになるため、アメリカ社会と必然的に同化する。同化しなければ、孤立するか、文化的に隔離された共同体のなかで生涯をすごすしかない。一八世紀に到来したスコットランド系アイルランド移民が、商人やジェントリー〔紳士階級〕に脅威を与えて以来、アメリカ人はつねに移民に怯えてきた。しかしメキシコ移民は、本質的に地政学的な理由から、それ以前の移民とはまったく異なる。

メキシコはアメリカに隣接しているだけでなく、メキシコ移民が流入している地域は、かつてのメキシコの領土であることが多い。メキシコ人は北に移住しても、本国との結びつきを断つとはかぎらない。じっさい、場所によっては数百キロも両国に入りこんでいる国境地帯のなかを北方に移動しても、異文化に適応する必要はほとんどないのだ。メキシコ人は遠くの都市に移り住む場合には、伝統的な移民と同じように対応し、同化する。しかし国境地帯では、母国語と国家アイデンティティをもち続けるという選択肢があり、それは法的に身にまとう、どのようなアイデンティティとも異なる。この状況は、法的な境界線と文化の境界線の間に、深刻な緊張を生みかねない。

この事情こそが、今日アメリカ人がメキシコの不法移民に抱いている、重大な懸念の根底にある。すべてのメキシコ移民に対する嫌悪感が、アメリカ最大の懸念だと指摘する批評家もおり、それはあながち間違いとはいえない。だがこの分析は、恐れの根源を十分に理解していない。国境地帯では、いやその他の地域でさえ、非メキシコ人は移民に圧倒され、文化的にはメキシコに住んでいるようなものなのだ。この北方移動が、メキシコ人による旧メキシコ領返還要求の前ぶれではないかという懸念もある。このような不安はとり越し苦労かもしれないが、不合理ではないし、無視することもできない。

皮肉なのは、アメリカ経済がこうした移民を低賃金労働者として必要としていることだ。

メキシコ人が危険を冒してまでアメリカに不法入国するのは、仕事が確実に見つかるからにほかならない。移民がいなくてもこうした職を補充できるなら、すでに空きは埋まっていて、移民は来ないはずだ。

これに対する反論、つまり移民が雇用を奪うとか、移民が社会保障を要求すれば経済的メリットが帳消しになってしまうといった議論は、ばかげてはいないが、無理がある。第一に、アメリカの一〇％の失業率を失業者数に引き直すと、一五〇〇万人に相当する。移民問題を専門とする民間研究機関、ピュー・ヒスパニック・センターの推計によると、アメリカには約一二〇〇万人の不法移民がいる。もしこの「補充」理論が正しいなら、不法移民を追放すれば一二〇〇万の職が生まれ、失業者は三〇〇万人に減り、失業率は二％に低下する計算になる。だがこの補充シナリオは、直感的に誤っているように思える。海外からやって来る低賃金の非熟練労働者のほとんどが、既存の労働者とは競合しない。アメリカ経済は労働力を拡大する必要はあるが、アメリカ市民の数を急激に増やしたくはない。メキシコ経済は輸出すべき余剰労働力を抱えている。これがどういう結果を呼ぶかは、見てのとおりだ。

それにこの問題は今後も激化する一方だ。非移民女性の出生率は、人口補充率〔人口を一定に保つために必要な出生率〕を下回り、しかも平均余命は延びている。つまり今後アメリカは、人口高齢化が進み、労働力が縮小するという、世界中の先進工業国を悩ませている問題に直面し、高齢者介護と労働力拡大のために、海外から労働者を招く必要が生じるのだ。労働力を輸入せよという圧力は、弱まるどころか逆に高まるだろう。またメキシコは、国内景気が回復に向かう間も、輸出可能な労働力には事欠かない。

需給の法則とただ同然の原価が、アメリカ人の麻薬欲求と結びついて、国境地帯の混乱をさらに複雑なものにしている。ヘロイン、コカイン、マリファナなど、どんな麻薬も、原料は原価の非常に安い作物である。平たくいえば、ほとんど手をかけなくても育つ雑草だ。麻薬はアメリカでは非合法なため、通常の市場原理がはたらかない。麻薬販売の法的リスクが、効率的な競争者を市場から閉めだし、結果として犯罪組織が暴力を通じて地域独占を生みだしている。暴力はますます競争を抑圧し、麻薬の価格はさらにつり上げられる。

不法だということはすなわち、商品をメキシコからロサンゼルスまで数百キロ運んだだけで、末端価格が何倍にも跳ね上がるということだ。麻薬販売によってメキシコに流入する金額は、公式推計で年間二五〇億ドルから四〇〇億ドルにも上るという。非公式の推計値はこれをはるかに上回るが、仮に四〇〇億ドルという数字が正しいとしても、莫大な金額である。製品から上がる収益を考えるとき、大事なのはいくらで売るかではなく、いくらの利ざやが稼げるかだ。工業製品、たとえばメキシコがアメリカ向けに合法的に輸出している電子部品などの場合、利益率が一〇％もあればかなり高いといえる。仮にこれが、メキシコのすべての合法的な対米輸出品の利益率だとすると、一三〇〇億ドルの輸出はおよそ一三〇億ドルの利益を生むことになる。

しかし薬物販売の利益率は、一〇％とは比べものにならないほど高い。商品原価がただ同然だからだ。マリファナは加工の必要がなく、ヘロインやコカインも加工費用はほとんどかからない。麻薬の利益率の、妥当かつ控えめな推定値は九〇%である。つまり四〇〇億ドルの違法取引は、三六〇億ドルの利益をもたらす計算になる。麻薬は黒字資金（フリーキャッシュ）を生む。この場合だと、合法的輸出の利益一三〇億ドルの、ほぼ三倍にも上る。

たとえ麻薬密売の利益率が八〇%、輸出額が年間二五〇億ドルだとしても、年間二〇〇億ドルの利益が上がり、合法的な輸出がもたらす利益の総額を七〇億ドルも上回る。数字をどのようにいじろうが——麻薬の利益率を、合法的輸出品の半分と見積もったとしても——麻薬マネーが、メキシコ金融システムの流動性を大いに高めているという事実は変わらない。一例として、メキシコは二〇〇八年の金融危機後も、商業用不動産建設向け融資が行なわれていた、数少ない国の一つなのだ。

そんなわけで、メキシコ政府が麻薬取引を阻止するのは理にかなわない。確かに麻薬カルテル戦争に端を発する暴力事件が多発しているが、概して人口の密集した中心地ではなく、国境付近に集中して起きている。総じて見れば、国に流入する莫大な資金——そのすべてが何らかの形で銀行組織や経済全般に入りこんでいる——は、暴力や無法の害を補ってあまりある利益をもたらしている。したがって、メキシコ政府が当然とるべき方針は、麻薬取引を撲滅すると見せかけて、肝心なとりくみがすべて失敗に終わるよう計らうことだ。こうすれば、資金の流入を確保しつつ、アメリカをおとなしくさせておける。

アメリカの対メキシコ戦略

アメリカ経済は、メキシコとの合法的な貿易が混乱すれば立ちゆかなくなるほど、メキシコ経済と一体化している。アメリカ・メキシコ間を、莫大な数のトラックが間断なく往き来している。交通量はあまりにも多く、国境の係官がすべての貨物を点検するなど到底不可能だ。そのため、国境が壁によって仕切られていても、今後も不法移民と密輸品は国境をすり抜けるだろう。アメリカにたどりつく前の麻薬は原価が非常に安いため、貨物を押収しても貿易額にほとんど影響はおよばない。貨物はすぐに補充され、総収益にほとんど影響はない。

麻薬に比べれば、不法移民を阻止する方がずっと簡単なはずだ。入国した移民は見つけやすいからだ。たとえば国民IDカード〔身分証明書〕を発行する方法がある。カードは特殊紙に印刷して暗号を組みこみ、偽造を防止する。雇用主がこのカードを、現在クレジットカード決済で使われているようなシステムにとおさないと、仕事に就けないようにする。カードをもたない外国人は国外追放され、雇った雇用主は逮捕され、重罪に問われる。

だがこの簡単な方法が導入される可能性はとても低い。一つには、不法移民に最も強硬に反対している人たちの多くが、連邦政府に深い不信をもっているからだ。国民IDカードを使えば、カネと人の流れが追跡できる――税金詐欺を暴いたり、子どもの養育費を払わない父親を見つけたりもすれば、政治団体を監視するのにも使える――ため、政府に悪用されやすい。こうした問題をめぐって、移民反対派の連合がまとまらないため、支持は得られないだろう。

だがこの比較的簡単な措置がとられないことには、もっと深い理由がある。大量の低賃金労働者から恩恵を受ける社会階層は、損失を被る階層より、人数が多く、発言力も強いのだ。したがってメキシコ政府の麻薬政策と同様、アメリカがとるべき最良の戦略は、移民の流入を全力で阻止していると見せかけて、こうしたとりくみが確実に失敗に終わるよう計らうことだ。これこそが、アメリカが長年にわたってじっさいにとってきた不法移民戦略であり、それが短中期的な経済利益と長期の政治的利益の衝突をもたらす原因となっている。長期的に問題になるのは、国境地帯で人口構成が――またそれに伴いおそらく国への忠誠心が――変化することだ。大統領はこれらの選択肢のなかから、とるべき措置を選ばなくてはならないが、将来のことは将来に委ねるのが、唯一の理にかなった方針である。現状維持派の勢力を考えれば、不法移民阻止に必要な措置をとる大統領は、たちまち権力を失うだろう。したがって大統領にとって最良の戦略は、現行政策、つまり欺瞞を続けることだ。

麻薬問題にも、比較的容易だが、けっして実行されることのない解決策がある。それは合法化だ。麻薬が合法化され、大量の麻薬が国内に流入するようになれば、末端価格は急落し、密輸のカラクリが崩れ、麻薬取引のもたらすカネをめぐって国境付近で繰り広げられている暴力は激減するだろう。それとともに、麻薬代ほしさに盗みをはたらく麻薬中毒者同士の暴力事件も減るはずだ。

この戦略の欠陥は、麻薬の消費量と使用者数がどこまで増えるかわからないことだ。常用者は、価格の歯止めがなくなればますますのめりこむだろう。また違法だから麻薬を敬遠していた人のなかには、解禁されたとたん手を出す人も出てくる。

大統領は——ただし議会の意向にも左右されるため、純粋な外交政策上の決定ではないが——メキシコへの資金流入を止めて国境地帯の暴力を抑制することのメリットを、麻薬使用の増加やさらに厄介な問題のデメリットに照らして比較し、麻薬使用増加を歓迎しているか、少なくとも気に留めていないふりをしなければならない。しかし国内の主要な政治連合は、合法化による違法麻薬取引撲滅政策を受け入れる用意はない。そんなわけで国民IDカードと同様、合法化は国内のイデオロギー上の理由から、成功するはずがないのだ。

国民の麻薬需要を抑える魔法の解決策が出てこないとすれば、大統領は三つの現実を受け入れなくてはならない。一つ、麻薬は今後もアメリカに流入する。二つ、莫大なカネが今後もメキシコに流入する。そして三つ、メキシコの暴力は、組織犯罪の例に漏れず、カルテルが安定した平和を実現するまで、あるいは一つの集団がほかを駆逐するまで続くということだ。

アメリカがこの闘争を乗り切るために使えるただ一つの戦略は、介入だ。しかし、FBIによる小規模な侵略工作であれ、メキシコ北部の大規模な軍事占領であれ、これは非常にまずい案といえる。第一に、成功する見こみがほとんどない。国内の麻薬も取り締まれないアメリカが、海外の麻薬を取り締まれると考えるのは大間違いだ。また大規模な軍事占領についていえば、アメリカ軍は敵軍を叩きのめすのはお手のものでも、自分の縄張りで占領に抵抗するゲリラを鎮圧するのは、からきし苦手だということを、アメリカは身をもって学んできた。

アメリカが介入すれば、麻薬カルテルをメキシコのナショナリズムと結びつけることになる。この思想はすでにメキシコの一部地域に見られ、今後いやおうなく国境の両側を脅かすだろう。突如としてアメリカ軍への攻撃は――アメリカの領土への攻撃さえ――ただの蛮行ではなく、愛国的行動になる。アメリカが世界各地で複雑な問題に巻きこまれていることを考えれば、メキシコ国境で本格的な戦争が起こるような事態だけは避けたい。

大統領の最重要課題は、メキシコ北部の暴力と法執行官の腐敗を、アメリカ国内に波及させないことだ。そこで、戦略に難があるのを承知で、暴力を鎮圧するとりくみの一環として、大規模な軍隊を国境の北側に配置する。この戦略の欠陥の一つは、ベトナムでアメリカが学んだように、敵を国境の向こう側に逃げこませると、戦いが非常に厄介になるということだ。それにこの戦略は、メキシコの状況を統制できるようにならないという点で、純粋に防御的な戦略でもある。だがそもそもメキシコの状況を統制できるはずがないことを考えれば、この守りの姿勢が、考えうる最良の方策なのだ。

アメリカはこれからも本質的に欺瞞的な戦略をとり続ける。不法移民阻止も、麻薬撲滅も意図しないのに、どちらにも本気でとりくんでいるふりをする。しかしどちらの問題も、多くのアメリカ人にとって、生活をゆるがすように思われる重大な問題だ。まかり間違っても、国民が何を重視しようと長い目で見れば関係ないとか、政府は国民の重視する目標を達成できないなどと公言してはならない。

大統領にとってこれよりずっとよいのが、目標に全力でとりくんでいるふりをして、達成できなかったら、下の者が断固たる行動をとれなかったせいにすることだ。大統領側近やFBI、麻薬取締局、CIA、軍などの幹部を失敗を理由に解雇したり、大がかりな調査を実施して、麻薬や不法在留外国人の流入を招いている体制の不備を指摘する。次の一〇年に、継続的にこうした調査を行ない、成功するはずのない計画を実行して、適切な措置を講じているという印象を与える。

暴力を国境の北側に波及させないことは、それ自体非常に重要なことであり、これをしくじる大統領は、確実に地位を追われるだろう。さいわい、暴力の拡散を阻止することは、カルテルの利益にもなる。アメリカで大規模な暴力事件が起きれば、大して効果はないのに商売の妨げになる措置がとられることを、カルテルは承知している。それに、アメリカがメキシコに攻めこんだり、それ以外の方法で麻薬取引を効果的に妨げられるはずがないことも知っている。したがって、暴力を北に広げることは無意味だ。そして莫大なカネを動かす密輸業者は、無意味なことはしないものだ。

最後になるが、カナダについても言及しておきたい。カナダはアメリカと最も長い国境を接しており、アメリカ最大の貿易相手国である。だがイギリスが北米大陸への関心を失って以来、カナダはアメリカにとって、単なるつけ足しになってしまった。カナダがアメリカにとって重要でないとはいわない。単にカナダは地理的条件とアメリカの力のせいで、身動きがとれないのだ。

カナダは地図のうえでは巨大な国に見えるが、人の住む土地だけを考えると、じつは結構狭く、人口はアメリカ国境沿いに帯状に集中している。カナダの多くの地域が、東西より南北方向を意識している。いいかえれば、アメリカが東西方向に意識が向いているのとは対照的に、カナダの経済、社会生活は、アメリカに意識が向いているのだ。

カナダの問題は、アメリカがカナダにとって巨大市場であり、商品の供給元でもあることだ。文化的にも親近感が強く、このことがカナダ人に問題をもたらしている。カナダは独自の文化をもつ独自の国を自負し、めざしている。だが世界のほかの地域と同様、アメリカ文化の強い影響にさらされており、これに抵抗するのは容易なことではない。

カナダの連邦にもさまざまな断層線がある。なかでも重要なものが、フランス語を話すケベック州と、主に英語を話すその他の州の間の亀裂だ。ケベック州は一九六〇年代と七〇年代に激しい分離独立運動を起こし、フランス語の使用に関して大幅な譲歩を勝ちとったが、独立は実現しなかった。近年では運動は下火になり、独立は俎上に載せられていないが、自治権拡大をめざす動きはある。

アメリカにとって、カナダそれ自体は脅威ではない。最も危険なのは、カナダが強大な世界覇権国と同盟を組んだ場合だ。これが起きる状況として唯一考えられるのが、カナダの分裂である。州同士が経済、社会的に緊密に結びついていることを考えると、どこかの州がアメリカとの関係を転換すれば、大混乱が生じる。それにアメリカが、カナダとの経済関係を維持しながら、カナダのどこかの州がアメリカの敵対勢力と関係を深めるのを許すはずもない。したがってこれが起こりうる唯一のシナリオは、ケベック州が独立した場合だ。この州は文化や思想上の理由から、経済関係を切り捨てる可能性がある。

もちろん次の一〇年に、こうした隙をついてゆさぶりをかけてくるような世界覇権国は生まれないし、そのような隙自体、生まれることはまずない。したがって、今後カナダ西部に集中する天然ガス資源の価値が高まり、カナダがますます地歩を固めるなか、両国は安定した関係を保つだろう。アメリカとカナダの関係は、双方にとって計り知れないほど重要だ。カナダの方が圧倒的に弱い立場にあるのは、単に規模が小さく、ほかに選択肢がないからだ。とはいえ、アメリカにとってカナダとの関係は重要ではあるが、次の一〇年にとくに注意を要したり、決断を迫られることはない。

要約すると、アメリカがこの大陸で結ぶ重要な関係は、ブラジル、カナダ、メキシコの三つである。ブラジルは遠く離れ、孤立している。長期的な封じ込め戦略を立ててもよいが、とくに差し迫った問題ではない。カナダは何の脅威でもない。アメリカにとって当面の問題は、移民と麻薬という、双子の問題を抱えるメキシコだ。麻薬の合法化で価格を押し下げる方法を除けば、麻薬戦争が自然に立ち消えになるのを待つしか解決策はない。だがやがてこの問題が下火になることははっきりしている。介入するのは破滅的だ。またいまは悩みの種の移民も、人口動態の変化によって、今後は問題の解決策になるだろう。

アメリカはこの大陸で、安全な地位を保っている。足元が安泰で、紛争が遠く彼方で起こり、国土を脅かさない状況が、帝国の条件といえる。アメリカは総じてこの条件を満たしている。

つきつめれば、アメリカにとって南北アメリカ最大の脅威は、モンロー主義が予見したものだ。つまり、外部勢力がアメリカを脅かすための拠点として、この地域を利用するという事態である。したがってアメリカの中核戦略は、ラテンアメリカではなく、そのような世界覇権国が出現しそうな、ユーラシアに向けられるべきだ。ものごとには優先順位がある。

南北アメリカの諸政府には、何があってもアメリカが内政干渉していると思われてはいけない。このような認識は反米感情を煽り、厄介な事態を招きかねない。とはいえ、アメリカはこれからもラテンアメリカ、とくにアルゼンチンへの干渉を続けるだろう。ただし干渉は、人権擁護と社会進歩を推進するとりくみの一環として行なわなくてはならない。じっさい、とくにアルゼンチンに関していえば、こうした進歩が促されるだろう。伏せるべきは、ブラジルに対する真意である。大統領たる者はあらゆる面で真の動機を隠し、目論見に感づかれたときには、真意をきっぱり否定しなくてはならない。

アメリカは歴史を通じて、この大陸の問題をおろそかにしてきた。ただし、世界覇権国が関与したり、アメリカの利益を直接脅かすような問題が生じた場合は別である。後者の例が、一九世紀のメキシコとの争いだったが、それ以外では、ラテンアメリカは主に通商関係の舞台となってきた。この基本的なシナリオは、次の一〇年も変わらない。とはいえ、ブラジルには働きかけ、必要に応じて長期の封じ込め計画を立てなくてはならない。

第11章の概要

- この地域で世界的勢力になりうる国はブラジルだけだが、なるとしても二、三〇年先のことである。それ以外の国が脅威になるのは、外部勢力と組んだ場合に限られる
- アルゼンチンをブラジルの対抗勢力に育てることが必要
- アメリカはメキシコの移民から恩恵を受けており、また麻薬問題に有効な対策がないなか、将来的に大きな脅威になろうと、当面は現行政策を続けるしかない

第12章

アフリカ――放っておくべき場所

世界中のすべての地域で、国民国家間の勢力均衡を保つというアメリカの戦略には、二つの大前提がある。一つは、その地域に国民国家が存在すること。もう一つは、いくつかの国民国家が、強硬姿勢をとれるほどの力をもっていることだ。この二つの条件が揃わないとき、アメリカが対処すべき地域勢力の構造は存在しない。それに、国内の安定や統一を保つための体制も存在しない。これが、さまざまに分類が可能だが、まだいかなる意味でも統一されたことのない大陸、アフリカの宿命なのだ。

アフリカは地理的には、四つの地域に分類するのが一般的である。地中海沿岸地域の南岸にあたる、北アフリカ。紅海とアデン湾の西岸、一般に「アフリカの角」と呼ばれる地域。サハラ砂漠南部から大西洋岸までの、西アフリカと呼ばれる地域。最後が、北はガボンとコンゴ、ケニアを結ぶ線から、南は喜望峰まで広がる、広大な南アフリカである。

宗教を基準にすると、アフリカはイスラム圏と非イスラム圏に二分される。イスラムは、北アフリカと西アフリカ北部、そしてインド洋西岸地域のタンザニアまでを支配している。しかし西アフリカの大西洋沿岸部には支配はおよばず、南に円錐のように張りだしている南アフリカ地域については、インド洋沿岸部だけで、中心部には入りこんでいない。

アフリカの多様性が最もよく表われているのは、言語分布図だろう。だが言語をとおしてアフリカを考えるのは、あまりにも複雑すぎる。広く用いられている言語だけでも数百を数え、そのほか小さな集団が使用する言語が多数ある。この言語の多様性を考えると、それぞれの国内の共通語が、多くの場合、アラビア語、英語、フランス語、スペイン語、ポルトガル語など、かつての宗主国の言語であるのは、何とも皮肉である。どこにもかしこにもアラビア語が書かれている北アフリカでさえ、旧宗主国のヨーロッパ言語が、いまも時代錯誤的な残滓(ざんし)として使われている。

アフリカを理解する方法のうち最も無意味な分類にも、同じような皮肉が見られる。それは、現在の国境からとらえる方法だ。こうした国境の多くも、ヨーロッパの帝国間で行われた分割を表わす遺物である。帝国は行政境界だけを残して撤退した。境界は、そのなかに閉じこめられた、多くの敵対し合う民族の統括をめざす国家を規定するだけでなく、二つの隣り合う現代国家間で民族を引き裂く役割を果たしていることも多い。このように、アフリカを本当の意味で動かしている力が見えてくる。こう考えると、アフリカに国家はあるかもしれないが、北アフリカ地域を除けば、国民国家はほとんど存在しないのだ。

最後に、人口分布からアフリカを見ることもできる。アフリカには主な人口集中地が三つ

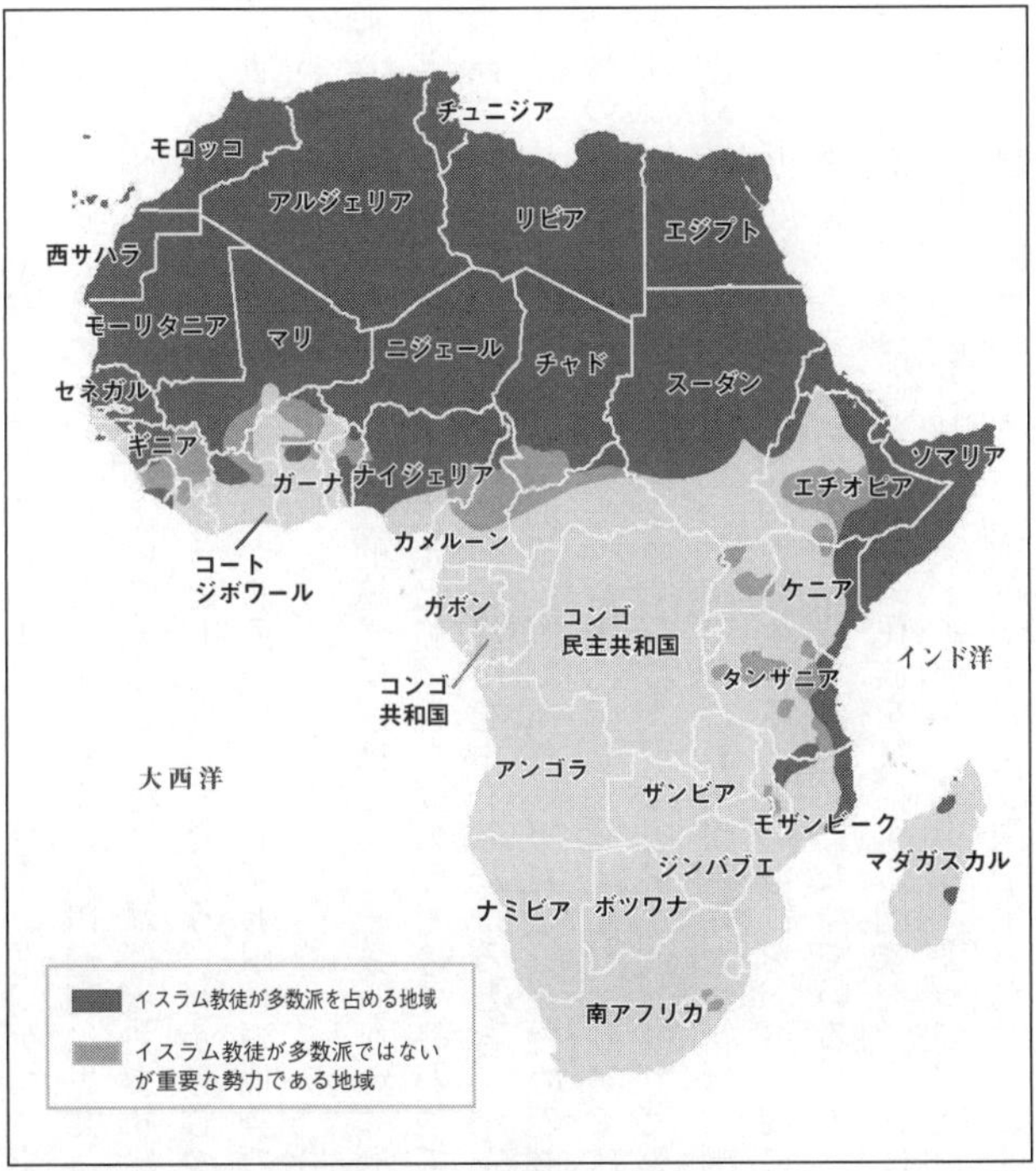

アフリカにおけるイスラム

ある。ナイル川流域、ナイジェリア、そしてルワンダ、ウガンダ、ケニアを含む、中央アフリカの大湖沼地域である。このように見ると、アフリカは人口過剰に思えるかもしれない。たしかにアフリカがこれほど貧困にあえいでいることを考えれば、あまりにも多くの人が貧弱な経済のなかで、何とか生計を立てようとしているのだろう。しかしじつはアフリカ大陸の大部分は、世界の他地域に比べて人口が希薄なのだ。砂漠と雨林の地勢のせいで、必然的にそうなっている。

人口密集地でさえ、政治的境界と民族的境界は、ほとんど一致しない。そのため高い人口密度は、権力基盤になるどころか、不安定と脆弱性を高めるだけで終わっている。政治的境界によって分断された住民が、その後も同じ場所を占有し続けるとき、不安定が生じる。

たとえばナイジェリアは、主要な石油輸出国であり、勢力を築くための財源をもっていることから、地域の主要国になってしかるべき国だ。しかしナイジェリアでは石油の存在それ自体が、絶え間ない内部抗争のもとになっている。富は国家や企業の中央基盤には向かわずに、局地的な敵対勢力に流れ、ばらまかれている。石油が生みだす富は、国家統一の基盤になるどころか、文化、宗教、民族的相違から生じる人民の混乱を、財政的に支えているだけだ。このような事情から、ナイジェリアは民族なき国家になっている。より正確にいえば、国境によって分断された、敵対し合う多くの民族を統括する国家だ。同様に、ルワンダ、ウガンダ、ケニアの人口は、強制された国家アイデンティティによって、統一どころか分断されている。たとえばアンゴラのように、戦争が不安定な国を生みだすことはあっても、長期

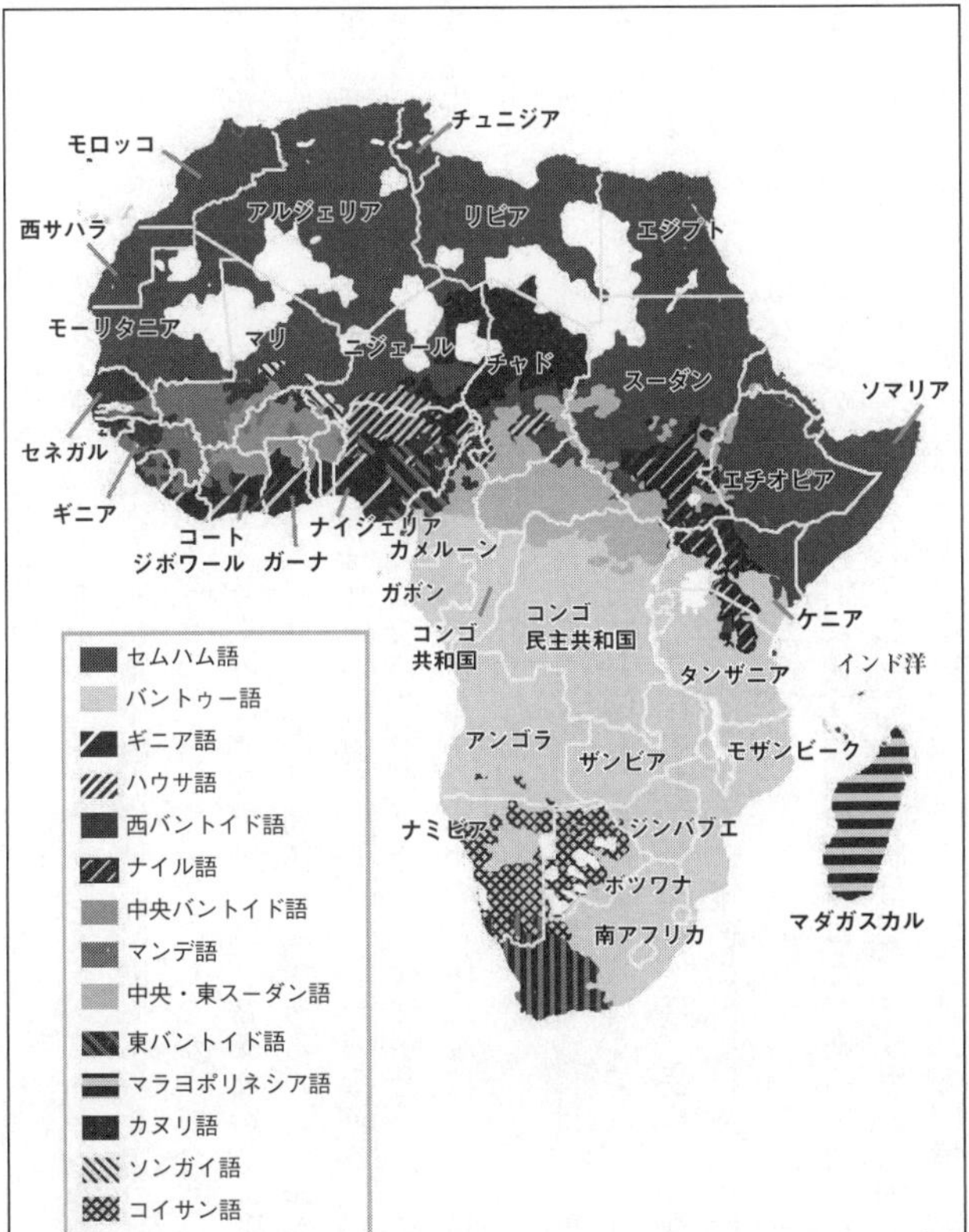

アフリカの民族言語集団

的安定はほとんどどこにも見当たらない。

民族と国家が一致する国は、エジプトだけだ。時としてエジプトが主要勢力になることがあるのは、そのためである。しかし主に地中海沿岸地域に位置する北アフリカには、大陸のその他の地域とはまったく異なる力学がはたらいている。したがって今後「アフリカ」という用語を使うとき、前の方の章でとりあげた北アフリカは、含まないものとする。

もう一つ皮肉なのは、アフリカ人には強烈な共同体意識があるのに（西洋人は、単なる部族的、氏族的な意識だとして軽視することが多いが）、より大きな同国人の集合には、運命をともにしているという意識がおよばないことだ。それはなぜかといえば、国家が民族から自然発生したのではないからだ。アラブとヨーロッパの帝国主義によって導入されたさまざまなとりきめが、大陸を混乱に陥れたのである。

混乱から脱する唯一の手段は権力であり、権力が実効性をもつには、一致団結した民族を基盤とし、かつそのような民族を支配する国家の手に握られなくてはならない。もちろん、ロシアなどの多民族国家は存在するし、韓国と北朝鮮のように、民族の一部分を代表する国家もある。ここでいいたいのは、国家とは、本物の一体感と相互利益を共有する人々を統括するものでなくてはならないということだ。

アフリカのたどる将来のうち、検討に値するシナリオは三つある。第一が、現在の国際慈善に依存し続けるというものだ。しかし国際援助体制は、アフリカの公的生活を支配しているものの、永続的な影響を残すことはない。なぜなら、アフリカの国境が不合理だという、

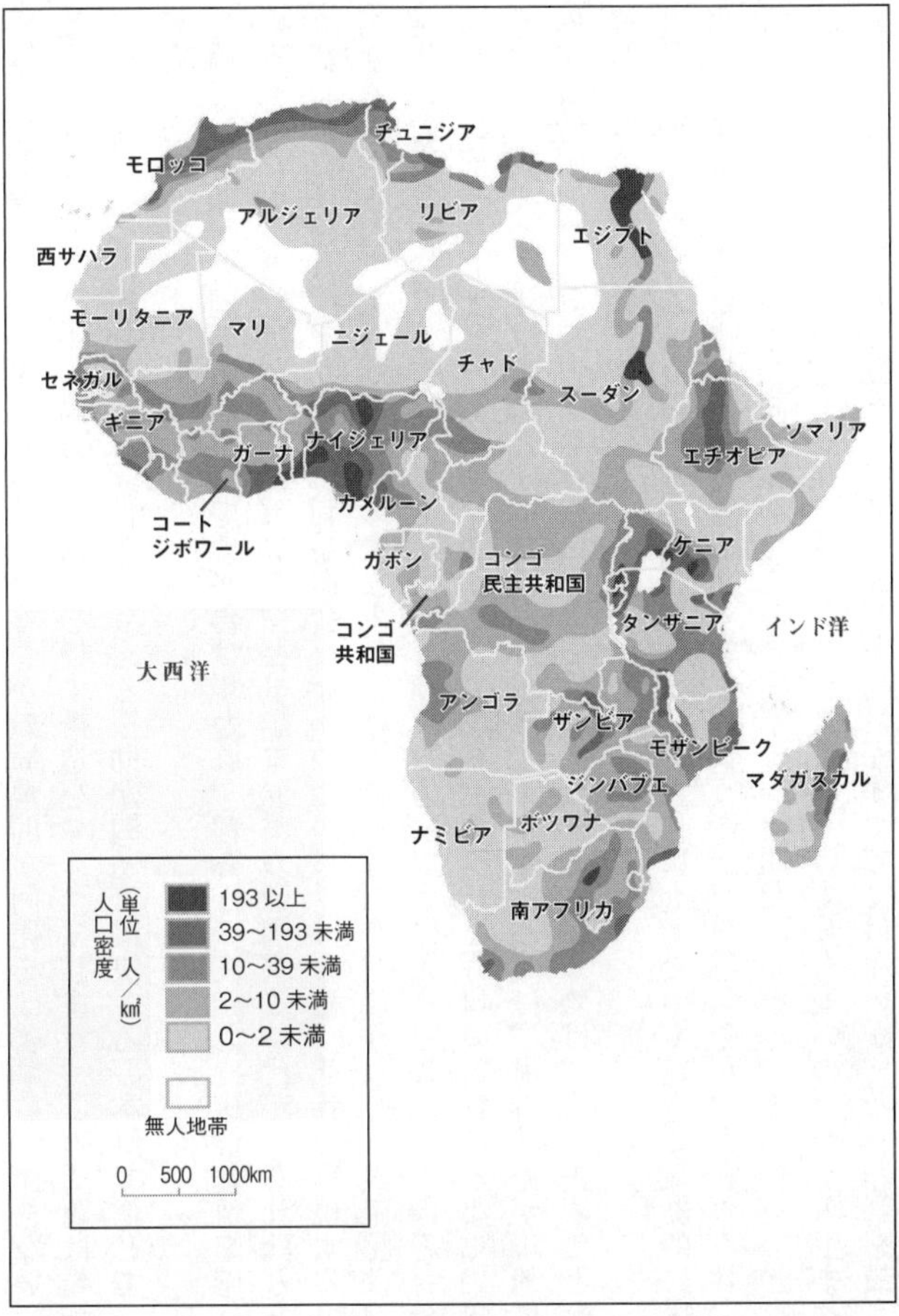
チュニジア
モロッコ
アルジェリア
リビア
エジプト
西サハラ
モーリタニア
マリ
ニジェール
チャド
セネガル
スーダン
ギニア
ナイジェリア
ソマリア
ガーナ
エチオピア
カメルーン
コート
ジボワール
ケニア
ガボン
コンゴ
民主共和国
コンゴ
共和国
タンザニア
インド洋
大西洋
アンゴラ
ザンビア
モザンビーク
ジンバブエ
マダガスカル
ナミビア
ボツワナ
南アフリカ
人口密度
(単位 人／km²)
193 以上
39〜193 未満
10〜39 未満
2〜10 未満
0〜2 未満
無人地帯
0 500 1000km

アフリカの人口密度

根本的な問題を解決せず、せいぜいいくつかの局地的な問題を改善するにすぎない。最悪の場合、受け手と送り手の両方に、腐敗を促す構造をつくってしまう。この問題は頻繁に生じているが、じつは送り手にも、自らの与える援助が問題を解決すると本気で信じている人はほとんどいない。

第二の道は、外国の帝国主義勢力が再び現われ、何らかの安定した生活基盤を確立するというものだが、これは望み薄だ。アラブとヨーロッパの帝国主義時代が、あれほどあっけなく終わった理由は、アフリカに利益機会がなかったからではなく、それを実現するコストが高かったからだ。アフリカ経済の主な生産物は工業資源だが、こうした一次産品は、軍隊や植民地行政官を送りこまなくても、もっと簡単な方法で手に入れることができる。企業なら、現地の政府や軍閥ととりきめを交わすことで、統治の責任を背負いこむことなく、同じ仕事をずっと安くやり遂げることができる。今日の企業帝国主義では、海外勢力が現地に乗りこみ、最低限のコストで何でも欲しいものを手に入れ、それがすめば、立ち去ることができるのだ。

第三の、いちばんありそうな展開は、戦争が幾世代にもわたって続き、最終的に民族が正当な国家としてまとまるというものだ。厳しいようだが、紛争こそが国家をつくり、戦争の経験こそが人々に運命共同意識を与える。国家の揺籃期だけでなく、その歴史をとおしていえることだ。アメリカ、ドイツ、サウジアラビアは、いずれも戦いのなかから生まれ、戦いによって形づくられた国だ。もちろん戦争だけがすべてではないが、われわれを最も人間らしくしているもの、つまり共同体が、非人間的な戦争から生まれるということに、人間性の悲劇がある。

アフリカの内戦を阻止することはできないし、過去に外国帝国主義が存在しなかったとしても、内戦は起きるだろう。じっさい、帝国主義には内戦を中断させる効果さえあった。国づくりは、世界銀行の会合で行なわれるわけでもないし、外国軍の工兵が学校を建設することで行なわれるわけでもない。現実の国家は、血でつくられているのだ。アフリカの地図は書き換えられなくてはならないが、それを行なうのは、会議室に居並ぶ、思慮と思いやりにあふれる人々ではない。

今後の展開を予測すると、アフリカは少数の主要国と多数の弱小国に分かれる。そしてこれを経済発展の枠組として、世界的勢力になりうるいくつかの国を、何世代もかけて生みだすだろう。ただし、次の一〇年に影響をおよぼすほど早いペースで事は進まない。アフリカに、土着の帝国主義をもたらしうる国民国家が一つでも誕生すれば、ペースは早まるが、帝国主義勢力になりそうな国はどれも、国内が激しい分裂状態にあるため、急速な展開は考えにくい。こうした国のなかで最も興味をそそるのが、南アフリカ共和国だ。ヨーロッパの先進知識とアフリカの政治構造を併せもつ、アフリカで最も能力の高い国である。しかしまさにその理由から、国内が分裂しており、地域勢力として台頭する見こみが、年を追うごとにますます遠のいている。

つまるところ、アメリカはアフリカに大して関心をもっていない。もちろんナイジェリアやアンゴラの石油や、北アフリカ、ソマリア、エチオピアのイスラム原理主義勢力を抑えこむことには関心がある。そのためこうした問題で助けになりそうな強国、ナイジェリアとケニアの安定を気にかけている。しかしアメリカが冷戦時代、アフリカに──一九六〇年代初頭のコンゴ内戦、一九八〇年代のアンゴラ、ソマリア、エチオピアの内戦などに──深く関与したのは、ソ連の進出を阻止するためにほかならなかった。あれほどの熱意はもはやない。最近では中国がアフリカへの関与を深め、鉱山その他の天然資源を買収している。しかし先に見たように、中国はソ連ほどの脅威にならない。戦力投射能力が限られており、国内に弱みを抱えているからだ。中国はかつてのソ連ほど、アフリカの地理的位置を戦略的に利用することはできないし、もちろん鉱山を中国にもち帰ることもできない。この投資が中国におよぼす主な影響は、アフリカの不安定にさらに激しくさらされることだ。したがって、アメリカは無関心でいられる。

それにアメリカ企業は、本国がこの地域に本格的に肩入れしていなくても、取引を通じて石油などの鉱物資源や農産物を手に入れることができる。アメリカの関心が多岐にわたることを考えれば、どこか無関心でいられる地域があれば、その分資源を温存でき、戦略的に有利だ。

それでもアフリカは、アメリカに好機を与えてくれる。アメリカは戦略上、世界各地で組織的工作に関与する必要があり、そのせいで嫌われ、不信をもたれている。政策を通じてこれを防ぐことはできないが、問題を曖昧にするか、うまくすれば和らげることはできる。アフリカは、これを行なう絶好の舞台になるのだ。

ほかのすべての国と同様、アメリカは残酷なまでに自己本位である。だが、そう思われない方がいいにきまっているし、好かれ尊敬されることには——好かれることを最終目標と誤解しないかぎり——それなりの価値がある。アメリカに莫大な援助を与えることは、アメリカの評価を高めるのに役立つ。アメリカが次の一〇年間で、年間数千億ドルを防衛に費やす必要があることを考えれば、アフリカ支援に一〇〇億ドルや二〇〇億ドルを投じることは、称賛を得る手段としては、釣り合いがとれ、理にかなっているといえる。

繰り返しになるが、援助それ自体は、アフリカの問題を解決しない。だが問題のいくつかを、少なくとも一時的に軽減することはできる。これまで多くの援助計画が、思いもよらぬ悪影響をおよぼしてきたように、いくらか害をおよぼすこともあるだろう。だがこうした支援策は、結果的にアメリカのためになるうえ、費用もそれほどかからない。

大統領は戦争からけっして目をそらしてはいけないが、だからといってうまく立ち回っていけない法はない。マキャヴェリもいっている。善は権力の飽くなき追求から生まれるのであって、善の施しから生まれるのではない、と。だがもし何らかの善を施すことで、ヨーロッパが次回のアメリカの軍事介入に、これまで以上の派兵を行なおうと思ってくれるなら、投資し甲斐があったというものだ。

第12章の概要

- アフリカには、アメリカの地域戦略の対象となるような国民国家がほとんど存在しない
- 長期的には少数の主要国が生まれ、世界的勢力をめざすようになる
- 企業の取引を通じてアフリカから必要な資源を入手できるため、アメリカは国として深く関わる必要がない
- 次の一〇年にアメリカはアフリカへの援助計画をとおして、イメージアップを図るだろう

第13章

技術と人口の不均衡

本書は、次の一〇年にアメリカの力がどのような不均衡に陥り、それが世界にどのような影響を与えるかについて述べた本だ。ここまでは経済と地政学の問題に目を向け、不均衡は一時的なもので、是正可能だと論じてきた。しかしこれからの一〇年に影響をおよぼす、二つの大問題を考慮しなければ、手抜かりというものだ。その問題とは、人口動態と科学技術である。

景気循環、つまりにわか景気と急激な不景気は、過去一〇年間に見られたように、投機や金融操作によって引き起こされることもある。だが景気の拡大と収縮をより深いレベルで起こしているのは、人口学的要因と技術革新なのだ。

次の一〇年で、終戦直後の繁栄の原動力となった人口の波が引いていく。ベビーブーマーと呼ばれる年齢集団――トルーマン政権からアイゼンハワー政権まで〔一九四五年から一九六一年まで〕の間に生まれた子どもたち――が六〇歳を過ぎて退職年齢を迎え、活力を失い、老い始める。その結果、半世紀前に豊かさを生みだした人口ピラミッドの出っ張りが、今後は経済的な重荷になり始める。

ベビーブーマーは一九五〇年代に数百万のベビーカー、分譲住宅、ステーションワゴン、自転車、乾燥機つき洗濯機等の需要を生みだすのを助けた。一九七〇年代になると、まだ自分たちを受け入れる準備のできていない経済で働き始めた。かれらが職に就き、結婚して子をもうけ、ものを買い、金を借りると、その行動が全体として金利、インフレーション、失業率を押し上げた。

ベビーブーマーは一九八〇年代に経済に組みこまれ、九〇年代に中年期にさしかかると、経済をとほうもない高みにまで成長させた。だが次の一〇年で、この世代がアメリカの生活にもたらした、創造力と生産性の激流は弱まり、経済は人口危機の最初の鳴動を感じ始める。ベビーブーマー世代の消滅によって、同じ頃に訪れる技術革新の危機が浮き彫りになり、やがて危機はますます顕在化する。ベビーブーマーは老いるにつれて、生産活動から離れて消費を拡大し、そのうえかつてない水準の医療と終末期医療を必要とするようになる。

次の一〇年は、技術が必要に追いつかない時代になる。従来技術が限界を迎えているのに、代替技術がまだ確立していないという事態も生じるだろう。技術進歩が不十分ということではない。電気自動車や携帯電話は次々と新しいものが発売される。不足するのは、新たなニーズやすでに差し迫ったニーズに応える画期的技術、つまり真の経済成長を促す飛躍的進歩なのだ。

第一の問題は、経済的な問題だ。画期的な新技術の開発には、新しい概念を採り入れるという点でも、市場に受け入れられる製品をつくるという点でも、大きなリスクが伴う。二〇〇八年から二〇一〇年にかけての金融危機のせいで、技術開発に必要な資金が不足するとともに、企業のリスク志向が後退した。二〇一〇年代前半には、資金不足だけでなく、利用可能な資金をリスクの低いプロジェクトにふり向けようとする傾向が顕著になるだろう。これにより、利用可能な資金は既存技術に流れる。二〇一〇年代後半になると、この傾向は世界的に薄れ、またアメリカなどではもう少し早い時期に弱まるだろう。それでも、技術開発にかかる時間を考えれば、次世代のめざましい画期的技術は、二〇二〇年代にならないと現われない。

技術革新の鈍化がもたらす二つめの問題は、奇妙なことに、軍と関わりがある。一九世紀には、蒸気機関の開発とイギリス海軍の発達（およびその行動範囲の拡大）は、手を携えて進んだ。二〇世紀になると、アメリカが世界の技術開発を牽引し、多くの技術革新が、軍備調達を通じて資金を提供され、推進された。このような技術のほぼすべてが、何らかの形で民生転用されている。航空機と無線の開発は、いずれも軍から手厚い補助金を与えられ、やがて航空機産業と放送産業の誕生をもたらした。州間高速道路網は当初、ソ連軍の攻撃や核戦争が起きた場合に、部隊を急速に移動する軍事計画の一環として構想された。マイクロチップは、核ミサイルや、ペイロードを宇宙空間に運搬するのに必要なロケットを誘導するための、小型デジタル計算機用に開発された。そしてもちろん、一九九〇年代に世に知られるようになったインターネットは、一九六〇年代に軍の情報伝達手段として開発が始められた。

戦時中は、技術が著しい変容を遂げる時期である。国家は生死の問題がかかっている時と場所に、投資を——ときに莫大な借入をしてまで——行なうからだ。しかしアメリカの対テロ戦争は、無人偵察攻撃機の開発やデータベース技術の開発を促したものの、第二次世界大戦時（レーダー、ペニシリン、ジェットエンジン、核兵器）や冷戦時（コンピュータ、インターネット、光ファイバー、先端材料）のような、劇的な変容は見られなかった。なぜならアフガニスタンとイラクでの戦争はつきつめれば軽歩兵戦であり、従来技術の応用が求められたものの、戦いのルールを根底から覆すような技術革新はほとんど必要とされなかったからだ。

これらの戦争の予算が枯渇したとき、まっ先に打撃を受けるのは研究開発予算だ。これがアメリカの国防物資調達のいつものサイクルであり、今後三、四年のうちに新たな脅威が特定されるまで、増加に転じることはない。革新的な軍事技術の開発にとりくむ国が限られていることを考えると、昔から技術革新を促してきたこの要因が、民生用途で成果をもたらし始めるのは、二〇二〇年代以降のことだろう。

次の一〇年には、差し迫った危機感が技術革新を促す。それは、人口危機とそれに伴うコストだ。次の一〇年にも、『100年予測』で論じたような人口減少は局地的に生じる。しかしその前触れである人口高齢化は、世界中の人々にとって、避けがたい人生の現実になるだろう。退職者が増えるうえ、労働市場がますます高度な教育を受けた人材を求め、若者が二〇代前半から半ばまで労働市場に参入しなくなるため、労働人口は縮小する。

人口高齢化の経済的影響をさらに助長するのが、平均余命の延びと、それに伴う治療が困難な難病患者の増加である。長生きする人が増えれば、その分アルツハイマー病やパーキンソン病などの退行変性疾患の患者が、経済にとてつもない負担をかける。ますます多くの人が介護を必要とし、そのなかには先端技術を利用するものもあるからだ。

さいわい医学研究は、潤沢な資金がつぎこまれている研究分野の一つである。この分野は政治的連携のおかげで、連邦政府から潤沢な助成金を与えられ、製薬産業やバイオテクノロジー産業では、基礎研究から応用研究への移行が進んでいる。それでも不均衡の可能性は払拭できない。ゲノムの解析も、その他のどんな技術も、退行変性疾患の早期治療法を実現できていない。したがって今後一〇年間は、苦痛緩和処置が中心となる。

こうした介護は人件費がかかるため、経済成長の大きな足かせになりかねない。これにかわるものにロボット工学があるが、有用なロボットの開発には、長い間発展が見られない二つの重要分野で、技術的ブレークスルーが起こることが不可欠だ。その分野とはすなわち、マイクロプロセッサとバッテリーである。高齢者に基本的介護を提供できるロボットには、莫大な処理能力と高い機動性が必要だが、シリコンチップは小型化の限界に近づきつつある。またロボットを操作し、感覚入力を処理し、課題を与えるのに必要な基本プログラムは、現在のコンピュータ・プラットフォームではサポートできない。生物由来物質から量子コンピュータまで、解決策になりそうなものはいろいろあるが、こうした分野におけるとりくみは、基礎研究の域をほとんど出ていない。

次の一〇年で、合流しつつある二つの技術が行きづまるだろう。その一つが、一九世紀に始まった通信革命だ。この技術革命は、電磁スペクトルの理解が深まったことから始まった。そしてこの科学的発展を支えたのは、世界帝国と世界市場の隆盛でもあった。電報のおかげで、必要なインフラ——電信線——さえあれば、遠隔地との瞬時の通信が可能になった。アナログ音声通信、つまり電話がこれに続き、それから無線ラジオという、インフラ不要の通信手段が開発された。この技術革新は、その後音声と映像（テレビジョン）に分かれ、それぞれが世の中のしくみに大きな影響を与えた。新しい媒体（メディア）は、双方向通信のほか、集中型のブロードキャスト通信を実現することで、政治や経済に新たな関係を生みだした。後者は「一対多数」の媒体であり、システムを支配する者に大いなる力を与えた。しかし中央集中型の一対多通信の覇権は終わりを迎え、幅広い可能性を秘めるデジタル時代にとってかわられようとしている。そして次の一〇年には、最も先進的で破壊的なデジタル技術さえ、六〇年におよぶ成長と技術革新の時代に終止符を打つだろう。

デジタル時代は、第二次世界大戦中の軍の人事管理という、とほうもない課題が生みだした、データ処理革命とともに幕を開けた。当時は一人ひとりの兵士のデータを、並べ替えと識別のために、0と1のバイナリコードとして、コンピュータのパンチカードに物理的に穴をあけて打ちこんだ。戦後は国防総省が中心となって、この原始的な計算機から電子式システムへの転換を促し、メインフレームと呼ばれる、真空管を利用した巨大コンピュータへの需要を生みだした。メインフレームは、主にＩＢＭの営業部隊によって民生市場に送りこまれ、請求書作成から給与計算まで、さまざまな用途に利用された。

トランジスタとシリコンチップが開発され、コンピュータの小型化と低価格化が進むと、技術革新は西海岸に舞台を移し、パーソナル・コンピュータが主役となった。メインフレームが主にデータの操作と分析に重きを置いたのに対し、パーソナル・コンピュータは主に既存の道具（タイプライター、スプレッドシート、ゲームなど）の電子版を生みだすために用いられた。これらは続いて、携帯型情報機器や、さまざまな機器に内蔵されるコンピュータチップに進化した。

一九九〇年代には、通信とデータの二つの技術が合流して一つの流れになり、電子化されたバイナリ形式のデータを、既存の電話回線を通じて伝送できるようになった。インターネットは、もとは国防総省がメインフレーム・コンピュータ間でデータをやりとりするために開発したものだが、まもなくパーソナル・コンピュータに応用され、モデムを利用して電話回線でデータをやりとりできるようになった。次の技術革新は光ファイバーで、大量のバイナリデータや巨大な画像ファイルの送信が可能になった。

画像やデータをウェブサイトに表示させておけるようになったところで、この転換は完了した。統制された一対多の情報発信の世界は、限りなく分散した多対多の特定少数向け通信（ナローキャスト）システムに変貌を遂げた。二〇世紀の報道・通信技術によって構築された人工的な現実感は、ちぐはぐな現実の寄せ集めにとってかわられた。

いまやパソコンは、一般に行なわれているさまざまな仕事を、より効率的に行なう道具というだけでなく、通信機器にもなった。この意味で、パソコンは従来の郵便・電話通信にとってかわったほか、調査手段にもなった。インターネットは、天文データからイーベイの最新のコレクター・アイテムまで、ありとあらゆる情報を、販売・マーケティングに結びつけるシステムになった。ウェブは公共広場と化し、大衆社会を結びつけると同時に分裂させている。

携帯型コンピュータとアナログ携帯電話は、すでに特定の用途では携帯性を実現していた。二つの機器が携帯端末（PDA）として統合し、コンピュータの処理能力をもち、インターネット・アクセス、電話、電子メール、パソコンとの瞬時の同期化が可能になると、世界中どこにいても瞬時にデータにアクセスできるようになった。わたしの携帯端末のブラックベリーも、飛行機がシドニーやイスタンブールに着陸したとたん、世界中から来た電子メールを瞬時にダウンロードしてくれるので、飛行機がゲートに着くまでの間に、最新情報を読むことができる。通信革命は頂点を迎えている。

現在の情報通信技術は、容量の拡大と、遠い昔に開発された技術に新しい用途を見つけることに主眼を置く、実践的応用と漸進的変化の段階にある。この状況は、ドットコムバブルの末期にパソコンが到達した停滞状態に似ている。当時もハードウェアからインターフェースに至る、あらゆる基本的構造がすでに存在した。マイクロソフトが包括的なオフィス・アプリケーションを開発し、無線接続が登場し、アマゾンなどで電子商取引が開始され、グーグルが検索エンジンを立ち上げた。だが過去一〇年間で、世の中のしくみを劇的に変えるような技術進化が起こったかと聞かれると、答えに窮する。新生面を開くよりも、新しい用途を考えだすこと（ソーシャル・ネットワーキングなど）や、従来機能をモバイル環境に拡張することに重点が置かれているのだ。iＰａｄの例が示すように、このとりくみは今後も続くだろう。だがこれは新しい建物の建築ではなく、しょせん家具の配置換えにすぎない。一九八〇年代に経済を変容させたマイクロソフトも、いまや過去の業績にしがみつく、地味な企業になってしまった。アップルが開発しているのは、だれもがすでにやっていることを、もっと楽しくやるための新しい機器だ。グーグルとフェイスブックがやったのは、インターネットで広告を売ってもうける新しい方法を見つけることにすぎない。

企業は画期的なイノベーションを起こすかわりに、市場シェアをめぐる争いに終始し、わずかな改良を大々的に導入して金を稼ぐ方法を見つけようとしている。その結果、かつて技術進歩がもたらした——また経済成長の原動力となっていた——生産性の劇的向上は、もはや望めない。このことは、次の一〇年に世界を襲う難題に、深刻な影響をおよぼすだろう。基礎研究と開発が下火になり、企業が現行世代のコア技術の漸進的改良に力を注ぐ現状は、既存技術をより多くの人に提供しようとするとりくみだけに頼って、世界の経済成長を牽引しようとしているようなものだ。携帯電話販売台数がすでに飽和点に達し、企業が無駄な性能向上に投資したがらなくなっていることを考えると、これが成長への処方箋になるとは到底思えない。

デジタル技術の進歩が停滞しているとはいわない。単にコンピュータ技術がまだ本質的に受け身で、データの操作や伝送に限定されているというだけだ。次に必要なのは、攻めの姿勢をとり、データを利用して現実に働きかけ、変えることだ。ロボット工学が、この最たる例である。まもなく始まる人口動態の大変動がもたらす、経済変容を埋め合わせるような、生産性の爆発的向上を実現するには、攻めの段階に移行しなくてはならない。

アメリカ国防総省は長年にわたって軍事用ロボット開発にとりくんでおり、日本と韓国では民生用途で開発が進んでいる。とはいえ、この技術が切実に必要になる二〇二〇年代までに実用化を図るには、理論的にも技術的にもまだまだ課題が山積している。

それに、社会問題の解決をロボット工学に頼れば、また別の厄介な問題が生じる。この手の機械を動かす電力を、どうやって賄うのだ？　人間の労働はエネルギー消費量が比較的少ない。だが人間の動きを模した機械は、莫大な電力を消費する。この種の機械が、パソコンや携帯電話のように経済に浸透すれば、電力消費量は爆発的に増える。

新技術の電力供給の問題は、化石燃料の消費の増加が環境に影響を与え、気候変動を引き起こしているのかどうかという、白熱した大論争につながる。これはとかく感情をかき立てる問題だが、じつはいちばん肝心な問題はそこではない。気候変動の問題は、大統領の的確な指導力が必要な、二つの問題を投げかける。第一に、エネルギー消費の削減はそもそも可能なのか？　第二に、化石燃料、とくに石油を使って、今後も経済を成長させることはできるのか？

公共政策は、「エネルギー消費の問題は省エネで解決できる」という期待を前提としている。だが最近のエネルギー消費増加の大部分が、発展途上国によるものであり、消費削減による問題解決は、せいぜい希望的観測にすぎない。

アジアやラテンアメリカの新興工業国は、エネルギー問題解決のために、あるいはどこかの島国が海水温上昇による海面上昇で水没しないように、エネルギー消費を減らそうなどという気はさらさらない。新興国にいわせると、エネルギー消費を減らせば、これまで長い間何とかして逃れようとしてきた第三世界の地位に、永久的に追いやられることになる。アメリカ、西ヨーロッパ、日本といった先進工業国こそ、一世紀の間エネルギーを湯水のように使ってきた償いをするために削減するべきだと、新興国は主張する。

二〇〇九年にコペンハーゲンで、エネルギー消費、より正確には二酸化炭素排出の問題をテーマに国連気候変動サミットが開かれ、排出削減への提言が示された。エネルギー消費量が増えている時代に、少しでも排出を減らすのは、至難の業だ。画期的な新しいエネルギー源が発見されないかぎり、排出を削減するには、化石燃料の消費量を大幅に減らすしかない。自転車通勤をしたり、リサイクルに励んだところで、らちはあかないのだ。

コペンハーゲン会議のとりくみが不発に終わったのは、それが政治的に持続不可能だったからだ。化石燃料の消費量を減らすには、生活水準の大幅な切り下げが避けられない。先進工業国の首脳のだれ一人として、これを受け入れるよう国民を説得することができなかった。反発するのも無理はない。われわれは確実に起きることと、起きるかもしれないことを天秤にかける。確実に起きるのは、消費の削減によって生活が大きく制約され、経済のひずみが噴出することだ。起きるかもしれないのは――一部からは疑問も上がっているが――気候変動が引き起こされ、同じように壊滅的な影響がおよぶことだ。気候変動は、たしかに恩恵ではなく害をもたらすかもしれない。しかしここで問題となるのは、子や孫の世代に確実におよぶ影響、またはおよぶかもしれない影響が、いま確実におよぶ影響をしのぐかどうかなのだ。不愉快かもしれないが、このことは、コペンハーゲンと京都の気候変動会議が、温室効果ガス排出削減に向けた効果的な戦略を打ちだせなかった理由を説明している。

今後一〇年間については、エネルギー消費が増え続けることを想定しなくてはならない。したがって問題は、化石燃料の消費量を削減すべきかどうかではなく、拡大する需要を賄えるだけの化石燃料があるかどうかなのだ。非化石燃料の開発が早く進み、短期間のうちにエネルギー需要に対処できるようになるとは考えられない。原子力発電所の建設には、一〇年は優にかかる。風力や水力では需要のほんの一部しか賄えない。太陽光発電も同じだ。長期的にどのような解決策が可能であれ、次の一〇年には、拡大するエネルギー需要を満たす燃料を探しながら、できるかぎり炭素排出の増加を抑制することが課題となる。

エネルギー利用は、大まかに次の四つの分野に分類できる。輸送、発電、産業利用、住宅利用（暖房、空調など）である。これからの一〇年、輸送用エネルギーは引き続き石油に依存せざるを得ない。世界中のすべての車両を別のエネルギー源に転換するにはとんでもないコストがかかるため、一〇年以内に実現するはずがない。一部の輸送は電気利用にシフトするが、それは単に化石燃料の消費を、車両から発電所へ移すにすぎない。発電は石油、石炭、天然ガスが利用できるため、より柔軟である。産業利用も同様だ。家庭用の暖房や空調は、多少のコストで転換が可能である。

世界の石油生産量が、すでに天井を打ったという見方も、一部にはある。たしかに石油採掘は、沖合の深海やシェール（頁岩）層など、ますます辺鄙（へんぴ）な場所に移り、比較的金のかかる技術を必要とするようになった。このことから、たとえ石油生産量がまだピークを迎えていなくても、ほかの条件が一定ならば、石油価格の上昇が続くことがわかる。海洋掘削は、コストとメンテナンス上の問題がある。二〇一〇年四月のブリティッシュ・ペトロリアム（BP）によるルイジアナ沖原油流出事故で明らかになったように、水深一・五キロで起きた事故への対応は困難をきわめる。環境へのダメージ以外にも、油井の掘削には莫大なコストがかかる。シェールの採掘施設もコストが高く、石油価格が一定水準を下回ると、抽出は採算割れとなり、投資は凍結または放棄される。石油生産の頭打ちによる石油価格の高騰という、より大きな問題はさておくとして、今後一〇年のエネルギー消費の増加は、石油では賄いきれない。少なくとも、すべてを満たすのは不可能だ。

となると、次の一〇年の選択肢は、二つしか残らない。石炭と天然ガスだ。エネルギー消費の絶対量を削減できるほどの大規模な省エネは、アメリカでは行なわれないし、ましてや世界的に行なわれるはずもない。産油国の増産能力は限られており、石油経済はイランのような国に攻撃されたらひとたまりもないことから、非常にリスクが高い。今後一〇年以内に、代替エネルギー源が決定的な意味をもつようになる可能性は、あったとしてもごくわずかである。いまどんな原子力発電所を建設しても、稼働するのはせいぜい五、六年先だ。しかし石炭を増やすか、天然ガスを増やすかの選択は、大統領にとって気の乗らない選択である。大統領が求めるのは、いますぐ利用可能で、環境に負荷をかけず、コストの低い、魔法の解決策だ。しかし大統領は次の一〇年に、必要なものと利用可能なものの折り合いをつけるよう迫られる。最終的にはおそらく石炭と天然ガスの両方を選択するが、後者をより増やすことになるだろう。

天然ガス採掘に水圧破砕法、いわゆるフラッキング（フラクチャリング）を用いることで、利用可能なエネルギーを劇的に増やす可能性が開ける。これは地下約五キロまでトンネルを掘って、天然ガスをとり出す技術をいう。天然ガスは、地底では凝縮された状態で岩に閉じこめられているため放出されない。そこで岩石を破砕し、噴出したガスをとらえるのだ。この方式もエネルギー生産法の例に漏れず、環境リスクを免れない。だがアメリカにとってのメリットは、国内供給が潤沢にあるため、エネルギー依存を軽減し、戦争の危険を減らせることだ。天然ガスは、石油の多くの用途を容易に代替でき、コストも比較的低い場合が多い。そのため石油を輸入する必要が薄れ、ひいては外国勢力が石油を封鎖して戦争を引き起こすおそれが薄らぐ。

水圧破砕法は、十分な量の天然ガスを十分短期間で得られるため、今後一〇年のエネルギーのコストと可用性を調節することが可能になる。五、六〇年もすれば別の技術が出現するが、次の一〇年の選択肢は、つきつめれば石炭とガスになる。

またこの一〇年は、まだ危機になっていない問題に対処したり、まだ存在しない解決策を模索するための時間になる。たとえば、水不足の問題を考えてみよう。工業化の進展、人口増加、そして生活水準の向上から、すでに局所的な水不足が生じている。ときに水資源の枯渇は、戦争の危険をはらむ、国家間の政治的対立を招いてきた。気候変動が異常気象を引き起こし、人口密集地の降水量が減少すれば、危機が生じかねない。

もちろん、じつは水不足などない。水はただ塩が混ざって不便な場所にあるだけで、水自体は莫大な量が存在する。改良の必要はあるが、海水から塩分を取り除く技術はもう開発されているし、水をパイプラインで輸送するノウハウもある。問題は、脱塩にも、水の輸送にも、とほうもないコストと莫大なエネルギーがかかることだ。これほどのエネルギーは、現在利用可能な技術では得られない。『100年予測』で論じた宇宙太陽光発電など、利用可能なエネルギーを爆発的に増やす、まったく斬新なアプローチが求められる。

人口高齢化や労働力の縮小、水不足といった、解決が待たれる大問題には、一貫したパターンが見てとれる。第一に、どの問題も次の一〇年に顕在化するが、耐え難いほどの重荷になるのはずっと先のことだ。第二に、問題に対処するための技術は——退行変性疾患の治療法から、ロボット工学、脱塩に至るまで——すでに存在するか、構想されてはいるがまだ完成していないかのどちらかだ。第三に、ほぼすべての技術（退行変性疾患の治療法は除く）が、エネルギー問題を短期的、長期的に解決しなければ、実行に移すことができない。

危険なのは、問題と解決策のバランスが崩れ、技術的解決策が現われる前に、問題が危機段階を迎えてしまうことだ。大統領に求められるのは、華々しいことではなく、短期的解決策を推進しながら、長期的解決策の地ならしをすることだ。どちらか一方ではなく、両方を行なうことが何より大切だ。長期的解決策だけを検討して、それまで何とかなると考えたり、解決策がじっさいより早く実現すると思いこんだりしたくもなるだろう。長期の解決策の方がずっと好ましいし、異論も少ない。それにひきかえ短期的解決策は、いま生きている有権者に影響がおよぶ。次の一〇年の大統領たちにとって難しいのは、危機が自分の在任中ではなく、いまから一〇年後に起きるということだ。そのため問題を棚上げしたいという誘惑は、相当強いものになる。ここでもマキャヴェリの金言が、とくに大きな意味をもつ。優れた為政者は、ただ支配したいだけではない。時代を超えて記憶されたいのだ。ジョン・F・ケネディには、多くを成し遂げる時間はなかったが、人類を月に送るというかれの宣言は、われわれの胸に刻みこまれている。

短期的には、次の一〇年のエネルギー需要を見越して準備をすることが、最も重大な問題となる。そのために、二つのことが必要だ。大統領は二つの利用可能な化石燃料、石炭とガスの比重を決めなくてはならない。それから国民に、ほかに選択の余地はないことを伝えるのだ。国民の支持が得られなければ、今後一〇年以内に実現する新技術を動かすためのエネルギーが不足する。もちろんこの議論は、地球温暖化や気候変動、生物多様性の保護の問題ともからめて主張する必要がある。環境保護団体はオバマを支持しており、どんな大統領も政治基盤は守らなくてはならない。だが環境意識の高い支持基盤に働きかけながらも、その一方では電力発電のために、天然ガスと石炭の消費量を増やすことの是を説かなくてはならない。もちろん、電気自動車のために発電量を増やすといったふうに主張を組み立てることもできるが、どのように論じようと、これが大統領の仕事なのだ。これを怠れば、予見できたはずの危機を放置したと見なされる。

これと並行して、非化石燃料を利用した発電を長期的に増やすための基盤を整える。このエネルギー源は、割安で、軍隊を送りこんで支配する必要のない地域にあるものが望ましい。これにかなうのが、宇宙太陽光発電だ。このためには、民間部門による安価な打ち上げロケットの開発が始められていなくてはならないし、実際すでに始まっている。日本の三菱重工は二一〇億ドルという莫大な金額を、宇宙太陽光発電に投資している。ヨーロッパのＥＡＢも同じく投資を行なっているほか、カリフォルニアのパシフィック・ガス・アンド・エレクトリック・カンパニー（ＰＧ＆Ｅ）は、二〇一六年を目処に宇宙太陽光発電を導入する契約を結んだ。ただし、この期日までに契約が履行されるとは考えにくい。

しかし、宇宙太陽光発電であれ、それ以外の技術であれ、大統領はいくつかの開発を並行して進めるとともに、実現が確実に見こめるよう、目を光らせていなければならない。エネルギー供給を劇的に増やす必要があり、歴史的に見てその技術を提供できる見こみが高いのは、アメリカ国防総省だ。つまり政府が初期の開発コストを負担し、民間投資がその恩恵に与(あずか)ることになる。

いまの時代は、国家が市場よりも大きな力と資金を握っている。市場は既存の科学技術や初期技術を活用するのに優れているが、基礎研究は市場原理になじまない。航空機から原子力、月旅行、インターネット、全地球位置測定システム（GPS）に至るまで、国家の方が長期的な技術革新への投資に長けている。政府は効率性に欠けるが、基礎研究とは、元来非効率なものであり、非効率なコストを負担する能力なくして成立しない。次の一〇年で実行に移されるべき計画を考えると、それを首尾よく遂行できる組織は、国防総省をおいてほかにない。

技術と地政学、そして経済的繁栄の密接な結びつきは、いまに始まったことではない。ペリシテ人がレバントの沿岸地方を支配できたのは、鎧づくりに長けていたからだ。ローマは、帝国をつなぎ合わせて支配するために、自軍に道路や橋をつくらせ、それらはいまなお使われている。ドイツは世界支配を狙う戦争のさなかに、近代ロケット工学の基礎を築き、イギリスはこれに対抗してレーダーの開発を進めた。主要な強国や、強国をめざして戦う国々は、つねに軍事的、経済的圧力にさらされており、めざましい新技術を生みだすことで、これに対処するのだ。

アメリカはもちろん、こうした強国の代表例だ。現在のアメリカは、経済的重圧にさらされてはいるが、軍事的圧力は薄らいでいる。アメリカが目を見張るような新しい計画に乗りだすことが多いのは、このような時期ではない。政府は先に述べた分野の一つに、莫大な投資を行なっている。それは退行変性疾患の治療法開発に向けたとりくみだ。国防総省は、ロボット工学のさまざまな研究に資金を提供している。しかし、エネルギーという大きな問題は、当然受けるべき支援を与えられていない。この一〇年にとりうる選択肢は、どれもありきたりのものだ。危険なのは、大統領が省エネルギーや風力、地上太陽光発電といった、必要な量のエネルギーを生みださないプロジェクトのために、無駄に権限を行使することだ。とくに天然ガスは、ありきたりだという点が問題である。

とはいえ、次の一〇年に起きる多くのことと同様、この問題に関しても、凡庸であたり前のことを受け入れることがまず必要である。続いて、大きな夢を密（ひそ）やかに表明するのだ。

第13章の概要

- これから顕在化する諸問題を解決するための画期的技術は、二〇二〇年代以降にならないと現われない
- 次の一〇年には、問題と技術のギャップが拡大する
- 新技術に電力を供給するには、短期的には化石燃料の消費を増やすしかない。長期的には宇宙太陽光発電など、画期的な新技術の開発を、国防総省主導で進めることになる

第14章 帝国、共和国、そしてこれからの一〇年

アメリカの外交政策を論じるにあたり、ここまですべての大陸と多くの国について検証してきたが、すべてを網羅したわけではもちろんない。アメリカ帝国のグローバルな性質上、世界中のどの国も、アメリカにとっては何らかの意味で重要な存在である。ニジェールのイスラム過激派の脅威から、ネパールが中国とインドのパワーバランスにおよぼす影響、はては麻薬戦争におけるエクアドルの役割に至るまで、アメリカがまったく無関心でいられる国はまずない。

アメリカは手を広げすぎており、複雑な国際関与は、結局はアメリカの利益にならないという声も多く聞かれる。この考えにはうなずけなくもないが、いったいどうやってグローバルな関心から身を引けるというのだろう。アメリカは次の一〇年で、イスラム世界の混乱と、ロシアの復活、陰鬱で分裂したヨーロッパ、それに巨大で深刻な問題を抱える中国と向き合わなくてはならない。加えて、現在の経済問題から抜けだす方法を、自らのためだけでなく、

世界のためにも見つけなくてはならない。

またアメリカ経済が現在は疲弊していても、世界経済のほぼ四分の一を占めており、アメリカの投資と債務が世界を圧倒していることも、忘れてはならない。アメリカはただアメリカとして存在するだけで、各地にいざこざを引き起こし、それに手を尽くして対処することを求められる。たしかにアメリカは手を広げすぎたのかもしれない。そもそも帝国の地位を得なければよかったのかもしれないし、いま手を引いた方がよいのかもしれない。しかしそう望んだからといって、それを政策にすることはできない。政策をつくるのは現実なのだ。アメリカが、意図的かどうかは別として、生みだしてしまった帝国の現実を放棄すれば、息を呑むほど悲惨な結果が待っている。アメリカは一八九八年の米西戦争で、世界大国への道を踏みだし、それ以来一世紀以上にわたって、その道を歩み続けている。歩みをゆるめずに進路を変えることは、選択肢にない。それを望むのは幻想だ。

残された道はただ一つ、生みだされてしまった帝国を、しかるべく運営することだ。その第一歩は、道徳律と力の行使の折り合いをつけることから始まる。まず道徳律から始めるのが、いちばん無理がない。戦争を始めるかどうかをめぐって国内が対立するのは、道義と力の関係がはっきりしないのが原因であることが多い。いま求められるのは、現実と道義について、共通の理解を築くことだ。

力の行使はいかなるときも道徳的に疑わしいが、アメリカが滅ぼされれば、その道徳律は意味を失う。口先だけでは普遍的権利を追求することはできない。力が伴わなくてはならない。「だれも傷つかない」など非現実的であり、できることがあるとすれば、せいぜいだれをいつ傷つけるかという、難しい決断を下すことだけだ。リンカーンは、ケンタッキー州の奴隷制度を支持せざるを得なかった。正しいことではなかったが、さもなくば敗北は避けられなかった。そうなれば、かれの道徳的企てそのものが、夢と消えることになった。

その反面、何の道徳的目標ももたず、やみくもに力を追求したところで、どうにもならない。ニクソンはあてもなく力を行使し、道徳観のなさから、ウォーターゲート事件と自らの破滅を招いた。手段を結果によって正当化することと、手段を目的にすることは、別物だ。

次の一〇年で、アメリカは厄介なしがらみから逃れたいという望みを断ち切らなくてはならない。問題を一気に解決する、魔法の呪文や公式などないのだ。力の行使の核にある道徳的問題は、これからも際限なく、思いがけない形で繰り返され、そのつど解決を図らなくてはならない。この問題をつねに適切に解決できる指導者などいない。せいぜい、あの状況にしてはよくやった、という程度だ。

アメリカ国民がこの境地に達するには、もっと大人にならなければいけない。アメリカ人はまだ青臭く、解決できない問題に解決策を求め、指導者に完璧を要求する。イギリス首相チャーチルは、アメリカにいたら大統領に選ばれたはずがなかった。かれは正真正銘のアル中で、鼻もちならないエリート主義者だった。ルーズヴェルトは、大統領在任中に少なくとも一人と、大統領になる前に別の一人と不倫関係をもった。リンカーンは、一部の伝記作家によれば、双極性障害〔躁鬱病〕に苦しんでいたようだ。レーガンは任期末期に、アルツハイマー病の初期段階にあったと思われる。しかしかれらはいずれも、控えめにいっても「あの状況にしてはよくやった」大統領といえる。アメリカ国民が成熟して自制心をもち、大統領にたったこれだけしか期待しないようにならないかぎり、共和国は永らえない。意図せざる帝国の要求と、指導者に対する子どもじみた期待は、政権を軍国主義や腐敗よりもずっと早く失脚させるだろう。

アメリカ社会は、悪意ある発言によって引き裂かれることが多い。これはいまに始まったことではない。アンドリュー・ジャクソンやフランクリン・ルーズヴェルトは、悪い噂に悩まされた。アメリカ人は、公民権運動やベトナム戦争、ウォーターゲート事件をめぐる衝突を耐え抜いたのに、まだ非礼を慎むことをおぼえないようだ。しかしイラクとアフガニスタンでの戦争と、昨今の金融危機をきっかけに、エリート層のグローバルな関心が疑問視され、じつは一般市民の利益を損なっているのではないかという声が上がっている。悪人と聖人は簡単に見分けがつかないことが多いし、この問題への簡単なとりくみ方などない。オバマとティー・パーティー党との非難の応酬は、一貫性のある政治的指針を定める助けにならない。

アメリカはこれまでの一〇年に、まるで予期しなかった難題をつきつけられ、うまく対処することができなかった。世間でよくいわれるように、あれは「ためになる」経験だった。過ちを犯しても、アメリカの存亡が脅かされないという意味で、貴重な経験だった。だが今世紀後半に現われる脅威は、過去一〇年の脅威をはるかにしのぐだろう。それがどんなものかを思い描くには、二〇世紀半ばを思い起こせばよい。

アメリカはさいわい、これからの一〇年をかけて、妄執じみた外交政策から、よりバランスのとれたさり気ない力の行使に、じっくり移行することができる。もちろん、力のかわりに外交術を駆使せよということではない。外交術にもそれなりの価値はあるが、それよりいざというときには敵を注意深く選び、確実に仕留められるよう図り、それから効果的な戦争を仕掛けて降伏させる方法を学ばなくてはならない。勝てない戦争や、勝つためだけの戦争を戦わないことが大切だ。怒りにまかせて戦争を始めることは、これほど大きな力と幅広い権益をもつ国に許されることではない。

アメリカは過去五〇年間のうちの一六年間を、アジアでの戦争に費やしてきた。平和主義者とはほど遠いダグラス・マッカーサーは、朝鮮戦争を経験した後で、アメリカはあのような暴挙を避けなくてはならないと警告した。理由は単純だ。アメリカは、アジアに足を踏み入れたが最後、数のうえで圧倒されるからだ。本国から何千キロも離れた部隊に物資を補給し、ほかに逃げ場をもたず、地形を知り尽くした敵と戦うことは、すでに手に負えない難題をさらに複雑にするだけだ。それなのにアメリカは、今度こそは違う展開になると信じて、干渉を続ける。これこそが、アメリカがこの一〇年で学んだなかで、次の一〇年に活かすべき、最も重要な教訓である。

それにアメリカは、アジアやヨーロッパの戦争を、距離を置いた、しかしはるかに効果的な方法で遂行できるということを、イギリスの経験をとおして学ぶべきだった。一つは、敵になりそうな勢力の資源を、アメリカではなく隣国に向けさせる方法である。国内政策において権利章典が基本であるのと同じように、アメリカ外交政策の基盤は、勢力均衡の維持にある。アメリカが他の大陸で行なわれる戦争に参戦するのは、究極の事態が生じた場合に限られる。つまり、手強い勢力が広大な地域を乗っとるおそれがあり、抵抗できる勢力が残っていないような事態である。

アメリカの力の礎は、海洋である。海洋を支配することで、他国の攻撃を阻止し、必要な場合には介入し、国際貿易を管理することができる。アメリカはこの力を実際に使う必要はいっさいないが、他国にはけっしてこの力を与えてはならない。国際貿易は海洋によって成り立っている。海洋を制する者が、最後には国際貿易を制するのだ。勢力均衡戦略は、海上戦の一形態ともいえる。アメリカの海洋支配を脅かすような軍事力を、対抗勢力にもたせてはならない。

アメリカ軍は現在、イスラム世界と戦えるだけの軍事力を増強することに余念がない。これからの戦争は、すべて非対称戦争〔正規軍対非正規軍の戦争〕になるともいわれている。また今後は何世代にもわたって、終わりなき戦争が続くという見方もある。もしこれが本当なら、アメリカはすでに敗北している。一〇億を超えるイスラム教徒を制圧する方法などないからだ。

しかしこうした分析は見当違いであり、このような将来を思い描くのは、想像力の欠如というものだ。「将軍は一つ前の戦争を戦う」といわれる。激しい戦闘のさなかには、将来起きるどんな戦争も、いま戦っている戦争と同じようなものになるという、安易な結論を下しやすい。だがここで忘れてはならないのは、大規模な戦争が――つまり、主要国が国際体制を組み替えようとして戦う戦争が――どの世紀にも起こるということだ。冷戦とそれを構成する数々の戦争を一つと数えるなら、二〇世紀には大規模な戦争が三度戦われたことになる。二一世紀にも大規模戦争が戦われることは、まず間違いない。小規模な戦争をいくつ勝っても、大きな戦争を落とせばすべてを失うことを、忘れてはならない。

アメリカ軍は、今後どこの戦いに駆りだされても不思議はない。もしも二〇〇〇年に、アメリカが今後一〇年間のうちの九年をアフガニスタンでの戦争に費やすだろうといっても、だれも信じなかっただろう。だがじっさいそうなった。この種の戦争を戦い続けられるように軍を編成するのも、これ以上戦争を戦いたくないといって国防予算を大幅に削減するのも、どちらも重大な誤りである。

最初にとりくむべきは、海洋だ。アメリカ海軍は、アメリカの戦略的基盤であり、宇宙部隊が僅差でこれに続く。なぜなら次の一〇年には、偵察衛星が対艦ミサイルを誘導するようになるからだ。そしてその後まもなく、ミサイルそのものが宇宙に配備される。最近では新しい兵器システムの配備に二〇年かかるため、次の一〇年には、どんな事態にも即応できる態勢を万全に整えなくてはならない。つまり、次の一〇年は移行期になる。

かつてイギリスには植民地省があった。ローマは地方総督の役職を設けていた。しかしアメリカには、外交政策を扱う機関が乱立し、責務の重複する一六もの諜報部局がある。国務省、国防総省、国家安全保障問題担当顧問、諜報活動担当ディレクターが、大統領の指揮下にあるという点でだけ連携しながら、結局は同じ問題にとりくんでいる。これを、厨房に料理人が多すぎると揶揄（やゆ）するのは的はずれだ。同じ料理を出す厨房がたくさんありすぎるのだ。ワシントンの官僚同士の争いは、コメディアンにとっては単なる笑いのネタだが、下手をすると世界中の人々の生活をかき乱すかもしれない。そのまま放っておいた方が楽というかもしれないが、楽なのはワシントンだけだ。アメリカの外交政策担当機関は、絶対に合理化されなくてはならない。大統領は側近をまとめるだけでも、かなりの時間をとられている。次の一〇年で、事態が手に負えなくなる前に、状況を改めなければいけない。

アメリカ人はとかく自国の問題を、だれかのせいにしたがる。FOXニュースが悪い、いや特別利益団体のせいだ、リベラルなメディアだ、などという。だが問題の根源は、アメリカが帝国を有しているのか、帝国にどう対処すべきかという問題について、意見の一致が見られないことだ。アメリカ人は事実に向き合うより、互いをけなし合う方を好む。事実を論じるより、何をなすべきかを論じるのが好きなのだ。本書で示そうとしてきたのは、政治体制という観点、そして次の一〇年間という観点から見た、わたしの目に映るままの現実である。またアメリカが意図せずして帝国になったと論じるとともに、この帝国が共和国の魂を深刻に脅かしていると主張した。共和国という道徳的基盤を失えば、帝国は意味を失う。

本書では、「マキャヴェリ流の大統領」なるものを提唱した。力のなんたるかを知り、道徳的な核をもつ指導者のことだ。大統領は、共和国を守る唯一の防波堤である。国民全員に選ばれた代表は、大統領ただ一人だからだ。自分の運営しやすいように国を導くのが大統領の仕事だが、どんなにしたたかであっても、一人では国を導けない。建国者が共和国に授けたその他の機関が分別深く機能し、何より成熟した国民が国家のありように責任を負わなければ、国を運営することはできない。新約聖書にこんな一節がある。「わたしは幼子だったとき、幼子のように話し、幼子らしく感じ、幼子のように考えた。大人になったいま、幼子らしさを捨ててしまった」。アメリカは大人になった。国民も大人にならなくてはいけない。リンカーン、ルーズヴェルト、レーガンはいずれも、対立の絶えない国を導いた。三人には、嵐を切り抜ける強さをもった協力体制をつくり上げるだけの力量があった。しかしこれからは、賢明な指導者だけでなく、賢明な国民も必要だ。憲法制定会議のあと、ある婦人がベンジャミン・フランクリンに、代表団は国にどのような政治体制を授けたのかと尋ねた。「共和国ですよ」とかれは答えた。「もっとも、みなさんが守ることができればの話ですが」

アメリカは、ほとんどの人が思っているよりずっと強力だと、わたしは心から信じている。差し迫った問題を抱えてはいるが、アメリカの広範におよぶ力に比べれば、些細なものだ。またわたしは、アメリカが永らえるかどうかではなく、建国者に授けられた共和国を守れるかどうかを、心底危惧している。礼節と判断力を失った国民と、力を行使することも道徳的目標も追求することもできないために国を導けない政治家によって、すでに苦しめられている諸機関を、帝国の要求と誘惑はいともたやすく破壊してしまうだろう。

アメリカに必要なのは、次の四点だ。第一に、自らの置かれた状況を、感情に流されず冷静に理解する国民。第二に、この現実をアメリカの価値観と折り合わせる重荷を担う覚悟がある指導層。第三に、力と道徳律を理解し、自らの立場をわきまえた大統領。そして何よりも必要なのが、成熟した国民だ。国民は、いま何が重要なのかを察し、帝国の役割を担わされた共和国を運営するために必要な文化や諸機関を築く時間的余裕がないことを理解しなくてはならない。このような国民がいなければ、何も始まらない。いまの状況はけっして絶望的とはいえないが、国を成長させるには、とてつもない意志の力が必要なのだ。

謝辞

どんな本のどんな著者も、自分の考えと著作の基になった多くの人に恩を受けている。まずは直々にご指導いただいた、ロジャー・ベイカー、ピーター・ザイハン、コリン・チャップマン、リーヴァ・バーラ、カムラン・ボクハリ、ローレン・グッドリッチ、ユージーン・チャウソフスキー、ネイト・ヒューーズ、マーコ・パピック、マット・ガートケン、ケヴィン・ステッチ、エムレ・ドグル、ベイレス・パースリー、マット・パワーズ、ジェイコブ・シャピーロ、アイラ・ジャムシディのみなさんに感謝したい。一人ひとりが、この本をより良くするために手を貸してくれた。ベン・スレッジとT・J・レンシングには、地図をつくってくれたことにお礼をいいたい。大変な作業だったと後から聞いた。ワシントンDCの陸海軍クラブの図書館の協力にも謝意を表したい。

著作権代理人のジム・ホーンフィッシャーには、とくに大きな協力と励ましをもらった。出版社ダブルデイでわたしを担当してくれた編集者のジェイソン・カウフマンは、いつも変わらぬ信頼を寄せ、有益な批評を授けてくれた。ロブ・ブルームにもお世話になった。ビル・パトリックは、わたしの仰々しい表現を、ずっと気の利いた文章に変えるのを手伝ってくれた。スーザン・コープランドは作業が遅れないよう、スケジュールをしっかり管理してくれた。熱心な手助けと論評をくれたストラトフォーのみんな、そして読者のみなさんには感謝している。そしてだれよりも妻のメレディスに、つねに変わらず、支えとなり指針となってくれてありがとうと言いたい。

訳者あとがき

本書『続・100年予測』（原題 *The Next Decade: Where We've Been ... and Where We're Going*『一〇年予測』）は、二〇〇九年一〇月に刊行された『100年予測――世界最強のインテリジェンス企業が示す未来覇権地図』の続篇にあたる。『100年予測』は世界二〇カ国以上で訳されベストセラーとなり、地政学に軸足を置いた、確かだが大胆な知見で、世界中に大きな反響を巻き起こした。その常識を覆す衝撃的な予測は、とくに本国アメリカで「到底受け入れられない」、「夢物語」といった激しい反応を引き起こすこともあったため、日本でどのような受けとめ方をされるか、訳者として一抹の不安を感じていた。さいわい日本の読者にはおおむね「意外ではあるが、まったくあり得なくはない」というふうに受け入れていただけたように思う。このような多様な考え方の共存を認める懐の深さ、受容性の高さこそが、著者のいう、必要な大変革を短期間に成し遂げられる、日本の強さにつながるのだと思わされた次第である。

著者のジョージ・フリードマンは、国際情勢に関する情報配信と戦略分析を行なうアメリカの民間情報機関、ストラトフォーの創設者で、現在も会長を務める。ストラトフォーは、世界各国の多国籍企業、ヘッジファンド、政府、軍機関などに助言を提供し、その影響力の大きさから、「影のCIA」の異名をとる。とくに二〇〇一年の九・一一テロ事件で、ブッシュ政権とアルカイダの動きを見事に予見したことで、高い評価を不動のものにした。同社のウェブサイトには、有事になると的確な情勢分析と予測を求めて、アクセスが殺到する。ちなみに日本の大震災に関して、福島第一原子力発電所の状態が「メルトダウン」（炉心溶融）であるとの見解を、三月一二日の時点でいち早く示していることからも、信頼性の高さがうかがえる。

さていまなぜ「一〇年」予測なのか。フリードマンにいわせれば、一〇年とは、歴史の奔流と個人の力とがせめぎ合う、非常に興味深い期間である。つまりそこでは地政学的要因が大枠を決定するものの、指導者の決定がまだ大きな意味をもち、われわれ個人の生活を左右するのだ。前作の一〇〇年間の予測を、われわれがじっさいに暮らすこの世界に置き換えるとどうなるのか、近未来の世界情勢はどうなるのか。本書はこの疑問に答えてくれる。

また二〇一一年とそれに続く一〇年は、大きな転換点でもある。一九九一年一二月三一日、ソヴィエト連邦が正式に消滅したことを受けて、アメリカはただ一つの「世界帝国」になり、この世の春を謳歌した。一〇年後の二〇〇一年、アメリカは九・一一テロ事件に見舞われ、対テロ戦争の泥沼に身を投じた。そしてさらに一〇年たった二〇一一年五月、奇しくも「アラブの春」が広がるなか、アメリカはテロ事件の首謀者とされるオサマ・ビン・ラディンを殺害した。主たるパワーバランスが崩れ、さまざまなひずみが噴出しているいま、世界は新たな激動の時代を迎えている。これからの一〇年には、次の一世紀を動かす布石となるような、重要なできごとや展開が見られるという。

そんなわけで本書の主役も、やはりアメリカである。ここでアメリカ合衆国の成り立ちについて、簡単に触れておきたい。忘れられがちだが、アメリカはイギリスに対抗して、反帝国主義と自主独立の理念のもとに建国された国である。アメリカの子どもたちは、祖先がヨーロッパの帝国の暴政や腐敗から逃れるために、この地に国をつくったと、学校や家庭で繰り返し教えられて育つ。またアメリカ建国の父たちはこのような思想に立って、国民に脅威を与えない政体として共和制を敷き、まだ弱国だったアメリカがヨーロッパの横暴から身を守る方法として、孤立主義を打ちだした。

こうした経緯により、アメリカが強大な力を誇る世界帝国になったにもかかわらず、当のアメリカ国民は帝国に対する激しい嫌悪感から、この現実を受け入れようとせず、その力にふさわしい機構すらもとうとしない。そしてこのことが、次の一〇年のアメリカと世界に、深刻な問題を投げかけるのだとフリードマンは指摘する。

アメリカ国内では、とくに対テロ戦争が始まってからの一〇年で、危機主導の場当たり的な政策が繰り返されたことで、官僚機構が無秩序に肥大化した。その結果、強大な公権力が個人の権利を侵害する、「共和国の危機」が生じているという。対外的には、莫大な力を適切に運営する機構をもたぬゆえに、焦点の定まらない戦略を繰り返し、勢力均衡の方針を見失った。具体的には、イランの強大化やロシアの復活を許し、ドミノ倒し的に世界全体のパワーバランスを崩してしまった。このように、帝国だという自覚をもたないアメリカは、獰猛な象のように、内外に大きな脅威をもたらしているというのだ。

本書には、地政学的分析や歴史的経緯を踏まえた冷徹な情勢判断のなかにも、アメリカの先行きを憂えるフリードマンのメッセージが見え隠れする。アメリカは現状をありのままに受け入れ、フリードマンの説くように、マキャヴェリ流の狡猾だが徳に裏打ちされた、さり気ない力の行使を通じて、名実ともに帝国として成長していくのだろうか。それとも現在の路線を貫き、ハードランディングを繰り返しながら、いやおうなく現実を受け入れざるを得なくなるのだろうか。アメリカは大きな岐路に立っている――。

何より気になるのは、日本のゆくえである。三月一一日の大震災とそれに続くさまざまなできごとは、すべてを変えてしまったかのように思われる。美しく豊かだった大地が汚され、犠牲者の数さえ知り得ないなか、数十万人が長い避難生活を強いられている。このような未曾有の事態を前に、永遠不変と思われるものごとが、いかにあっけなく変わってしまうかを痛感させられる。だがフリードマンは、目先にとらわれない透徹した大局観から、日本の国力が大きく損なわれることはないと明言する。また日本の政治が国民の必要を満たさなくなったとき、急激な変革が起きるという。この震災は、むしろその時期を早めたのかもしれない。

最後になるが、早川書房の東方綾さんには、前作に引き続き大変お世話になった。いつもながら原稿をきめ細かくチェックして頂き、たくさんの過ちから訳者を救って下さったことに、この場をお借りして感謝申し上げる。

*

本書は二〇一一年六月に早川書房から刊行されたが、このたびハヤカワ・ノンフィクション文庫として再刊行されることになった。文庫化にあたっては、旧訳をほぼ踏襲したが、気になった点について若干修正を加え、さらに読みやすくした。また本書のデータは特に注記がない限り、原書刊行時のものである。編集作業でお力添えを頂いた、早川書房編集部の有岡三恵さんに感謝したい。

二〇一四年九月

解説

「帝王」への忠言にして、帝国の統治構造の暴露の書

東京大学准教授／イスラム政治思想
池内　恵

時限爆弾のような書物である。「政治的に正しく」はない、不穏で危険な世界認識と提言がちりばめられ、不穏で危険な書物である。国際情勢の節目において採用されるべき、超大国アメリカの非情な政策変更を、歯に衣着せず提言する。

いわば複数の「爆弾」が、勢力均衡論を原則とする地政学という導火線につなげられている。すでに時限装置はセットされ、時を刻み始めている。すでに破裂し火を噴いた爆弾もある。

たとえば「ロシアの復活」。ソ連邦崩壊で失った勢力圏をとり戻そうとするロシアは、ドイツとのパートナーとしての関係を構築してヨーロッパにおける自らに有利な勢力均衡を達成し、ウクライナが米との対立・競合の焦点になる。米国もまたドイツがロシアに接近しすぎないような勢力均衡策をとらなければならない、とする著者の見通しと提言は、二〇一四年に勃発したウクライナ危機と、米ロ対立とそのはざまで揺れるドイツおよび西欧の関係を

あらかじめ描いていた。米国がイスラエルから静かに徐々に距離を置き始め、イランとの和解に踏み切ろうとする、という見立ても現実化しつつある。

何よりも、冷戦終結後、湾岸戦争、対テロ戦争、イラク戦争と二十年にわたって中東に踏み込み過ぎた米国の政策を改め、中東から距離を置き、現地の諸勢力間の勢力均衡を取り戻させることを主軸とした間接的な介入に米国の関与を限定する、というフリードマンの処方箋は、オバマ政権が試行錯誤の末、任期の終盤に差し掛かってついに採用した政策に見える。

この本が出版されたのは二〇一一年。その先の一〇年間を、不確実性と予測不可能性が増大する激動の時代と予測する。もちろん二〇一一年一月に表面化し中東地域全体を現在も続く混乱の渦に巻き込んだ「アラブの春」や、同年三月の日本の東日本大震災とそれに伴う原発事故といった「事件」は二〇一〇年までに書かれていたこの本には描かれていない。しかし著者は、「アラブの春」や東日本大震災・福島第一原発事故によって象徴される激動の時代の到来とそれへの米国のありうる・あるべき対応を、確固とした歴史観や戦略・地政学の論理で、理詰めで想定していた。この激動の時代をどう生き抜くか。著者は一人の人物に向けて語りかける。その相手は「米国大統領」。それはオバマ大統領でもあり、その次に来るまだ見ぬ大統領でもある。

フリードマンはソ連邦の崩壊で唯一の超大国となったアメリカを「帝国」ととらえている。通常は米国を「帝国」と見立てる議論は「帝国」に批判的な立場に立っているが、著者はそうではない。米国は望むと望まざるとにかかわらず「帝国」としての立場に立ってしまっているのであるから、帝国として適切な世界統治を行なわなくてはならないとする。

著者にとっては、一九九一年からの一〇年間は米国が冷戦の勝利者として「めくるめく夢想に酔った」時代であった。二〇〇一年の九・一一事件で、「世界がまだ危険であることにアメリカ国民が気づいた」ものの、ジョージ・W・ブッシュ大統領の「対テロ戦争」やイラク戦争は「必死になってその場しのぎの対応で乗り切ろうとした」ものにすぎなかった。

イラク戦争で傷ついたアメリカが、帝国の座から降りるかというと、そうではない、というのが著者の見立てだ。「二〇一一年から二〇二一年までは、アメリカが世界の敵意に対処する方法を学び始める一〇年になる」。アメリカはむしろこれから本来の意味での帝国的な統治を実践するのだという。「大統領にとって次の一〇年の課題は、受け身でいることをやめ、自らの支配する世界を運営するための、体系だった方法を手に入れることだ」。この「体系だった方法」を、本書は示すというのである。

時の最高権力者に向けて語りかけるという形式は、古来より政治思想の重要な位置ジャンルとしてある。本書で言及されるマキャヴェリの『君主論』がまさにそうであるが、中国には『資治通鑑』が、イスラム世界には「王への忠言」のジャンルがあった。

もちろん、現代は民主主義の時代である。絶対権力をもつ帝王に向けて政策を進言するという形式は時代錯誤的に見えるかもしれない。しかし本書の形式は適切である。

まず、超大国の戦略的な決定の重大な局面においては、大統領は統治の責任者として、また軍最高司令官として、判断の権限と責任を大きく委ねられる。強大な権限を持って決断を下す孤独な作業を強いられるのである。いかに近代化・組織化された官僚機構に支えられようとも、究極的には古代・中世の帝王が行ってきたような判断の瞬間が幾度もあるだろう。

そして、そのような政治指導者の判断は、一〇年という期間の範囲内では、現実を決定的に左右しかねない重大な意味をもつ。「一〇年という短い時間枠のなかでは、一人ひとりの個人、とくに政治権力を握る個人が下す一つひとつの決定が、とてつもない重みをもつ」（23〜24ページ）のである。これは前作での一〇〇年という長い範囲での将来シナリオ作成ではほとんど考慮されなかった要素である。一〇〇年の尺度であれば、人口変動や経済成長といった巨視的な視野からの社会の変動に、政治指導者の個々の判断はほとんど有意義な影響を与えないものとされる。

それでは本書の分析と提言はごく少数の権力者、それも超大国の最高権力者以外には無用のものなのだろうか。そうではない。国際情勢に最も大きな影響を与える米国大統領であれば、この状況をどう認識し、どのような政策を採用するだろうか。その判断基準は何か。これらを知ることは、一市民が国際情勢の方向性を知り、適切に自らの出処進退を定める際に有益でないはずはない。権力者が究極的には孤独に判断するからこそ、われわれは彼らの頭の中を知っておくべきなのである。

一般の国民が戦略判断の枠組みと方向性を身に着けていれば、それは最高権力者の政策判断も左右することになる。民主主義国であれば、大統領の戦略判断の際にも、国民の意識と支持を意識せざるを得ない。メディアがどのように問題を認識し報道しているかも重要になる。また、近代国家の高度に制度化された統治機構を用いて政策を立案し決定し実施する権力者たちの判断は、必然的に補佐官・官僚たちの組織的な情勢分析や政策立案に支えられている。彼らがどのように世界を見て考えるかが、大統領の認識と判断に影響を与える。

本書は大統領自身に進言する形式を取っているけれども、実際には、政策決定に携わるようなエリートから、有権者として間接的・集合的に政策に影響を与える一般市民までを幅広く対象にした書物である。超大国、有力国の政策論者や一般市民が、総じてどのような基準で戦略判断を行うか。会員制情報分析ウェブサイト「ストラトフォー」を主宰するフリードマンは、エリートから、政策に興味関心を持つ一般市民にまで幅広く影響力を持つ人物である。そのような著者の認識は、大統領を支えるようなエリートたちの戦略思考にも、大統領が意識をせざるを得ない一般世論・メディアにも、深い所で影響を与えているだろう。

そして、アメリカ人でも、もちろんアメリカ大統領でもない立場からこそ、本書を読む価値がある。なぜならば、アメリカの大統領を選ぶ一票がないにもかかわらず、アメリカ大統領の行う決定や、突然の政策変更によって影響を受け、しばしば被害を受けるのは、むしろアメリカ以外の国の一般市民であるからだ。アメリカ大統領や、それに影響を与えるエリートや一般社会の思考法を知って備えておくことには、死活的な意味がある。

米国はしばしば高邁な理想を語り、必ずしも現地の実情に即さない、先進的（と米国民が信じる）価値や制度を世界各地に押し付ける。そのようなアメリカは各所で反発を招き、一部の憎悪の対象になりつつも、その根底にある善意や利他主義そしてもたらす利益の大きさから、世界の多くの地域の人々から、求められ、受け入れられ、愛されもしてきた。しかし著者が提言するアメリカの対外政策は、はるかに冷淡で、利己的である。各地域の主要国を適度に競合・対立させ、単独で地域に覇権を築いて米国に対抗してくることがないようにする、という勢力均衡策こそが「帝国」としてのアメリカの政策の基本原則でなければならないという。「世界覇権のライバル不在のなか、世界をそれぞれの地域という観点からとらえ、各地域の勢力均衡を図り、どの国と手を結ぶか、どのような場合に介入するかを計画しなくてはならない。戦略目標は、どの地域にもアメリカに対抗しうる勢力を出現させないことだ」（55ページ）。

そのためフリードマンは次の三原則を示す。（57ページ）

一．世界や諸地域で可能なかぎり勢力均衡を図ることで、それぞれの勢力を疲弊させ、アメリカから脅威をそらす

二．新たな同盟関係を利用して、対決や紛争の負担を主に他国に担わせ、その見返りに経済的利益や軍事技術をとおして、また必要とあれば軍事介入を約束して、他国を支援する

三．軍事介入は、勢力均衡が崩れ、同盟国が問題に対処できなくなったときにのみ、最

後の手段として用いる

諸国家が建前上は平等な主権を有し、諸民族の自決と調和が希求され、多国間協調が掲げられる現在の国際政治の規範からは、この提言は偽悪的にも感じられる。しかしこれは歴史上の帝国が実践してきた政策であって、実態として帝国の地位に立つ現在のアメリカもこれを実践する以外にない、というのが著者の立場だ。むしろ、冷戦終結後の二十年間にアメリカという帝国が世界中に軍事力を展開させて直接的に問題に対処しようとしたことこそが異例だという。

「次の一〇年のアメリカの政策に何より必要なのは、古代ローマや一〇〇年前のイギリスにならって、バランスのとれた世界戦略に回帰することだ。こうした旧来の帝国主義国は、力ずくで覇権を握ったのではない。地域の諸勢力を競い合わせ、抵抗を煽動するおそれのある勢力同士を対抗させ、自らの優位を保った。敵対し合う勢力同士を潰し合わせ、帝国の幅広い利益を守ることで、勢力均衡を維持した。経済的利益や外交関係を通じて、従属国の結束を保った。国家間の形式的な儀礼ではなく、さり気ない誘導をとおして、近隣国や従属国の間に、帝国に対する以上の不信感を植えつけた。自軍を用いた直接介入は、めったに用いられることのない、最後の手段だった」（26〜27ページ）

オバマ大統領あるいはその次の大統領は、真の意味でアメリカに帝国的な世界統治の手法を、すなわち勢力均衡による敵国の封じ込めと同盟国の統御という手法に回帰すべきであるというのが本書の主張であり、実際にそうなるであろうとも予測する。その第一歩は中東で踏み出されると明言されていた。これはすでに現実化しつつある。

イスラエルから徐々に距離を置くことでイスラエル対アラブの勢力均衡の回復を図るという政策は、オバマ政権が公式に認めないまでも、イスラエルのネタニヤフ政権との公然とした関係冷却化、和平仲介への消極姿勢で明らかになっている。イラン対イラク・湾岸アラブ諸国の勢力均衡がイラク戦争で回復不能なまでに崩れた以上、ニクソンの対中接近のように、大きな政策転換を行ってイランに接近するべきだという提言も、対イラン核開発交渉での「前のめり」とすらいえるオバマ政権の積極姿勢を見る限り、受け入れられたといえるだろう。オバマ大統領が政権の発足当初からこのような姿勢で一貫していたとは考えにくい。試行錯誤の末、現在のアメリカが採りうる合理的で可能な戦略として、結果的にフリードマンが提唱した政策に近いものが、オバマ政権の終盤に全面的に採用されつつある、というのが実態だろう。

そうなると、本書の提示する処方箋が、日本が属すアジア太平洋地域にも適用されるのか、もし適用されればどうなるのか、というところが気になってくる。アメリカが帝国的な勢力均衡策を公然と採用した場合、苦境に立たされるのは米同盟国である。むしろ米国と敵対してきた地域大国の方が、勢力均衡の一翼を担うことを承認され、一定の地位を得ることで、いわば「報奨」を得る。日中の均衡を提唱する本書は、米国との同盟関係を戦後の安全保障政策の不可欠の礎としてきた日本にとって、穏やかではない内容を含む。

しかしだからと言って本書を批判するのは的外れだろう。アメリカの為政者が外交的・公式的には明かしてくれない「本音」の部分を明かしてくれる本書の価値は、世界の読者に、「帝国」の世界統治の論理を暴露してくれる。偽善的な美しい理念を信じて裏切られるよりも、偽悪的な本書の方が、各国の自己保存のためには有益といえるのではないか。米同盟国に、米国の勢力均衡策による帝国統治に備え、裏をかいて出し抜く方策を考えさせるきっかけを与える本書をもっとも不穏に感じるのは、米国大統領その人かもしれない。

二〇一四年九月

本書は、二〇一一年六月に早川書房より単行本として刊行された『激動予測――「影のＣＩＡ」が明かす近未来パワーバランス』を改題・文庫化したものです。

訳者略歴　翻訳家　京都大学経済学部卒　オックスフォード大学院で経営学修士号を取得　訳書にフリードマン『100年予測』，アリエリー『不合理だからうまくいく』『ずる』（以上早川書房刊），アイエンガー『選択の科学』，クリステンセン他『イノベーション・オブ・ライフ』など多数

HM=Hayakawa Mystery
SF=Science Fiction
JA=Japanese Author
NV=Novel
NF=Nonfiction
FT=Fantasy

続・100年予測

〈NF416〉

二〇一四年九月二十日　印刷
二〇一四年九月二十五日　発行
（定価はカバーに表示してあります）

著者　ジョージ・フリードマン
訳者　櫻井祐子
発行者　早川浩
発行所　株式会社早川書房
郵便番号　一〇一 - 〇〇四六
東京都千代田区神田多町二ノ二
電話　〇三 - 三二五二 - 三一一一（大代表）
振替　〇〇一六〇 - 三 - 四七七九九
http://www.hayakawa-online.co.jp

乱丁・落丁本は小社制作部宛お送り下さい。
送料小社負担にてお取りかえいたします。

印刷・三松堂株式会社　製本・株式会社川島製本所
Printed and bound in Japan
ISBN978-4-15-050416-8 C0131

本書は活字が大きく読みやすい〈トールサイズ〉です。